弘一大师新谱

林子青 著

南开大学出版社

天津

图书在版编目(CIP)数据

弘一大师新谱 / 林子青著. —天津:南开大学出
版社,2022.4
　ISBN 978-7-310-06272-0

Ⅰ. ①弘… Ⅱ. ①林… Ⅲ. ①李叔同(1880－1942)
－生平事迹 Ⅳ. ①B949.92

中国版本图书馆 CIP 数据核字(2022)第 003657 号

弘一大师新谱
HONGYI DASHI XINPU

南开大学出版社出版发行
出版人:陈　敬
地址:天津市南开区卫津路 94 号　　邮政编码:300071
营销部电话:(022)23508339　营销部传真:(022)23508542
https://nkup.nankai.edu.cn

河北文曲印刷有限公司印刷　全国各地新华书店经销
2022 年 4 月第 1 版　　2022 年 4 月第 1 次印刷
230×170 毫米　16 开本　19 印张　2 插页　311 千字
定价:65.00 元

如遇图书印装质量问题,请与本社营销部联系调换,电话:(022)23508339

目　次

自　序·· 1

凡　例·· 1

大师姓名、别号及其家世概略 ··································· 1

谱　文·· 1

　一八八〇年（光绪六年庚辰）　　　一岁 ············ 2

　一八八四年（光绪十年甲申）　　　五岁 ············ 4

　一八八六年（光绪十二年丙戌）　　七岁 ············ 6

　一八八八年（光绪十四年戊子）　　九岁 ············ 7

　一八八九年（光绪十五年己丑）　　十岁 ············ 8

　一八九二年（光绪十八年壬辰）　　十三岁 ········· 9

　一八九四年（光绪二十年甲午）　　十五岁 ········· 10

　一八九六年（光绪二十二年丙申）　十七岁 ········· 11

　一八九七年（光绪二十三年丁酉）　十八岁 ········· 13

　一八九八年（光绪二十四年戊戌）　十九岁 ········· 15

　一八九九年（光绪二十五年己亥）　二十岁 ········· 18

　一九〇〇年（光绪二十六年庚子）　二十一岁 ······ 20

　一九〇一年（光绪二十七年辛丑）　二十二岁 ······ 23

　一九〇二年（光绪二十八年壬寅）　二十三岁 ······ 27

　一九〇三年（光绪二十九年癸卯）　二十四岁 ······ 31

　一九〇四年（光绪三十年甲辰）　　二十五岁 ······ 33

　一九〇五年（光绪三十一年乙巳）　二十六岁 ······ 36

　一九〇六年（光绪三十二年丙午）　二十七岁 ······ 43

　一九〇七年（光绪三十三年丁未）　二十八岁 ······ 49

　一九〇八年（光绪三十四年戊申）　二十九岁 ······ 55

一九〇九年（宣统元年己酉）　　三十岁…………………56

一九一〇年（宣统二年庚戌）　　三十一岁…………………57

一九一一年（宣统三年辛亥）　　三十二岁…………………58

一九一二年（民国元年壬子）　　三十三岁…………………60

一九一三年（民国二年癸丑）　　三十四岁…………………65

一九一四年（民国三年甲寅）　　三十五岁…………………68

一九一五年（民国四年乙卯）　　三十六岁…………………73

一九一六年（民国五年丙辰）　　三十七岁…………………78

一九一七年（民国六年丁巳）　　三十八岁…………………89

一九一八年（民国七年戊午）　　三十九岁…………………91

一九一九年（民国八年己未）　　四十岁…………………98

一九二〇年（民国九年庚申）　　四十一岁…………………102

一九二一年（民国十年辛酉）　　四十二岁…………………109

一九二二年（民国十一年壬戌）　　四十三岁…………………115

一九二三年（民国十二年癸亥）　　四十四岁…………………120

一九二四年（民国十三年甲子）　　四十五岁…………………125

一九二五年（民国十四年乙丑）　　四十六岁…………………135

一九二六年（民国十五年丙寅）　　四十七岁…………………142

一九二七年（民国十六年丁卯）　　四十八岁…………………147

一九二八年（民国十七年戊辰）　　四十九岁…………………152

一九二九年（民国十八年己巳）　　五十岁…………………156

一九三〇年（民国十九年庚午）　　五十一岁…………………162

一九三一年（民国二十年辛未）　　五十二岁…………………167

一九三二年（民国二十一年壬申）　　五十三岁…………………176

一九三三年（民国二十二年癸酉）　　五十四岁…………………182

一九三四年（民国二十三年甲戌）　　五十五岁…………………194

一九三五年（民国二十四年乙亥）　　五十六岁…………………203

一九三六年（民国二十五年丙子）　　五十七岁…………………209

一九三七年（民国二十六年丁丑）　　五十八岁…………………219

一九三八年（民国二十七年戊寅）　　五十九岁…………………232

一九三九年（民国二十八年己卯）　　六十岁…………………241

一九四〇年（民国二十九年庚辰）　六十一岁 …………………… 248

一九四一年（民国三十年辛巳）　六十二岁 …………………… 255

一九四二年（民国三十一年壬午）　六十三岁 …………………… 264

　谱　后 …………………………………………………… 275

后　记 ……………………………………………………… 281

附：初版年谱后记 ………………………………………… 282

自　序

　　拙著《弘一大师年谱》，自一九四四年在上海出版至今，历时已经近半个世纪了。当时烽火弥天，交通梗阻，征集资料，至为困难。我竭年余之力，从搜集到的有关弘一大师各种资料，摘录整理，考证抉剔，约得十四五万字。限于当时客观条件，内容简陋，许多时期的事迹都是空白，插图版面亦多欠明晰，实在是很不成熟的作品。

　　我写年谱的动机和目的，在初版的前序后记已经有所说明。因为大师于一九四二年在福建泉州圆寂以后，各地佛教报刊的纪念文章很多，一般都是从个人的角度叙述一些回忆的印象，都不免偏于一时一地的记载，想凭这些互有出入的记载去了解大师的一生是不够的。于是写作一部线索分明的年谱，让读者可以看出大师一生所走过的道路——这个念头就在我的脑里萌生起来了。这可说是我最初的动机。

　　出版以后，有位读者写了一篇《读弘一大师年谱》的文章，发表于上海《大公报》（一九四八年九月廿二日），他是很能理解我作年谱的苦心的。他的文章说："年谱是贵生活的纪录，固贵详尽无遗，尤尚语皆有本，真实无讹。这本年谱确能做到这地步。"又说："弘一大师在世六十三年，从留学生活到教学生活，再到出家生活，其间思想的变迁，生活形态的改变，就好像是一出的戏剧，毫无遗漏地引证叙述，实在不很容易。"这些话自然是过奖，但也表达一个读者对于此书的评价和看法。

　　回忆最初搜集资料时，我首先找到了著名作家夏丏尊先生。他是弘一大师在杭州浙江省立第一师范学校多年的同事和出家后交谊最深的挚友，请他指示写作的方法和提供他所收藏的数据。夏老那时有病，不能多谈，只表示欢喜赞叹。说着就打开书箱，把他多年所收藏的大师手迹和有关资料，供我任意挑选抄录。

　　不久我又写信请教和大师谊在师友之间，曾任上海世界书局总编辑的蔡丏因（冠洛）先生，请他指示写作大师年谱应注意哪些方面。他很快回我一封长信说："子青先生左右：省书有《弘一大师年谱》之撰，甚盛甚盛。大师由儒入佛，又善诗词，其西洋画与音乐，久为艺坛所重。披剃以后，将平日一切辗转熏染之习气，洗涤净尽，独为人书写经偈。盖不仅以书重，严净澹远，如见其人，尤足重也。然大师以弘法为急，人因其书以重法方为不负。年谱之要，在厘其思想变迁之迹，判其学术异同之故。涉笔所及，贵实证尤贵识力。实证犹可于函牍中求之，师友见闻中询之；而别异同、审得失，则非有识力不可。"

他最后说："忆十九年秋（一九三〇年），余寓绍兴。大师将去闽南，由杭过绍，居戒珠寺。余以师应化事迹，彰彰在人耳目，年远代湮，或不免传闻失实。宜及身勒定年谱，以示后人。师言无过人之行，思之徒滋惭愧。惟自幼即有无常苦空之感，乳母每教诫之，以为非童卯所宜。其后虎跑出家，内心迫切，若非即时披剃不可者，自亦不能明其故也。……律学一欲复南山之旧，颇以宋明以来趋于简惰为非。常以一念不专，一行不笃，贻羞法门为惧。述其所言，与灵岩老人实有不同，明代灵峰大师庶几近之。"（灵岩老人，即苏州灵岩山印光法师；灵峰大师，即浙江北天目山灵峰寺蕅益大师）

从蔡丏因的信看来，他是曾请大师于生前自定年谱的。但大师盛德谦光，岂肯自我标榜？终以"平生无过人之行"谢之。

我编的年谱出版后，蔡丏因在上海《觉有情》杂志先后发表《弘一大师年谱广证》和《弘一大师经籍题记汇编》，并在我送他的《年谱》上写得密密麻麻的有关资料托人转送给我。《广证》和《汇编》虽然只是他个人收藏的部分数据，但这些数据对我增订年谱的工作却有很大的帮助。

《年谱》初版时，大师出家前写的《断食日志》和一九三七年口述、高胜进笔记的《我在西湖出家的经过》，我尚未见过。许多情况是从蔡丏因的《年谱广证》看到的。

一九四七年，在《觉有情》杂志上看到胡宅梵写的《弘一大师胜缘纪略》文中追记的事迹，足补一九二九年至一九三一年年谱的空白。《纪略》大意说："我是一九二九年秋，在白湖金仙寺由亦幻法师介绍认识大师的。见师气度静穆，慈蔼被人，一见兴感，曾写《见了弘一法师》一文，列于《现代僧伽》，并和大师在金仙寺同听天台静权法师讲《地藏经》（听经应该是一九三〇年的事——著者）复允余皈依为弟子，并取法名为'胜月'。后来我写了一部《地藏经白话解》，大师曾为我题签和作序。"

"一九三一年，栖莲和尚为五磊山住持，请师驻锡，我随师上山。天未明，师已起上大殿，亲击钟磬，导众念佛。其间并与亦幻、文涛、显真、楼莲、慧纯居士等十人，发起求生西方普贤愿，亲制愿文。是年孟冬，师创律学院不成，下山居金仙寺。时有镇海龙山伏龙寺住持诚一法师，请去供养，师命余随往。至则居关房内，我小住即归。龙山风景，兼山海之胜，师从未出关欣赏。值新晴，请师赏领；师不允，盖不耽逸乐也。"

在增订年谱过程中，给我最大帮助的是大师俗侄李圣章（麟玉）先生。一九五六年，我到北京以后，早想前去拜访他，了解一下李家的变迁情况。听说他是全国政协委员，我就写了一信请政协代转。一九六四年四月十九日，约好在他家里见面时，谈了很多话。他说他的祖父名世珍（此名我初次听到），字筱楼，和桐城吴挚甫（汝纶）是同治四年（一八六五）的进士同年。告辞的时候，圣章先生捧出一大堆有关大师在俗的宝贵数据说："我看过您写的《弘一大师年谱》，很费一番苦心！这些数据对您将来增订年谱时，可能是有用的，请留下作个纪念吧。"

我回家打开一看，完全是我多年想看而找不到的资料，想不到竟会在北京发现！其中最难得的是日本明治三十九年（一九〇六）十月四日东京《国民新闻》记者采访李哀的《清国人志于洋画》的剪报（此文我已译出，载于《弘一法师》纪念集）。

其次是大师致李圣章的十七通手札真迹和工楷书写的《晚晴剩语》七纸，对大师出家的经过和志愿及云游踪迹，以及精心撰述的散文传记等，都是极为宝贵的资料。此外还有大师十八九岁时入天津县学所作的"课艺"（时文）原稿十余篇，足以窥见大师青年时代的学力和思想。

出版的小册有：《唐静岩司马真迹》、《辛丑北征泪墨》（大师早年所作的许多诗词就在此书发见的）、《诗钟汇编初集》、《汉甘林瓦砚题辞》、《法学门径书》（翻译）、《国际私法》（翻译），以及许幻园的《城南草堂笔记》、宋贞（幻园夫人梦仙女士）的《天籁阁四种》等。还有蔡元培手批的"南洋公学作文"一篇。光绪二十八年补行"庚子、辛丑恩正并科浙江乡试第三场考卷"封面一纸（内署嘉兴府平湖县监生李广平）。这些作品都是大师留日之前极重要的数据。

关于大师留学日本的记载数据，最初我只看到《上海通志馆期刊》胡怀琛撰的《上海学艺概要》和欧阳予倩的《自我演戏以来》，略知他在东京美术学校学习油画和音乐，并与同学曾延年（孝谷）等共同创立"春柳社"演剧团体，演出过《茶花女遗事》和《黑奴吁天录》而已。其他都是空白。

一九五六年我到北京后，偶于友人处看到一本程淯著的《丙午日本游记》（程淯字白葭，江苏常州人。清末从事新闻工作于山西。一九〇六年奉派赴日考察工艺医学，著有《丙午日本游记》。），适有参观"东京美术学校"记事颇详。才知道大师考入东京美术学校的大概情况。同时看到《国民新闻》的《清国人志于洋画》的报导，对于大师考入美校的时间和学习情况就更清楚了。

近年由于殊胜的因缘，得与日本作家吉田登志子女士通信，涉及大师早年诗作的解释和春柳社的演出问题。我曾介绍战前上海举行的《中国剧运先驱者怀旧座谈会》的杂志纪录给她。而她回报我的是一些登载李叔同参加日本汉诗坛活动的《随鸥集》（日本明治时代著名汉诗人森口槐南、大久保湘南等所组织的"随鸥吟社"机关刊物），中村忠行的《春柳社逸史稿》，滨口一卫的《关于春柳社的黑奴吁天录》，一九〇七年《早稻田文学》七月号所载伊原青青园的《清国人的学生剧》，及一九五七年欧阳予倩给中村忠行的信——《欧阳予倩先生的书简》等。这些文章对于大师日本留学时代的演剧活动都是非常重要的数据。

从日本学者研究的资料看来，著名汉学家吉川幸次郎博士早就看过并收藏了拙著《弘一大师年谱》。滨口一卫写的《关于春柳社的黑奴吁天录》一文，基本上就是从吉川博士那里借到的《年谱》写成。据滨氏的文章说："曾孝谷在明治四十四年（一九一一）美术学校毕业（同学会名簿）为止和李岸是同班同学，即自一九〇六年九月至一九一一年三月在学的。据当时当这油画科班长直到毕业的山口亮一氏说：这个班里有留学生三人，曾李之外有一印度人拉奥氏。"这和程淯的《丙午日本游记》记载相符。《游记》说："西洋画科之木炭画室，中有吾国学生二人：一名李岸，一名曾延年。"同时滨氏还根据美校的"五年制"与一九一一年的毕业纪念照片，订正拙著《年谱》的"一九一〇年毕业归国"为一九一一年毕业之误。

一九五六年中村忠行写的《春柳社逸史稿》，对李岸留学时期的文化活动有更详细的介绍。他说："春柳社的创立是一九〇六年，其中心人物是曾延年与李岸，已经是众所周知的事。两人都是当时东京美术学校在籍的学生。就李岸说，以年仅二十七岁，早已主编《音乐小杂志》那样早熟的文学青年，留学日本后，似乎不久就努力和日本文化人有所接触。一九〇六年六月，早已加入汉诗人森口槐南、大久保湘南所领导的'随鸥吟社'。七月一日即列席于偕乐团举行的'副岛苍海以下十名士的追荐筵'，赋诗见志。当时的李叔同最注意的，除专门的绘画与音乐的学习，似乎就是作诗。这时以后，他便常常参与'随鸥吟社'的诗会或听森口槐南的李义山诗的讲解，或投诗稿于《随鸥集》，深得主编大久保湘南的称许。同时日本一流的汉诗人们也欢喜和这年轻的中国诗人结交。可见大师留学初期在日本多方面的文化活动。"

最后发现的资料，是一九八八年四月二十日《天津日报》登载的《李叔同史料的新发现》，继由天津图书馆高成元撰写发表于《天津史志》（一九九〇年第三期）的《李叔同革新丧礼的事迹》。这两种资料出于同一来源，都是根据一九〇五年天津《大公报》七八月间报导的关于李叔同革新丧礼的记事。

高成元的文章说："一九〇五年初夏，李叔同的母亲病逝于上海。他挈眷扶柩，归津葬母。"此次居津的活动，是他传记中的一段空白。高成元从当年天津《大公报》上发现了一组珍贵的史料，记载了李叔同革新丧礼安葬亡母的详情，填补了这一段空白。他说："在李叔同为他母亲举行丧礼的前六天，《大公报》就在'本埠新闻'栏中以'文明丧礼'为题预报说：'河东（天津河东区）李叔同君，新世界之杰士也。其母王太夫人月前病故，李君特定于本（七）月二十九日开追悼会，革除一切繁文缛节，别定新仪。'次日《大公报》又公布了新仪的具体内容。除称'备有西餐，以饷来宾'外，并附有《哀启》说：'我国丧仪，繁文缛节，俚俗已甚。李叔同君广平，愿力祛其旧。爰与同人商酌，据东西各国追悼会之例，略为变通，定新丧仪如下。'"（详情请参本年谱一九〇五年条）

由于近年"弘一研究热"的兴起，国内外许多小说、散文、随笔的记事，为了迎合群众的某种趣味，便写出了许多虚构的奇谈怪论，甚至把他神化起来，使读者把他当做怪人、超人看待。

例如有人说，大师诞生时，有喜鹊衔松枝降其室，父母祝为吉兆，垂髫之年，即将松枝赠作纪念。但据李家后人说，绝未闻有此异事。又一般作者常把"沪学会"与"强学会"相混淆（以上二则均见丁福保《弘一大师文钞序》），其实"强学会"是康有为早年组织的政治性团体，成立于一八九五年，（《康南海自编年谱》）；而"沪学会"是个社会教育团体，成立于一九〇四年，性质完全不同（《民国人物传》第一卷《穆藕初传》）。有的小说还说大师在留学时期曾加入过"中国同盟会"，见过孙中山，而且填写了"盟书"，向天宣誓，以为非如此不足以表现大师革命的思想。其实这些虚构的传说是对大师历史的歪曲。

还有一位作家说："李叔同曾娶过一位日本夫人。有一天岳母来看女儿，谈了半天，天忽然下起雨来。岳母要借一把伞回去，叔同无论如何不答应。"此事在徐半梅的《话剧初期回忆录》也曾提到，说明其脾气之怪。但大师的老同学黄炎培在《我也来谈谈李叔同先生》一文中却说："他的风度一贯很温和很静穆——我看到'不肯把雨伞借给丈母娘'的记载，有些惊讶。"

大师最怕被人捏造神话，以资宣传。一九三八年初夏，他从厦门避难到漳州，居城东瑞竹岩。志载瑞竹岩的得名，本有一段神话：谓五代时高僧楚熙，结茆于此，剖竹引泉，后竹生笋，因名"瑞竹"。师居瑞竹岩时，闻有枯竹萌芽，好事者为文载于报端，谓系大师莅临瑞应。师闻之急令人辟谣，住数月即离岩而去云。

弘一大师音公圆寂已近五十年了。随着时光的流逝，和他同代已故的高僧大德已逐渐为人们所淡忘；但大师逝世以后，人们对他的怀念景仰却是与日俱增的。因为大师生前以美术书法驰誉当世，修养高深，行解相应，所谓"明昌佛法，潜挽世风"，是中国道俗公认的律宗高僧。

弘一大师的出家一般人都不很理解。各人有各人的看法，大多数知识分子对他好像都抱一种惋惜的心情。因为他多才多艺，于艺术领域几乎无所不精。有位作家说："就艺术念经艺术，弘一法师是一个难得的全才。从艺术应有的作用来说，由于他世界观的极度消极，其才华并没有很好的发挥。因此他的后半生和他的整个艺术生命都是个不幸的悲剧。"这是世俗较有代表性的说法；然而这也是片面的。著名美学家朱光潜说："弘一法师……是以出世的精神做入世事业的。入世事业在分工制下可以有多种，他是从文化思想这个根本上着眼。他持律那样谨严，一生清风亮节，会永远顽廉立懦，为精神文化树立了丰碑。"

弘一大师非常重视人的品格修养。他常诫人说："应使文艺以人传，不可人以文艺传。"作为一个虔诚的佛教徒，他忠实于自己的信仰。凡事身体力行，言行一致，这种精神对任何人都是有启迪的。有人说他出家前后所从事的事业和追求的理想大不一样。我以为这正是他由艺术升华到宗教的表现。大师的高足丰子恺说得好，"艺术的最高点和宗教相接近"，他认为大师的出家是当然的。他用三层楼打比喻说：人的生活可以分为三层：一是物质生活，二是精神生活，三是灵魂生活。物质生活就是衣食，精神生活就是学术文艺，灵魂生活就是宗教。大师对他出家前后所从事的事业和追求的理想的那种精神，即是始终如一的。这就是认真的、虔诚的、献身的精神。

本年谱增订版之得以问世，是在过去四十多年搜集资料的过程中，和国内外大德师友的督促帮助分不开的。特别是曾亲近过大师的亦幻、圆拙、广义诸法师不断地怂恿和鼓励，希望我能利用掌握的资料，写出比较详尽可信的大师年谱，以贡献于当代及后世景仰大师的读者。后来陆续得到杭州张慕槎、天津王慰曾、上海彭长青、温岭陈曼声诸先生热情地为我复印有关资料和剪寄报章，使我不顾衰老，得以耄耋之年来完成这项艰巨的工作。对于这些大德友人无私的协助，谨致衷心的感谢。

一九八八年秋，我以参加编辑《弘一大师全集》的因缘，客居泉州开元寺，台湾故广钦长老的高足传头法师适以修建钦公纪念塔莅寺。他听说我正从事《弘一大师年谱》的增订工作，非常欢喜赞叹。回台以后，转告《弘一大师传》的作者陈慧剑居士。陈居士对于大师的学问道德及其风范，早有虔诚的敬仰和深刻的研究，志同道合，闻之亦随喜不置，来信表示愿意介绍给台湾东大图书公司出版，这是本书在台出版的因缘。在此之前，一九五九年香港弘化苑用四号字重印的是上海出版的初印本，由于付印匆促，许多错字都未及校正，过了约二十年的一九七八年，台北天华出版公司又改用五号字把它重新翻印，许多错字仍未改正，内容也未变动。回忆本书初版时，著者体力尚健，而今已届耄耋之年，视力衰退，思路迟钝，书中数据安排失当，错误重复之处，定所难免。尚希十方大德，不吝赐教。

一九九二年一月八日林子青识于北京

凡 例

一、本年谱之目的，在于搜辑有关弘一大师之研究资料，试图将他的生平事迹，勾出一个比较符合事实的轮廓，提供给景仰大师的读者。

二、本年谱初版至今，已近半个世纪。其间新数据之发现需要增补，初版年谱之记事与错字及系年之有误者需要订正，故称为"弘一大师新谱"。

三、本年谱之体裁，大体以初版之内容结构为基础。追加数据约较初版增加两三倍，多是不易得到的数据。

四、本年谱于每年开始，作一提要概述，简明扼要。乐简易者，阅览提要，即可知其一年事迹。每年所系各事，顺序逐条编入。其重要者或引全文，文繁者只加摘录，必明出处。凡独立记载之材料，皆用数字号码①②③④等标出，以便对号检读原文。凡同一记事而材料各别者，则列于主要记事之次，而以"⊗"字冠其首。

五、本年谱记事所用年月，根据谱主所作序跋题记，及书札所署年月，以阴历为主；但纪念文字用阳历者则仍其旧。各刊物之文字记载，多凭记忆写作，年月有出入者，则以所知比较推算而订正之。

六、本年谱所引用之文字记载，皆于每篇之首标明作者及其题目：谱主自作则但标题名以资识别。

七、近代学者著书或写论文，引用文字之处，每惮繁琐，常以"见某书某章某页"略之，而不引用原文。本年谱所引谱主撰述，无论长短，皆尽量引用，以省读者检索之劳，而得直接欣赏大师文字风格。

八、本年谱除谱主称大师或单称师外，其余引用文字作者姓名，概略敬称。

大师姓名、别号及其家世概略

　　大师俗姓李，祖籍浙江平湖，世居天津，遂为津人。幼名成蹊，一名广侯，字叔同，亦作漱筒、瘦桐、舒统、俶同、庶同、俗同，别号惜霜。入天津县学时，名文涛。弱冠奉母至沪，入南洋公学及赴浙江乡试，改名广平。鬻书时，称醮纨阁主。廿六岁丧母后，改名哀，字哀公。留学日本东京美术学校时，初名哀，继名岸。创立话剧团体"春柳社"时，艺名息霜，报刊署名作惜霜。归国后，任上海《太平洋报画刊》编辑，正称李叔同，后加入柳亚子领导的文学革命团体"南社"，又名凡。任教杭州浙江省立第一师范学校时，名息，字息翁。民国五年试验断食后，改名欣，号欣欣道人；旋又名婴，字微阳，号黄昏老人。出家后，法名演音，号弘一，别署甚多。常用而可考见者如下：

昙昉	僧胤	弘裔	论月	月臂	一音	一相	一月	一味	入玄
大心	大山	大明	大慈	大誓	大舟	大舍	大安	不着	不转
不勤	不息	亡言	方广	月音	月镫	玄入	玄会	玄明	玄门
玄策	玄荣	如月	如眼	如说	如实	如智	如空	如理	自在
安立	安住	光网	妙胜	妙着	妙严	念慧	念智	成就	成智
成实	法城	法日	法幢	智身	智幢	智炬	智入	智门	智镫
智眼	智藏	智境	智音	智住	智理	慈目	慈力	慈风	慈舍
慈月	慈现	慈镫	慈藏	无有	无尽	无得	无说	无厌	无等
无所	无缚	无依	无住	无作	为胜	为依	为明	为首	为导
为炬	为趣	为护	为归	为舍	善月	善知	善思	善惟	善解
善愍	善梦	善现	善摄	善入	善量	善臂	胜力	胜月	胜音
胜行	胜幢	胜髻	胜臂	胜镫	胜愿	胜解	胜佑	胜慧	慧幢
慧树	慧镫	慧牙	实语	实慧	实智	实义	真月	真义	瑞立
晚晴	龙音	龙臂	悲幢	悲愿	坚固	坚镫	德幢	德藏	调顺

调柔　调伏　离垢　离着　离忍　离相　髻严　髻光　严正　严髻

【按】刘质平《弘一大师史略》，将大师"笔名"包括演音、弘一名号在内，共列为二百。兹仅取一百五十。余不常见从略。

常署别号有：

李庐主人　醼纵阁主　黄昏老人　大心凡夫　摩颐行者　晚晴老人
蒨葡老人　南社旧侣　澹泞道人　晨晖老人　善梦老人　尊胜老人
二一老人　无着道人　婆心庵主　贤瓶道人等

大师在家与出家之名号虽多，要之在家以李叔同之名，出家以弘一之法号为世所通称。

【按】《乐石社社友小传》："李息，字叔同，一字息翁，燕人或曰当湖人。幼嗜金石书画之学。……生平易名字百十数。名之著者曰文涛、曰下、曰成蹊、曰广平、曰岸、曰哀、曰凡。字之著者曰叔桐、曰漱筒、曰惜霜、曰桃溪、曰李庐、曰圹庐、曰息霜；又自谥曰哀公。"（此条似为一九一四年李息所自记。"李下"一名与"成蹊"合义，取"桃李不言，下自成蹊"之意，署名会见于致徐耀庭书札。"桃溪""圹庐"二号，则殊罕见。——著者）

大师在俗世系，其远祖已难详考。原籍为浙江平湖，一说原籍山西。一九六四年余在京会亲问其侄李圣章麟玉，亦云有此一说，但未知确为何处。又谓大师廿三岁在沪时，为应浙江乡试，便于报考，乃预纳监生为浙江嘉兴府平湖县籍。然浙江平湖，古名当湖，大师十七岁时，其师唐育厚为他所作书法范本《唐静岩司马真迹》题签时，他已自署"当湖李成蹊"，故似称"原籍浙江平湖"为妥。

据光绪二十八年（一九○二）补行庚子、辛丑恩正并科浙江乡试第三场考卷所开"籍贯三代"记录，李广平是年二十三岁，自署为"嘉兴府平湖县监生李广平"，其所开三代为：

曾祖　　忠孝
祖　　　锟　　　本生祖锐
父　　　世荣　　本生父世珍

李家先世因经营盐业于天津，遂寄籍焉。父讳世珍，号筱楼，一作晓楼。清同治四年（一八六五）会试，与桐城吴汝纶（挚甫）同年，传出瑞安孙渠田学士门下。

筱楼先生通籍后，曾官吏部主事（"前清进士受职后，恒分各部观政，名

曰主事。"见林纾《畏庐琐记》。——著者）

【按】李圣章之女李孟娟《弘一法师的俗家》："我是弘一法师俗家的后代。我的曾祖父李筱楼，讳世珍（一八二二——一八八四），因曾创办了'桐达'等几家钱铺，故人称我家为'桐达李家'。曾祖父筱楼公……是清同治四年（一八六五）乙丑科这一年内先考取了举人（员生）和进士的。中进士后，曾任吏部主事，数年后辞官经商。"

"在北京'第一历史档案馆'的藏书中，有一册手抄本的《乙丑科会试题名录》，内载中试各省贡士二百五十二名的名次、姓名、籍贯等。我曾祖父名下这样写着：第七十名　李世珍；直隶天津府天津县'附生'。"

"又大师致胜进居士高文显书：'奉上《韩翰林集评注》一册，为北方新刊本，吴挚甫评注：……吴挚甫与先父为进士同年。时先父年踰五旬，吴氏仅二十余岁。'"

筱楼先生生平邃于性理之学，晚年好内典，尤耽禅悦，乐善好施，设立义塾，与李嗣香、严仁波（严范孙之父）等友好，创办"备济社"，专事抚恤贫寒孤寡，施舍衣食棺木，津人称之为李善人。又因曾创办过"桐达"等几家钱铺，故被称为"桐达李家"。先生有一妻二妾，有子三人。长子名文锦，系嫡出，因彼长师五十岁，初误传为夭折，实曾结婚有子，在有子（即师之长侄）后死去，其子又夭折，继世无人。故胡宅梵《大师童年行述》云："时有王孝廉（举人）者，至普陀出家，返居天津之无量庵。师之大侄妇早寡，常从王孝廉学大悲咒、往生咒等。"此大侄妇，即文锦之夫人。

次子文熙，字桐冈，号敬甫（一九二九年去世，年六十二），长师十二岁。因他幼年赢弱，恐其不寿，故又纳王氏为侧室而生大师。大师生时，其父已六十八岁，母年才十九。

大师行三，幼名成蹊，取"桃李不言，下自成蹊"之意。学名文涛，字叔同，尝自署三郎。世传大师生时，有鹊衔松枝降其室，以为生有异征，常随身携带以为纪念。后人更辗转相传，谓此松枝至大师人灭时，仍挂于卧室壁上。此为好事者故弄玄虚，其实大师未尝自言，亲近弟子亦未曾闻，故断无此事。

大师生五岁而失怙，赖王太夫人抚育成人。自幼聪颖过人。童年从天津赵幼梅、唐敬严、严范孙、王仁安、王吟笙、孟定生、王纶阁、王雪民、周啸麟、李绍莲、姚品侯、姚兆臣、冯玉夫、曹幼占、陈宝泉等，学习诗文书画篆刻，切磋学问，为同辈所称。十七八岁时，以文童入天津县学，学习时文（八股文）制艺。其文字修养，实基于是。

戊戌政变时，大师年方十九。京津之士，有传其为康梁同党者，遂奉母氏王太夫人及眷属，南下上海。侨居于前法租界卜邻里。因加入城南文社，得识松江名士许幻园。庚子之夏，应幻园之邀，移居于其城南草堂，并与江湾蔡小香、江阴张小楼、宝山袁希濂、松江许幻园，结为同谱兄弟，号称"天涯五友"。在城南草堂时，其正厅题为"醾纨阁"，幻园为书"李庐"二字赠之，因自称李庐主人。其《李庐印谱》《李庐诗钟》《二十自述诗》，即作于是时。

一九〇一年辛丑，大师改名李广平，考入上海南洋公学为特班生，从蔡元培先生受业，与邵力子、谢无量、洪允祥、黄炎培、王我孙、胡仁源、殷祖伊、项骧、贝寿同等，同为蔡氏所赏识。蔡氏主授国文，兼教诸生读和文之法，使自译和文之书。大师之识日文自此始。其间会译《法学门径书》及《国际私法》，越数年，由当时上海开明书店出版。

一九〇二年壬寅，各省补行庚子、辛丑恩正并科乡试，大师纳监为浙江嘉兴府平湖县籍监生。八月，赴浙江应试，连考三场未中。报罢后，仍回南洋公学就读。是年南洋公学学生因反对教员之专制，发生罢课风潮。冬月，各班相率退学者二百余人。

大师自南洋公学散学以后，传一度担任圣约翰大学国文教员。一九〇四至一九〇五年间，联合思想进步友朋，择地租界以外之南市，创设"沪学会"，经常召开讲演，利用演剧以宣传改良婚姻，移风易俗。他的《为沪学会撰文野婚姻新戏册既竟系之以诗》，即此时作品。沪学会又开办补习学校，教育社会青年，是为国内补习学校之嚆矢。大师自撰词作曲之《祖国歌》，即为此"沪学会补习科"而作，为当时一般学校青年男女所爱唱。

一九〇五年〔农历〕二月初五日，慈母王太夫人在沪病故。大师扶柩还津，定期举行追悼会，提倡改革丧礼。丧事完毕，即东渡日本留学。

大师在俗原配俞氏，在沪生二子：长名准，次名端。有侄二人：长名麟玉，字圣章，留学法国，曾任中法大学校长；次名麟玺，字晋章，精篆刻，服务银行界。

兹将天津桐达李家五代世系列表如次：

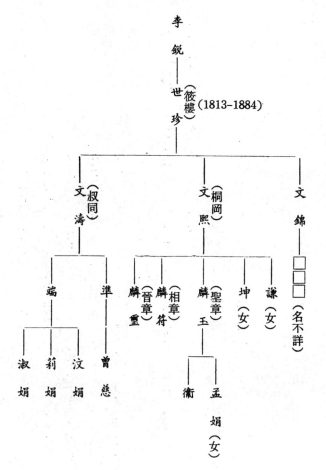

谱　文

一八八〇年（光绪六年庚辰）　一岁

是年阴历九月二十日，大师出生于天津河东（区）地藏庵前陆家胡同老宅。父进士筱楼先生已六十八岁[1]，母王太夫人年始十九，属簉室。时师之长兄文锦，长师近五十岁，婚后得嗣，后又早逝，其名遂不传于世。次兄文熙，字桐冈，号敬甫，长师十二岁。不久，筱楼先生购进一新屋于河东（区）山西会馆南路西大门，李家遂迁居于此，即今粮店后街六十二号是也。

该处计有前后两进住宅，两个跨院，四个院落呈田字形，当中有一个小花园，名为"意园"（亦称洋书房），结构精雅。全宅共有四十余间房舍。（见李端《追忆先父李叔同事迹片断》）

传说大师生时，有鹊衔松枝降其室，认为大师生有异征，其实并无此事。[2]

注　释

[1] 姜丹书《弘一律师小传》："其父某公为名进士，清光绪六年，生上人于簉室。时父年已六十有八，而母年才二十余。"

[2] "鹊衔松枝"之说，始见于一九二六年九月十七日《小说世界》发表的吕伯攸《记李叔同先生》："据他（大师）说，这（松枝）便是他当年呱呱堕地的时候，由一只喜鹊衔着飞进来，落在产妇床前的。"后来姜丹书《弘一律师小传》踏袭此说，说"上人自言，至年长时，此松枝犹保存云"。最荒唐的是《觉有情》杂志当时所引的《晋江通信》说："法师圆寂时，此木仍端挂于禅榻旁之壁上，今存泉州开元寺。"关于此事，圆拙法师曾问过大师圆寂时为其料理后事的妙莲法师。他说挂在禅房壁上的树枝是泉州的龙眼树枝，大师平时用以悬挂笠子帽子之类者。文人好事，故神其说以惑世人，可谓厚诬大师。

【按】姜丹书（一八八四——一九六二），字敬庐，江苏溧阳人，南京两江优级师范学校毕业。与大师在杭州浙江省立第一师范学校同事七年，交至相得。

一九四九年后任浙江美协副主席，一九六二年八月六日逝于杭州，年七十八。（见一九六二年《美术》第四号）遗著《姜丹书艺术教育杂著》，一九九一年浙江教育出版社出版。

一八八四年（光绪十年甲申）   五岁

是年阴历八月初五日，父筱楼先生病故，享年七十二岁。他生前为李家起名"存朴堂"，并亲自书写匾额，悬于大客厅正中，当时津人称之为"存朴堂李筱楼家"或"桐达李家"。

是年四月，李鸿章在天津与法国议和，八月拜大学士（宰相），适李筱楼逝世（闻筱楼与鸿章为乡试同年，交情颇笃），出殡之日，当时视为殊荣。①

筱楼公因患痢疾，自知不起，将临终前，痢疾忽愈。公乃延请高僧多人，朗诵《金刚经》，静聆其音，而不许一人入内。师时方五龄，亦解掀帏窥探。当公临殁，安详而逝。师时见僧之举动，皆可爱敬。以后即屡偕其侄辈效"焰口"施食之戏。②③

注 释

① 李端《家事琐记》："我的祖父是一八八四年七十二岁时故去的。……祖父生前给我家起的堂名叫'存朴堂'，并亲笔写了一块堂额，高悬在前院大客厅的正中。当时有人称我们家为'存朴堂李筱楼家'或'桐达李家'。据老家人张顺讲，我祖父故去时出了大殡，由李鸿章'点主'，马三元（清朝武官）'报门'，当时是有些气派的。"

② 胡宅梵《记弘一大师之童年》："（筱楼）公年至七十二，因患痢疾，自知不起，将临终前痢忽愈。公乃延请高僧多人，朗诵《金刚经》，静聆其音，而不许一人入内，以扰其心。师时方五龄，亦解掀帏窥探。当公临殁，毫无痛苦，安详而逝，如入禅定。灵柩藏家凡七日，每日延僧一班，或三班，诵经不绝。师时见僧之举动，均可爱敬。天真启发，以后即屡偕其侄辈，效'焰口'施食之戏，而自中据上座，如大和尚焉。"

③ 李孟娟《弘一法师的俗家》："李叔同是我的叔祖父，……比我父亲李麟玉年长九岁，他们叔侄幼时是同玩的小伙伴。据我父亲说：他和他的三叔一起常学和尚念经玩，三叔装'大帽'和尚在那里念念有词，他在下首当小

和尚，听从调遣。两个人都用夹被或床罩当袈裟，在屋里或炕上念佛玩。我父亲还说上家塾时也由三叔教过英文。"

【按】"焰口"是佛教密宗的一种施食忏法，多举行于夜间。源出于唐不空译《救拔焰口陀罗尼经》。焰口为鬼王之名，实叉难陀译为"面然"，称为"面然大士"。自宋以后，焰口施食忏法盛行。一般信徒如举行佛事一日或三日，其最后夜间必举行施食法，谓之"放焰口"，通称为"瑜伽焰口"。其仪式中据上座者，头戴毗卢帽，据《瑜伽焰口》唱以梵腔，默作观想，有时手振铜铃以示起讫。双手十指时作种种形式（手印），标示诸佛内证之德。其下两侧为四人或六人，外加司报钟鼓一人，谓之"一台焰口"。今所行者，多为明、天机禅师所定施食科仪之"天机焰口"与"华山焰口"两种。

【按】胡宅梵，名维铨，浙江绍兴人，于慈溪白湖金仙寺皈依大师，法名胜月。其所撰《一师童年行述》，曾经大师过目，所记似较可信。

一八八六年（光绪十二年丙戌）　七岁

是年，从仲兄文熙受启蒙教育。日课《玉历钞传》《百孝图》《返性篇》《格言联璧》等。① 又攻《文选》，琅琅成诵，人多异之。②

注　释

① 胡宅梵《记弘一大师之童年》："师至六七岁，其兄教督甚严，不得少越礼貌；并时以《玉历钞传》《百孝图》《返性篇》《格言联璧》等嘱师浏览。"

② 皈僧《弘一大师传略》："世之传弘一大师者，不传其文，即传其艺。然以大师之大智慧，岂在多能鄙事？乃率以稗官之笔出之，甚非恭敬之道也。皈僧不文，从大师游，盖十五年于兹矣。虽高深难测，而瞻仰匪遥。熏沐陈词，聊解世人之惑。大师俗姓李，名息，字叔同。又名婴，一字息霜。浙江平湖人，侨寓天津，生而颖悟。七岁攻《文选》，琅琅成诵，人多异之。"（见一九二七年七月上海《世界佛教居士林林刊》第十八期）

【按】"皈僧"即尤惜阴居士笔名。居士名秉彝，字雪行；别号惜阴，又号无相道人，江苏无锡人。一九〇六年，大师在日创刊《音乐小杂志》时，他即任其上海经手人。民国元年，又在上海"太平洋报"同事。

大师出家后，彼此往来尤为密切。曾任《世界佛教居士林林刊》编辑。一九二八年冬，与大师及谢国梁（即后出家之寂云上人）居士同往泰国弘法（大师至厦，为道俗所留，未行）。晚年在新加坡出家，礼北京法源寺德玉和尚为师，法号演本。一九五七年七月廿四日圆寂于马来西亚金马仑三宝寺。他与闽南长老性愿、转逢，俱有深交。著有《谭因》《法味》等书。平生除研究佛学外，并精宅运堪舆之学。近年出版者，有竺摩法师编的《演本法师追思录》，及杨大省居士编，由马来西亚金马仑三宝万佛寺印行的《演本法师文集》及《续集》。

一八八八年（光绪十四年戊子）　九岁

是时天津有王孝廉者（举人）者，至普陀山出家，回天津后，居无量庵。师之大侄媳从之学诵《大悲咒》《往生咒》，师时从旁听，旋亦能成诵。[①] 又从乳母刘氏，习诵《名贤集》，颇解其义。[②] 其时并就常云庄某先生受业，读《孝经》《毛诗》诸类。[③]

注 释

① 胡宅梵《记弘一大师之童年》："时有王孝廉者，至普陀出家，返居天津之无量庵。师之大侄媳早寡，常从王孝廉学《大悲咒》《往生咒》等。时师年纪八九岁，见而甚喜，常从旁听之，旋亦能背诵。"

② 胡宅梵《记弘一大师之童年》："时有乳母刘氏，能背诵《名贤集》（集为格言诗，四、五、七言递加），时教师背诵其词。如'高头白马万两金，不是亲来强求亲。一朝马死黄金尽，亲者如同陌路人。'师虽在八九岁间，亦颇能解其义。"

③ 李芳远《弘一大师年谱》原稿八九岁条："从常云庄某先生受业，读《孝经》《毛诗》《唐诗》《千家诗》诸类。"

一八八九年（光绪十五年己丑）　十岁

是年始读"四书"、《古文观止》（据李芳远《弘一大师年谱》原稿）。

一八九二年（光绪十八年壬辰）　十三岁

此两年间，略习训诂之学。读《尔雅》，并学《说文解字》，开始临摹篆帖。十三岁学篆[①]，同时也会学放"焰口"[②]。

注　释

① 篆书《华严经》集联（"能于众生施无畏，普使世间得大明"）题记："十三岁学篆，弱冠以后，遂即弃舍，忽忽垂四十载矣。尔者勉力作书，握管生疏，无复儿时故态。衰老浸至，道业未就，殊自惭也。岁次玄枵闰三月，大病始愈。华严偈颂集句，晋水蒨葡院沙门髻严，时年五十又七。"

②《我在西湖出家的经过》："我以前虽然从五岁时，即时常和出家人见面，时常看见出家人到我的家里念经及拜忏，而于十二三岁时，也曾学了放焰口。……"

一八九四年（光绪二十年甲午）　十五岁

是时师渐成年，于其兄之所为，顿不谓然。遂愤世嫉俗，养成反抗思想。[1]
喜畜猫，至东京留学时，仍未改其个性。[2] 是年仍致力篆书[3]，兼读《史汉精
华录》及《左传》等。（据李芳远所作年谱十五岁条）

注　释

[1] 胡宅梵《记弘一大师之童年》："至十余岁，尝见乃兄待人接物，其礼
貌辄随人之贵贱而异，心殊不平，遂反其兄之道而行之。遇贫贱者敬之，富
贵者轻之。性更喜畜猫，而不平之心，时亦更趋偏激。往往敬猫如敬人，见
人或反不致敬。人有目师为疯癫者，师亦不为意。童年有此反抗革命之思想，
亦可谓奇矣。……师闲居，必习练小楷，常摹刘石庵（清山东诸城人，名世
安，字崇如，号石庵，乾隆十六年进士，官至体仁阁大学士，谥文清。擅长
书法，其小真书被列为妙品。——著者）所临文征明《心经》甚久，兼事吟
咏。"

[2] 姜丹书《追忆大师》："上人少时，甚喜猫，故畜之颇多。在东京留学
时，曾发一家电，问猫安否？"

[3] 致晦庐书：朽人剃染以来二十余年，于文艺不复措意。……篆额二纸，
率尔写奉。十四五岁尝学篆书，弱冠以后，兹事遂废。今老矣，随意信手挥
写，不复有相可得，宁计其工拙耶？

一八九六年（光绪二十二年丙申） 十七岁

是年从天津名士赵幼梅学词，又从唐敬严（一作静岩）学篆隶及刻石，所学皆骎骎日进。①唐敬严为书钟鼎篆隶各体书一小册示之。师为刊行《唐静岩司马真迹》，并亲自题签，署名“当湖李成蹊署”②。其间喜读唐五代诗词，尤爱王维诗，并习八股，文理清秀，人咸奇之。③

是年四月，天津有减各书院奖赏银归洋务书院之议，师以“照此情形，文章虽好，亦不足制胜”；又闻友人谈及时事，有重洋文之势，遂决心请人教算术及洋文。师之攻读英文当自此始。据其侄李圣章对我说：他认识英文第一个字母 A 字就是他三叔教的。④

师在青年时期，虽知致力新学，开始学习英文，然因其父为清末进士，欲继承光大其门楣，仍甚热中于科举功名。他于山西浑源县“恒麓书院”教谕（思齐）对诸生《临别赠言》传本，手自抄写，奉为读书圭臬，以为终身言行之准则。⑤

注 释

① 李晋章致林子青书：“子青先生尊鉴：行中归来，接奉大札，拜读之下，欣悉一一。严范翁（名修）系旧交，赵幼梅为先叔学词讲师，不能不记。先叔刻石，就学于唐敬严师，官讳玺记不清楚。学篆亦是唐师领导，此在十六七岁时事。藉知于金石之学，不足二十岁，即已深入，非凡人所能及。李矫，甲申正月十四日。”

② 唐育厚《唐静岩司马真迹后记》：“李子叔同，好古主也，尤偏爱拙书。因出素册念四帧，嘱书钟鼎篆隶八分书，以作规模。情意殷殷，坚不容辞。余年来老病频增，精神渐减；加以酬应无暇，以致笔墨久荒。重以台命，遂偷闲为临一二帧，积日既久，始获蒇事。涂鸦之诮，不免贻笑方家耳。时丙申（一八九六）夏月，湖陵山樵唐育厚抚于颐寿堂。”

③ 李芳远《弘一大师年谱》原稿十七岁条：“喜读唐五代诗词，尤爱王

摩诘诗。略读词赋，兼习八股。文理清秀，人咸奇之。”

④ 致徐耀庭书：耀庭五哥大人阁下：前随津字第一号寄上信一函，谅已收到。五月初二日，乃王静波兄令堂发引之期，已代阁下送呢幛一轴，奠仪一吊文。……再今有信（消息）将各书院奖赏银皆减去七成，归于洋务书院。照此情形，文章虽好，亦不足以制胜也。昨朱莲溪兄来舍，言有切时事，作诗一首云：

天子重红毛，洋文教尔曹。

万般皆上品，唯有读书糟。

此四句诗，可发一笑。弟拟过五月节以后，邀张墨林兄内侄杨君，教弟念算术，学洋文。别无可报，专此达知，敬请 旅安，不一。

愚小弟 涛 顿首。

【按】此书未署年月，据前后事迹推算，当系作于一八九六年，师时年十七。

⑤《恒麓书院临别赠言》：“此壬辰（一八九二）馆浑源时，与恒麓书院诸生临别之言。浑源文风最朴陋，故所言皆为中人说法。门人鉴堂上舍秉衡，遂用此连掇巍科。近闻浑源士人，群奉此数条，录置案头，以为圭臬；而垂念鄙人犹未置也。平生斯文之契，于此最深。顷自旧簏检得此稿，陈知己一阅，并盼邃密商量，匡其不逮，幸甚。思齐注。

读书之士：立品为先。养品之法，惟终身手不释卷：……诵诗读书，论世尚友，是士人绝大要着。持躬涉世，必于古人中择其性质相近者师事一人，瓣香奉之，以为终身言行之准。……古文则须于唐宋八家中师事一家，而辅之以历代作者；时文则须于国初诸老中师事一家，辅之以名选名稿。小楷则须于唐贤中师事一家，而纵横于晋隋之间。……天分绝伦者无书不读，过目不忘。此才诚旷代难逢。至于中人之资，纵不能博览兼收，而四部之中，亦有万不可不讲者。……制艺之道，方望溪以‘清真雅正’为主，此说诚不可易。……自来主司取士，无人不执中异不中同之说，习举业者，不可不知。……应试之文，必有二三石破天惊处，以醒阅者之目，又须无懈可击，以免主司之吹求。……小楷是读书人末技，然世之有识者，往往因人之书法卜其终身。其秀挺者，必为英发之才。其腴润者，必为富厚之器。至于干枯了草，必终老无成。大福泽既不可期，小成就亦终无望。况善书之士，大之可以掇词科，小之可以夺优拔，要皆仕进之阶。有志者诚不可以忽也。”（后学李成蹊摹）

一八九七年（光绪二十三年丁酉）　　十八岁

是年在俗，与俞氏结婚。^①同年以童生（文童）资格应天津县儒学考试，学名李文涛。"初覆"考题有"致知在格物论"^②"非静无以成学论"^③。"二覆"考题有"策问"："论废八股兴学论"等。^④

注 释

①李晋章致林子青书："三亡婶俞氏（俞族津中四散，早不知居于何处矣），业茶（先住芥园大街）。有二子，长子名准，无字，次名端。一属鼠，即庚子年所生。一属龙，今年四十矣。至先叔结婚年纪，津人无记得者。大约庚子前四五年，候询七旬以上老亲戚，得悉再达。……李矫，癸未年十二月廿七日。"

②《致知在格物论》（摘录）："昔宋孝宗即位，诏中外臣庶，陈时政阙失。朱子'封事'（即为保密，将奏章封入于皂囊中，以供天子一人御览者。汉应劭撰《汉宫仪》：'密奏以皂囊封之，不使人知，故曰封事。'——著者），首言帝王之学，必先格物致知。是知格物致知之学，为帝王所不废。然世之欲致其知者，往往轻视夫格物之理，抑何谬也。……所以泰山之高，非一石所能积。琅玡之东，渤澥稽天，非一水之钟。格物之理，微奥纷繁，非片端之能尽。此则人之欲致夫知者所不可不辩也。……语云：'通天地人谓之儒。'又云：'一物不知，儒者之耻'，其此之谓欤？"

③《非静无以成学论》（大意）："从来主静之学，大人以之治躬，学者以之成学，要惟恃此心而已。《言行录》云：'周茂叔志趣高远，博学力行，而学以主静为主。'……盖静者安也。如莫不静、好静言思之类。是静如水止而停畜弥深，静如玉之藏，而温润自敛。《嘉言篇》云：'非静慕以成学'，其即此欤？成学者何？盖以气躁则学不精，气浮则学不利……能静则学可成矣。不然游移而无真见，泛鹜而多驰思，则虽朝诵读而夕讴吟，主宰必不克一也，又安望其成哉？"

【按】以上二卷俱附草稿。卷面上部各印有"天津县"三字，其左盖"初覆""二覆"印章，下仅署"李文涛"三字，盖上"天津府印"汉满两文大印。

④ 策问：《论废八股兴学论》（大意）："嗟乎，处今日而谈治道，亦难言矣。侵陵时见，人心惶惶。当其军之兴也，额籍出兵，老羸应募，裹创待敌，子弟从戎。窃思我中国以仁厚之朝，何竟若是之委靡不振乎。而不知其故实由于时文取士一事。……考之时文者，八股是也。八股之兴，始于宋王安石，至元尚画，则八股废。至明复兴，至我朝益盛。世宗宪皇帝时，曾经谕旨改试策论（考官批改：'改试策论，在康熙初年。'）。未久遂复旧制。至今时则八股之作，愈变愈失其本来。昔时八股之兴，以其阐发圣贤之义理，可以使人共明孝悌之大原。至今时则以词藻为先，以声调为尚，于圣贤之义理毫无关系。胸无名理，出而治兵所以无一谋。是此革旧章，变新制，国家又乌能振乎？虽然新制者何？亦在于通达时务而已。时务莫要于策论。策论者何？亦策论夫天文地理机汽算学而已。……允若兹，则策论兴而八股废，将文教于以修，则武教亦于以备。今伏读圣谕，改试策论，寰宇悉服，率土咸亲。能识时务之儒，皆各抒所见，岂仅铺张盛事，扬厉鸿麻而已哉。"

【按】以上时文，策问之论点是否正确，姑置勿论。以一年仅十八之"文童"，而有此政治历史之学识与文学修养，实非易事。试举其主考官在一"时文与试帖"赋得"六经读罢方拈笔"的考卷上评语云："熟而不俗，清而能腴。纯用本地风光，尚不离题之分位，笔致亦极秀润。"透过这些文字，亦可看出清末政治的腐败与青年爱国之热情。

一八九八年（光绪二十四年戊戌） 十九岁

是年春，仍入天津县学应考。其课艺考卷正面填写"文童①，李文涛，年十九岁，身中、白面、无须。曾祖忠孝、祖锐、父世珍"。课卷写时文两篇。其一为《行己有耻使于四方不辱君命论》②。其二为《乾始能以美利利天下论》③。前者慨叹国家之无人才，揭露清末外交界之黑幕，及外交官之不学无术与无耻。后者主张中国欲富强应开矿产，谓今天下之美利，莫外于矿产。而中国之矿产，尤盛于他国。并主张设立矿学会，公举数人出洋赴矿学堂，学习数年，学成回国，再议开采。最后提出士以"器识为先，文艺为后"之观点。大师晚年常教人以"士应使文艺以人传，不可人以文艺传"之思想，在其弱冠前早已形成。

是年清光绪帝采纳康梁维新主张，下诏定国是。大师亦以老大中华非变法无以自存，赞同康梁主张。传曾自刻一印曰"南海康君是吾师"。八月，戊戌政变宣告失败后，康梁亡命国外。京津之士，有传其为康梁同党者，遂携眷奉母，避祸上海。初赁居于法租界卜邻里。④时袁希濂、许幻园等假许氏城南草堂，组织城南文社，每月会课一次。由张蒲友孝廉评阅，定其甲乙。十月，大师本"以文会友"之义，初次入社，诗赋小课《拟宋玉小言赋》，写作俱佳，名列第一，自是才华初露。⑤

注 释

① 许地山《清代文考制度》："凡未入学之学生，称童生，考入学后为其进身之始。凡童生皆当于本县考试。报名时应填明籍贯、年貌、三代，其事由州县礼房办理。学生报名，有司查明身家籍贯无违碍后，方为儒童。其考试为童生试，分正考、覆考，二次考试。童生则填写文童。"（见许地山《国粹与国学》）

② 《行己有耻使于四方不辱君命论》："间尝审时度世，窃叹我中国以仁厚之朝，而出洋之臣，何竟独无一人能体君心而达君意者乎？推其故实由于

行己不知耻也。《记》曰：'哀莫大于心死'。心死者，诟之而不闻，曳之而不动，唾之而不怒，役之而不惭，刲之而不痛，縻之而不觉，则不知耻者，大抵皆心死者也。其行不甚卑乎！……

"然而我中国之大臣，其少也不读一书，不知一物，以受搜检。抱八股八韵，谓极宇宙之文。守高头讲章，谓穷天人之奥。是其在家时已恬然无耻也。即其仕也，不学军旅，而敢于掌兵。不谙会计，而敢于理财。不习法律，而敢于司李。瞽聋跛疾，老而不死，年逾耄颐，犹恋栈豆。接见西官，栗栗变色。听言若闻雷，睹颜若谈虎。其下焉者，饱食无事，趋衙听鼓，旅进旅退，濡濡若驱群豕，曾不为耻。

"是其行己如是。一旦衔君命，游四方……见有关矿产者，有习格致者，有图制作者，彼将曰区区小道，吾儒不屑为也。其实彼则不识时务者也。……此所以辱君命者。然则所耻者何？亦耻己之所不能者耳。己之所不能者，莫如各国之时务。首考其地理，次问其风俗，继稽夫人心。又必详察夫天文，观其分野而知其地舆。今日者，人臣苟能于其所不能而耻者，……使于四方，又何至贻强邻之讪笑，而辱于君命乎？

"吾尝考之：苏武使匈奴，匈奴欲降之，武不从，置窖中六日，武啮雪得不死。又迁之北海，卒不屈。是其不辱君命，非其行己有耻故乎！……虽羞恶之心，人皆有之。而何以今天下安于城下之辱，陵寝之蹂躏，宗社之震恐，边民之涂炭，而不思一雪，乃托虎穴以自庇。求为小朝廷，以乞旦夕之命，非明明无耻乎？朝睹烽燧，则苍黄瑟缩；夕闻和议，则歌舞太平。其人犹谓为有耻不得也。……"

③《乾始能以美利利天下论》："《易》云：'乾始能以美利利天下。'吾盖三复其词，而叹天之生材，有利于天下者，固不乏也，况美利乎！而今天下之美利，莫外于矿产；而中国之矿产，尤盛于他国。今山东之矿已为他人所笼，山西之矿，亦为西商所觊。若东三省之金，湖南、四川、云南以及川滇边界夷地番地之五金煤炭，最为丰饶。他省亦复不少。……

"有矿之处，宜由绅商公议，立一矿学会。筹集斧资，公举数人出洋，赴矿学堂学习数年，学成回华，再议开采。察矿之质性，而后探矿。能不用西师固善，即仍用西师，我亦可辨其是非而不为所欺。……中国近年来部库空虚，司农几乎束手，而实逼处此，又不能不勉强支持。以故款愈绌而事愈多，事愈多而费愈重。除军警之饷需、文武之廉俸、各局厂委员司事之薪水、工食诸正款概不计算外，他若修铁路也、立学堂也、定造兵轮、购办枪炮，以及子弹火药也，种种要需，均属万不得已。……

"扼要之图，厥有四事：

"一曰习矿师。开矿之法，识苗为先。当日所延矿师，半系外洋无赖，夸张诡诈，愚弄华人，婪薪俸数万金，事后则飘然竟去。滇南延诸日本，受弊亦同。必须令出洋学生专门学习，参以西法，精心考验，明试以功，斯则卅人之选也。

"二曰集商本。近日集股之事，闻者咸有戒心。苟有亏蚀，查究著偿。股票由商部印行，务使精美，不能作伪，乃能取信于民也。

"三曰弭事端。众逾千人，派兵弹压，并矿丁团练，以防未然。秩之崇卑，视矿之大小，督抚兼辖。矿政如盐政之例，以一事权。矿中危险颇多，仍参仿西国章程办理。

"四曰征税课。矿税不能定额，情形时有变迁，宜略仿泰西廿分抽一，信赏必罚，酌盈剂虚，因时制宜，随地立法。事之济否？首在得人矣。……

"盖以士为四民之首，人之所以待士者重，则士之所以自待者益不可轻。士习端而后乡党视为仪型，风俗由之表率。务令以孝悌为本，才能为末。器识为先，文艺为后。"

④ 僧睿《弘一大师传略》："师生而颖异，读书过目成诵。志学之年，即知爱国。谓中华老大帝国，非变法无以图存。戊戌政变，与其眷属奉母南下。"

⑤ 袁希濂《余与大师之关系》："逊清光绪丁酉，秋闱报罢。余集合同志，假许幻园上舍（监生）城南草堂，组织城南文社。每月会课一次，以资切磋。课卷由张蒲友孝廉评阅，定其甲乙。孝廉精研宋儒性理之学，旁及诗赋。戊戌十月，文社课题为'朱子之学出于延平，主静之旨与延平异又与濂溪异，试评其说'，当日交卷。另设诗赋小课，散卷带归，三日交卷。试题'拟宋玉小言赋'，以题为韵。是时弘一大师年十九岁，初来入社，小课《拟小言赋》，写作俱佳，名列第一。此为余与师相识之始也。"

一八九九年（光绪二十五年己亥）　二十岁

是年仍时参加城南文社集会，以诗文俱佳，许幻园奇其才，特辟城南草堂一部，并奉其母而居之。[①] 师于诗文词赋外，极好书画。与江湾蔡小香、宝山袁希濂、江阴张小楼、华亭许幻园尤为莫逆，五人遂结金兰之谊，称天涯五友。[②] 时慨国事蜩螗，偶游北里，以诗赠名妓雁影女史朱慧百，朱画箑为赠，并和其原作。[③]

是年得清纪晓岚所藏"汉甘林瓦砚"（纪撰有砚铭）[④]，极为珍视，遍征海内名士题辞，印成《汉甘林瓦砚题辞》二卷，分赠友人。扉页署"己亥十月，李庐校印"，内署"醁纵阁主李成蹊编辑"，卷末有纪晓岚《砚铭》。题辞作者三十余人，其中有王春瀛寅皆《纪文达甘林瓦砚歌》[⑤]、金炉宝篆词人《汉甘林瓦砚歌为醁纵阁主人作》[⑥]、承蜩馆主《题甘林瓦砚旧藏纪河间家》[⑦]等。

注　释

① 姜丹书《弘一律师小传》："有许幻园者，居上海城南，颜所居曰'城南草堂'，亦富厚，而为人甚慷慨，俨如一新学界领袖也。设文社曰'城南文社'。常悬奖征文，上人每投稿，辄名冠其曹者连三次。许君认为奇才，遂相见恨晚，特辟城南草堂之一部，并奉其母而居之。从此相交至笃，情同管鲍。"

② 袁希濂《余与大师之关系》："戊戌政变后，乃奉母南迁。初赁居于法租界卜邻里。翌年己亥（应为庚子——著者），乃迁于青龙桥之城南草堂，与许幻园同居。师于诗文词赋之外，极好书画。与江湾蔡小香、江阴张小楼、华亭许幻园及余（按：袁氏为宝山人）尤为莫逆。吾等五人，遂结金兰之谊。"

③ 水软潮平树色柔，新秋景物此清幽。

　小斋雅得吟哦乐，一任江河万古流。

　斯人不出世嚣哗，谁慰苍生夙愿奢。

　遮莫东山高养望，怡情泉石度年华。

如君青眼几曾经，欲和佳章久未成。

回首儿家身世感，不堪樽酒话平生！

漱筒先生，当湖名士，过谈累日，知其抱负非常，感事愤时，溢于言表。蒙贻佳什，并索画笺，勉以原韵，率成三截，以答琼琚。素馨吟馆主雁影女史朱慧百，设色于春申旅舍，时己亥十月小雪后并识。

④ 纪晚岚《甘林瓦砚铭》："余与石庵皆好蓄砚，每互相赠遗，亦互相攘夺。虽至爱不能分割，然彼此均恬不为意也。太平卿相，不以声色货利相矜尚，惟以此事为笑乐，殆亦后来之佳话与？嘉庆甲子五月十日晚岚记，时年八十有一。"

⑤ 王春瀛寅皆《纪文达甘林瓦砚歌》："赵子之徒李叔同，海上遗来双秋鸿。甘林古瓦孰手拓？茧纸莹白垂露工。石云尚书老好事，细刻铭字如雕虫。……"（按：纪昀，字晓岚，晚号石云，谥文达。赵子即天津赵元礼，字幼梅。——著者）

⑥ 丹徒金炉宝篆词人《汉甘林瓦砚歌为醾纼阁主人作》："醾纼主人性风雅，鉴别金石明双瞳。甘林片瓦篆文古，用之作砚坚如铜（汉武以铜为瓦）。有谓此瓦本汉制，相传来自长安宫。甘泉旧殿秦时建，武帝营造重鸠工。……"

⑦ 承蜩馆主《题甘林瓦砚旧藏纪河间家》："李子嗜学能文章，获古自憙犹珍藏。自云此系汉时物，土花拂拭松煤香。甘泉上林在何许，惟余瓦砾明斜阳。河间尚书有奇癖，趣工雕琢安虚堂。并时诸城亦同好，馈贻攘夺相谘商。……古今瞬息二千载，一物戋戋关兴亡。……"

一九〇〇年（光绪二十六年庚子）　二十一岁

正月，作《二十自述诗》，自为序。① 是春，应许幻园之邀，举家移居城南草堂。幻园为书"李庐"二字赠之，因自称李庐主人。② 三月，与上海书画名家组织上海书画公会，每周出《书画公会报》一纸。③ 又出版《李庐印谱》，自为序。④ 初夏，许幻园夫人宋贞（梦仙）作"城南草堂图"，自题一诗，征求和作。师（时名李成蹊）为和韵并自注⑤，许幻园为作《城南草堂图记》⑥。是秋，出版《诗钟汇编初集》（内题"庚子莫秋李庐校印""当湖惜霜仙史编辑"），又自为序。⑦ 冬月，撰《李庐诗钟自序》。⑧ 是年长子准生。⑨ 作《老少年曲》一阕以自勉。⑩

注　释

① 《二十自述诗·序》："堕地苦晚，又撄尘劳。木替花荣，驹隙一瞬。俯仰之间，岁已弱冠。回思往事，恍如昨晨。欣戚无端，抑郁谁语？爰托毫素，取志遗踪。旅邸寒灯，光仅如豆。成之一夕，不事雕劖。言属心声，乃多哀怨。江关庾信，花鸟杜陵。为溯前贤，益增惭恧。凡属知我，庶几谅予。庚子正月。"

② 许幻园《城南草堂笔记》卷上："庚子春，漱筒姻谱仲，迁居来南，与余同寓草堂，因见正中客厅新悬某名士书之一额曰'醸纨阁'，而右旁书室，尚缺匾额。余乘兴书'李庐'二字以赠之。盖仿雪琴尚书之'彭庵'，慰农观察之'薛庐'，曲园师之'俞楼'意耳。"

③ 袁希濂《余与大师之关系》："庚子三月，在上海福州路杨柳楼台旧址组织海上书画公会，为同人品茶读画之所。每星期出《书画报》一纸。常熟乌目山僧宗仰上人，及德清汤伯迟，上海名画家任伯年、朱梦庐、画家高邕之等，俱来入会。"

【按】《书画公会报》创刊于光绪二十六年（一九〇〇）四月，每星期（三、日）二纸。第一、二期交《中外日报》附送。第三期起自行发售。第二期四月二十五日礼拜三发行。第三期四月二十九日礼拜日发行。每张大钱十文。第三期第六幅（每张上下共分六幅）载有"醿纨阁李漱筒润例"（书例，篆刻例）。

④《李庐印谱序》："繄自兽蹄鸟迹，权舆六书。抚印一体，实祖缪篆。信缩戈戟，屈蟠龙蛇。范铜铸金，大体斯得，初无所谓奏刀法也。赵宋而后，兹事遂盛。晁王颜姜，谱派灼著。新理泉达，眇法葩呈。韵古体超，一空凡障，道乃烈矣。清代金石诸家，搜辑探讨，突驾前贤；旁及篆刻，遂可法尚。丁黄唱始，奚蒋继声，异军特起，其章章焉。盖规秦抚汉，取益临池，气采为尚，形质次之。而古法畜积，显见之于挥洒，与诒之于刻划。殊路同归，义固然也。不佞僻处海隅，昧道惛学，结习所在，古欢遂多。爰取所藏名刻，略加排辑，复以手作，置诸后编，颜曰'李庐印谱'。太仓一粒，无裨学业，而苦心所注，不欲自埋。海内博雅，不弃窳陋，有以启之，所深幸也。"

⑤ 酬宋贞《城南草堂图诗》原作韵："门外风花各自春，空中楼阁画中身。而今得结烟霞侣，休管人生幻与真。"（自注：庚子初夏，余寄居草堂，得与幻园朝夕聚首。曩幻园于丁酉冬有《二十岁自述诗》，张蒲友孝廉为题词云："无真非幻，无幻非真"，可谓深知幻园者矣。）

附宋贞原作：

花落花开春复春，城南小筑寄闲身。

研前写画心犹壮，莫为繁华失本真。（集幻园句）

⑥ 许幻园《城南草堂图记》："沪滨繁华，鸡犬桑麻，又是一番世界。人家多临水居，男妇皆朴重，盖犹有古风存焉。余性耽静僻，厌弃喧哗。于丁酉之春，筑草堂于此。庭植杂花，当盛开时，幽香满室，颇得佳趣。北临青龙桥，岸旁遍栽杨柳；东望黄浦，来往帆樯，历历在目。庚子孟秋，内子梦仙，为画草堂图，蒙海内大雅题句甚夥，因付剞劂，以志墨缘，并附此图于集中，为记其缘起如此。云间幻园居士。"（见《城南草堂图倡和集》）

⑦《诗钟汇编初集·序》："己亥之秋，文社叠起，闻风所及，渐次继兴。义取盍簪，志收众艺，寸金双玉，斗角钩心，各擅胜场，无美不备。鄙谬不自揣，手录一编。莛撞管窥，矢口惭讷，佚漏之弊，知不免焉。尤望大雅宏达，缀而益之，以匡鄙之不逮云。当湖惜霜仙史识。"（内书"庚子莫秋李庐校印"）

⑧《李庐诗钟·自序》："索居无俚，久不托音。短檠夜明，遂多羁绪。

又值变乱，家国沦陷。山邱华屋，风闻声咽。天地顿隘，啼笑胥乖。乃以余闲，滥竽文社，辄取两事，纂为俪句。空梁落燕，庭草无人，只句珍异，有愧向哲。岁月既久，储积浸繁，覆瓿摧薪，意有未忍。用付剞劂，就正通人，技类雕虫，将毋齿冷？赐之斧削，有深企焉。庚子嘉平月。"

⑨ 李晋章致林子青书："……先叔有二子，长名准，无字；次名端。一属鼠，即庚子年所生。……"

⑩《老少年曲》："梧桐树，西风黄叶飘，夕日疏林杪。花事匆匆，零落凭谁吊。朱颜镜里凋，白发悉边绕。一霎光阴底是催人老。有千金也难买，韶华好。"（见一九二六年，《小说世界》"李叔同未出家时手写诗词手卷"庚子条）

一九〇一年（光绪二十七年辛丑） 二十二岁

　　自去年庚子之役，京津骚然。仲兄文熙一家，逃难至河南内黄，师拟前往探视。临行填《南浦月》一阕，留别海上[①]，至天津后，以交通阻塞，未至内黄。居津半月，仍回上海。此行往返，将途中见闻及与亲友交往，以日记体写成《辛丑北征泪墨》，于是年五月在沪出版。其中有诗词十余首，多为前所未见。[②] 赴津之前，曾为许幻园所撰《城南草堂笔记》题跋。[③] 三月，书唐诗及回津近作于笺，赠世交华伯铨。[④] 是年盛宣怀奏办之南洋公学，开设特班，招考能作古文者二十余人（黄炎培回忆作四十二人），预定毕业后拔优保送经济特科。大师改名李广平应考入学，从蔡元培（子民）先生受业[⑤]，与黄炎培[⑥][⑦]、邵力子[⑧]等同学。秋，上海有名诗妓李苹香，以诗书笺请正。[⑨]

注 释

　　①《辛丑北征泪墨》首有辛丑四月藏斋（即赵幼梅）题词，有：

　　　　与子期年长别离，乱后握手心神怡。

　　　　又从邮筒寄此词，是泪是墨何淋漓。

　　——之句，可以想见丧乱之际师友之心情。

　　《自序》云："游子无家，朔南驰逐，值兹乱离，弥多哀感。城郭人民，慨怆今昔耳。耳目所接，辄志简篇。零句断章，积焉成帙。重加厘削，定为一卷。不书时日，酬应杂务，百无二三，颜曰'北征泪墨'，以示不从日记例也。辛丑初夏，惜霜识于海上李庐。"又《记》云："居津数日，拟赴豫中，闻土寇蜂起，虎踞海隅，屡伤洋兵，行人惴惴，余自是无赴豫之志矣。小住二旬，仍归棹海上。"

　　其第一条云："光绪二十七年春正月，拟赴豫省仲兄。将启行矣，填《南浦月》一阕，海上留别。"词云：

　　　　杨柳无情，丝丝化作愁千缕。惺忪如许，萦起心头绪。

　　　　谁道销魂，尽是无凭据。离亭外，一帆风雨，只有人归去。

②《辛丑北征泪墨》所载诗词有《南浦月》——"将北行矣，留别海上同人"、《夜泊塘沽》《到津次夜，大风，愁不成寐》《感时》《津门清明》《赠津中同人》《西江月》——"宿塘沽旅馆"、《登轮感赋》《轮中枕上闻歌口占》。（见《弘一法师诗词》）

③《城南草堂笔记·跋》："云间许幻园姻谱兄，风流文采，倾动一时。庚子初夏，余寄居城南草堂，由是促膝论文，迨无虚夕。今春养疴多暇，数日间著有《笔记》三卷，将付剞劂。窃考古人立言，与立德立功并重。往往心有所得，辄札记简帙，兼收并载。积日既久，遂成大观。如宋之《铁围山丛谈》，本朝《茶余客话》《柳南随笔》之类。今幻园以数日而成书三卷，其神勇尤为前人所不及。他日润色鸿业，著作承明，日试万言，倚马可待，则幻园之学，岂遽限于是哉。时在辛丑元宵后，余将有豫中之行，君持初稿属为题词，奈行色匆匆，竟未得从容构想。爰跋数语，以志钦佩。当湖惜霜仙史李成蹊漱筒甫倚装谨识。"

【按】《铁围山丛谈》，六卷，宋蔡绦撰，记述自乾德至建炎二百余年间的轶事琐闻，共有二百四十余条。《柳南随笔》，六卷，清王应奎撰，随录经子诗文。

④ 李晋章致林子青书："尚有一扇，为世交华伯铨所书两面。玺于数年前于冷肆以一元购得者，合抄录于下：

"一面篆书：'故国三千里，深宫二十年。一声河满子，双泪落君前。'辛丑寒食，伯铨先生大雅属，成蹊。

"一面仿陶浚宣魏碑体：'世界鱼龙混，天心何不平。岂因时事感，偏作怒号声。烛烬难寻梦，春寒况五更。马嘶残月坠，金鼓万军营。'"（此诗诗题即"到津次夜，大风，愁不成寐"。）

【按】此诗于初版年谱之第六句"春寒"，误印为"书寒"，出版后未及更正。其后港版与台版年谱，均误作"书寒"，特此更正。

⑤ 黄世晖《蔡子民先生传略》（蔡子民先生口述，黄世晖记）："是年（辛丑），南洋公学开特班，招生二十余人，皆能为古文辞者，拟授以经世之学，而拔其尤，保送经济特科。以江西赵从蕃君为管理，而子民为教授。由学生自由读书，写日记，送教授批改，每月课文一次，由教授批改。子民又教诸生以读和文之法，使自译和文书，亦为之改定云。是时，子民于日记及课文评语中，多提倡民权之说。学生中最为子民所赏识者，邵闻泰（力子）、洪允

祥（樵舲）、王峨孙、胡仁源、殷祖伊诸君，其次则谢沈（无量）、李广平（叔同）、黄炎培、项骧、贝寿同诸君。"（见《蔡柳二先生寿辰纪念集》）

【按】经济特科为清末科举考试之一种。光绪二十七年（一九〇一年），由内外大臣保荐通晓时务者，以策论试时事，称为经济特科。

⑥ 黄炎培《我也来谈谈李叔同先生》："我和叔同是一九〇一——一九〇二年上海南洋公学——后来被改名南洋大学、交通大学——特班同学。叔同名广平，原籍浙江平湖，出生于天津盐商的富有家庭。同学时他刚二十一二。书画篆刻、诗歌、音乐，都有过人的天资和素养。南洋特班宿舍有一人一室的，有两人一室的，他独居一室，四壁都是书画，同学们很乐意和他亲近。特班同学很多不能说普通话，大家喜爱叔同，因他生长北方，成立小组请他教普通话，我是其中的一人。他的风度一贯地很温和、很静穆。……"（见一九五七年三月七日上海《文汇报》）

⑦ 黄炎培《吾师蔡元培先生哀悼辞》："乌乎，吾师逝矣。……当民国纪元前十二年，我甫从旧式教育界，袚被出走，投上海南洋公学考取特班生肄业。……（蔡子民）师之教吾辈，日常课程，为半日读书，半日习英文及算学，间以体操。其读书也，吾师手写修学门类，及每一门类应读之书，与其读书先后次序。……每日令写札记呈缴，手自批改。——隔一二日发下，批语则书于本节之眉。佳者则于本节左下角加一圈，尤佳者双圈。每月命题作文一篇，亦手自批改。……全班四十二人，计每生隔十来日得聆训话一次。吾辈之悦服吾师，尤在正课以外，令吾辈依志愿习日本文，吾师自教之。师之言曰：今后学人须具有世界知识。世界日在进化，事物日在发明，学说日新月异。读欧文书价贵，非一般人之力所克胜。日本移译西书至富，而书价贱，能读日文则无异于能遍读世界新书。至日语，将来如赴日留学，就习未晚。令我辈随习随试译。"（见《蔡元培先生纪念集》五三页）

⑧ 邵力子《我所追念的蔡先生》："我从蔡先生受业是在南洋公学特班，为时仅只一年。……他以名翰林，受盛宣怀氏礼聘来做我们的国文总教习，他当然不能明白的鼓吹革命，但早洗尽一切官僚教育的习气。他教我们阅读有益的新旧书籍，他教我们留意时事，他教我们和文汉读，他教我们以种种研究学术的方法。他不仅以言教，并且以身教，他自己孜孜兀兀，终日致力于学问。他痛心于清政的腐败，国势之阽危，忧国的心情不时流露于词色。他具有温良恭俭的美德，从不以疾言厉色待人。……"（《蔡元培先生纪念集》

六三页）

【按】以上黄炎培、邵力子介绍蔡元培先生的教育方法，可以知道南洋公学的学风。大师一生的言行，在南洋公学特班求学时，所受蔡元培先生的影响是很大的。邵力子先生的感受，可以说也是大师的感受。

⑨

潮落江村客棹稀，红桃吹满钓鱼矶。不知青帝心何忍，任尔飘零到处飞。

风送残红浸碧溪，呢喃燕语画梁西。流莺也惜春归早，深坐浓阴不住啼！

春归花落渺难寻，万树浓阴对月吟。堪叹浮生如一梦，典衣沽酒卧深林。

满庭疑雨又疑烟，柳暗莺娇蝶欲眠。一枕黑甜鸡唱午，养花时节困人天！

绣丝竟与画图争，转讶天生画不成。何奈背人春又去，停针无语悄含情。

凌波微步绿杨堤，浅碧沙明路欲迷。吟遍美人芳草句，归来采取伴香闺。

辛丑秋日，为

惜霜先生大人　两政。革香录旧作于天韵阁南窗下。

一九〇二年（光绪二十八年壬寅）　　二十三岁

春，仍就读南洋公学特班，受教于蔡元培先生。六月二十三日义姊宋梦仙夫人，以瘵疾卒，时年二十六。清道人为撰小传，伤其早逝。[①] 七月七夕，过名妓谢秋云妆阁有感，诗以谢之。[②]

是秋，各省补行庚子、辛丑恩正并科乡试。据其俗侄李圣章对著者说："师为重振家声，是秋曾赴河南纳监应乡试，未中式"，然此事未见文字记载。惟于是年九月见其《致许幻园书》有"弟于昨日自汴返沪"之语，知不无关系。[③] 即赴浙江乡试亦未酬，仍回南洋公学。[④] 是年与王海帆同往应试，后十余年，师曾书扇赠之，并自记其因缘。[⑤] 是冬，南洋公学学生因不满学校当局之压制，发生罢课风潮，结果闹成全体退学，特班生亦相率离去，先后仅读二年[⑥]，但退学时间，冯自由的《革命逸史》，系于一九〇四年，盖误[⑦]。

注　释

① 清道人《宋梦仙夫人小传》："夫人讳贞，姓宋氏。方诞时，其母梦幡盖遍满空中，有女子衣云锦裳，晖丽彪炳，金光四照，手奉玉简，来降于庭。自言曰：余董双成也，因以玉简授母，寤而生夫人，故字曰梦仙。幼挺秀容奇发，弱龄七岁，入小学过目成诵。虽在童孺，神情峻彻，精进劬勤，业冠侪辈。……年十八（一八九四），嫁上海许镁，镁亦才士，时号双璧。长洲王韬、元和江标，皆负时望，因与夫镁并诣门下。执赘请业，至此名誉日茂。王、江既殁，夫人为文祭之，叙至精洽。辞旨哀恻，甚重于时。夫人善书画，工篆刻。光绪庚子，'拳匪'扰攘，天下震动。西北人民，相率避乱，老弱蒲伏，颠踣于道。夫人曰，裙布荆钗，更无可脱，遂贸书画以为赈济。豪家贵族，竞相乞请，叹未曾有。壬寅（一九〇二）六月二十三日，以瘵疾卒，时年二十六。……"（见《清道人遗集》）

【按】许镁，字幻园，江苏松江人，卜居上海城南草堂，为大师在俗之谱兄弟，著有《城南草堂笔记》三卷。清道人，姓李，名瑞清，字梅庵，江西临川人。光绪二十年进士，曾官江宁提学，后任两江师范学堂监督。辛亥革命后鬻书上海，号清道人。王韬，江苏长洲人，字紫诠，号仲弢，晚号天南遯叟。官粤省，以袒护太平军去职。游西洋，同治间回国，讲学上海格致书院。工诗文，著有《弢园文集》等。江标，江苏元和人，字建霞，号灵鹣，清末进士。曾任湖南学使。宋梦仙夫人所作《恭祝王弢园师七旬寿序》《祭江灵鹣师文》，见《天籁阁四种·绣余草》。

② 李叔同未出家时所写诗词手卷之三：

七月七夕，在谢秋云妆阁，重有感，诗以谢之。

风风雨雨忆前尘，悔煞欢场色相因。

十日黄花愁见影，一弯眉月懒窥人。

冰蚕丝尽心先死，故国天寒梦不春。

眼界大千皆泪海，为谁惆恨为谁颦。

③ 致许幻园书："幻园老哥同谱大人左右：别来将半载矣。比维起居万福，餐卫佳胜为颂。弟于前日自汴返沪，侧闻足下有返里之意，未识是否？秋风莼鲈，故乡之感，乌能已已，料理归装，计甚得也。小楼兄在南京甚得意，应三江师范学堂日文教习之选，束金颇丰；今秋亦应南闱考试。闻二场甚佳，当可高攀巍科也。……专此祗颂，行安，不尽欲言。姻小弟，广平顿　初二日。"

【按】从此书看来，大师入南洋公学后，似已迁离城南草堂。他无故绝不会赴汴（河南开封），盖因乡试未中，心绪灰懒，故"自汴返沪"，略提行踪而已。而言及其谱兄张小楼，谓"今秋亦应南闱考试"，亦可略见其意。

④ 袁希濂《余与大师之关系》："壬寅年，各省补行庚子辛丑恩正并科乡试，师亦纳监入场。报罢后，仍回南洋公学。"

【按】是年大师应浙江乡试，署名为"嘉兴府平湖县监生李广平"，考至第三场未酬。

据郭沫若《关于范荚充军伊犁的经过》说："清朝的监生是可以捐纳的，可以满天飞，四处应乡试。"（见北京《光明日报》一九六一年八月七日）

⑤ 孤山归寓成小诗书扇贻王海帆先生："文字联交谊，相逢有宿缘（前年五月，南社同人雅集湖上始识先生）。社盟称后学（先生长余三十二岁），科第亦同年（岁壬寅，余与先生同应浙江乡试，先生及第）。抚碣伤禾黍（今岁余侍先生游孤山，先生抚古墓碑。视'皇清'二字未磨灭，感喟久之），怡

情醉管弦（孤山归来，顾曲于湖上歌台）。西湖风月好，不慕赤松仙（近来余视见世为乐土，先生亦赞此说）。"

【按】此诗作于民国六年，载《南社丛刻》第二十二集诗录。署名天津李凡、息霜。郑逸梅《南社社友事略》："南社社友中，齿德俱尊的老人……余杭王海帆，年事高出侪辈。生于一八四五年二月二日，名毓岱，一字少舫，别号舟枕老人。南社雅集西湖西泠印社……海帆亦参与其盛。一九一七年逝世。"（见郑逸梅《南社丛谈》）

⑥《蔡孑民先生传略》又云："南洋公学自开办以来，有一部分之教员及管理员，不为学生所喜。吴稚晖君任公学教员时，为组织'卫学会'，已引起冲突，学生被开除者十余人。吴君亦以是辞职，赴日本。而不孚人望之教员则留校如故。是年，有中院第五班生，以误置墨水瓶于讲桌上，为教员所责。同学不平，要求总理去教员，总理不允，欲惩戒学生。于是激而为全体退学之举。特班生亦牺牲其保举经济特科之资格，而相率退学。……"但此文所记学生发生退学风潮时间不明。

蒋慎吾《兴中会时代上海革命党人的活动、三，爱国学社和教育会》："到一九〇二年，上海先有中国教育会的创办，发起人为章炳麟、蔡元培、黄宗仰等。……蔡孑民被举为会长。……至十一月十六日（阴历十月十七日），在上海的国立南洋公学发生罢课风潮，所有特班、政治班头班、二班、三班、四班、五班、六班学员二百余人，纷纷退学。……该会会长蔡氏，本系南洋公学特班教习，事先曾从中调停，不得要领，乃毅然和退学学员脱离该校。……其退学的原因，系由于该校当局压迫言论自由，不许高谈革命，甚至保皇派所主持的《新民丛报》也禁止阅读。"（见《蔡柳二先生寿辰纪念集·论文》二一七—二一八页）

⑦　冯自由《章太炎事略》："癸卯（一九〇三年），苏人刘师培、粤人邓实等创设《国粹学报》于上海。……是年夏，上海南洋公学学生因反抗教员之专制，相率退学，向章炳麟及蔡元培、黄宗仰（乌目山僧）、黄炎培诸人求助。"冯氏所记南洋公学学生退学时间，显系推迟一年。可见近人记近事，其历史亦常有出入。（见冯自由《革命逸史》初集五五页）

【按】过了近六十年，当时退学的学员平海澜、伍特公等曾于上海政协（一九六〇年）座谈过"南洋公学的一九〇二年罢课风潮和爱国学社"。据其纪录，出席者有平海澜、伍特公、舒新城。为了明了当时的情况，摘录一二发言如下：

平海澜：当时南洋公学初开，总办（即校长）是何梅笙。他是常州人，盛宣怀的表兄弟。盛宣怀奏明光绪皇帝办两个学堂，一个北洋，一个南洋。后来何梅笙故世了，接手的就是张元济（菊生）先生。张先生励精图治真好……。我们一班到六班，叫中院。还有一个叫特班……特班里的学生是秀才、举人居多，住在上院。……当时黄炎培、邵力子，还有以后曾经做过北大校长的胡仁源，都在特班里。当时我的脑筋以为学生都是秀才举人，那怎么搞呢？秀才举人是不是还学国学，请谁来教呢？后来就请了个蔡元培，他是翰林。那么举人也不要紧了，可以压倒了。所以翰林当国文先生。

当时公学里还有两个很好的人。一个是伍光建，一个是李一琴（应作李广平）。

伍特公：就是那个做和尚后来成了高僧的。

舒新城：这个人不错，是丰子恺的老师——李叔同，弘一法师。这个人到过德国（应作日本），当时是有一些影响的，在西洋美术、西洋音乐方面有些影响的。

一九〇三年（光绪二十九年癸卯）　二十四岁

是年，与尤惜阴居士同任上海圣约翰大学国文教授，旋又离去。① 三月，译日本玉川次致著《法学门径书》一小册。书分六章，约五六千字，所论颇简明扼要②，卷首有读者识，谓法学纷错；译成之书，以十数计。是书虽寥寥无多，……吾于是多译者之卓识云。③ 五月，又译太田政弘、加藤政雄、石井谨吾合著《国际私法》讲义。二书俱署名李广平译，上海开明书局发行。《国际私法》为"译书汇报社"出版"政法丛书"第六编。全书分绪论、本部两部，卷首有耐轩序。④ 以上二书为吾国近代法律学最初介绍国际法公权与私权之译著。

注　释

① 伯圆《演本法师文钞续集·序》："演本老法师是个儒林学者，兼精周易，从儒入佛。……原籍江苏无锡，俗姓尤，名雪行（按：原名秉彝，字雪行——著者），别号惜阴，又号无相道人。一九〇三年曾与弘一法师（即李叔同先生）同任上海圣约翰大学国文教授。离开大学后，即办平民学校于沪渎，甚得时人敬重。"

【按】此事曩年故李芳远居士曾摘引当时报章记载，略记其事，未及发表，今已遗失。前年在沪，闻同济大学陈从周教授言：前圣约翰大学内，旧有颜惠庆之父纪念堂一座，其额即李叔同所书，或与大师在此任教有关，惜无由证实。姑记之以待他日印证。

② 《法学门径书》内容："第一章，养成法律全体之概念。第二章，国民有知法律之义务。第三章，研究法律当依实际研究法。第四章，法律学研究法（分分析、历史、比较、哲理研究法四种）。第五章，法律之知识与普通之知识。第六章，学法律学有必要之学科。（必要之学科凡五：一、外国语学。二、名学。三、生计学。四、历史学。五、哲学。）"

③ 读者《法学门径书·序》："建章之宫，千门万户，入焉者目眩神骇，

蹐躇悃悦，莫知所措，迄未窥见真相。有大匠焉，图之界之，孰堂孰庭，廊庑奥牖，可指而数矣。法学之纷错，亦建章之门户也。译成之书，以十数计，或宪法、或民法、或国际法，本末未具，先后不辨。以之导人，不犹强盲人以入建章欤？为危孰甚！玉川君是书虽寥寥无多语，然真图之界之者也。吾于是多译者之卓识云。癸卯三月读者识。"

④ 耐轩《国际私法·序》：

排外非理，媚外亦非理。文明国之待外人也，与以私权而靳其公权。公权者关于国家组织之权利也，唯国民斯有之。私权者关于个人相互之权利也，即外人亦同之。

吾国之待外人也果何如乎？夫外人得享治外法权于与国公例也；外人而有领事裁判权于与国（治外法权指国家君主、外交官、军舰、军队等所享有之特权，谓外于驻在国法规之外也；领事裁判权，指领事裁判已国人民之权也）非公例也。今天下之有他国领事裁判权之国，舍土耳其、朝鲜、暹罗及吾国而外，不多闻也。日本昔亦尝有之矣。自条约改正，而此权遂撤。

中国之言变法也，先于日本，而其收效也，则远不及日本，无乃不揣其本而齐其末，枝枝节节而为之，不肯从事于政治改革欤？不然，彼居于欧美之外人，非犹居于吾国然乎？居于日本之外人，非犹居于吾国者乎？何居于人国则奉公守法也如彼，居于吾国则蔑理背道也有若此欤？虽然外人之于吾国，固非合于公理矣。吾国之于外人，其固合公理否乎？恶则排之，畏则媚之，于国际法所谓公权私权者，固未之知也。

李君广平之译此书也，盖慨乎吾国上下之无国际思想，致外人之跋扈飞扬而无以为救也。故特揭私人与私人之关系，内国与外国之界限，而详哉言之。苟国人读此书而恍然于国际之原则，得回挽补救于万一，且追而求政治之发达，以为改正条约之预备，则中国前途之幸也。

癸卯初夏·耐轩识于日本之东京

【按】"辛丑（一九〇一年）七月，清政府下诏废止八股文，改试'策论'，并选派学生出洋。……留学界之有志者尝发刊一种杂志，曰《译书汇编》，庚子下半年出版。……此报专以编译欧美法政名著为宗旨。如卢骚之《民约论》、孟德斯鸠之《方法情理》、约翰穆勒之《自由原论》、斯宾塞之《代议政体》，皆逐期登载。……吾国青年思想之进步，收效至巨，不得不谓《译书汇编》实为之倡也。"（见冯自由著，《革命逸史》初集九九页）

一九〇四年（光绪三十年甲辰）　　二十五岁

庚子以后，国事日非。八国联军占领北京，越年签订辱国条约，赔款讲和。大师一腔热血，无处发泄，乃寄托于风情潇洒间，以诗酒声色自娱。曾填《金缕曲》赠歌郎金娃娃以见志。① 二月，于歌筵赋一律以寄慨②，又作二绝句赠语心楼主人③。是年与思想先进分子择地租界以外，创设"沪学会"，经常召开演说会，办补习学校，提高社会青年知识与觉悟。④ 一腹牢骚，以诗笺寄侄麟玺⑤②，又作《滑稽传题词》四绝⑥。是年十一月初三日，次子端生。⑦②

注　释

① 姜丹书《弘一律师小传》："先是上人年少翩翩，浪迹燕市，抱屈宋之才华，恨生叔季之时会。一腔牢骚忧愤，尽寄托于风情潇洒间；亦曾走马章台，厮磨金粉，与坤伶杨翠喜、歌郎金娃娃、名妓谢秋云辈，以艺事相往还。抑莲为君子之花，皭然泥而不滓。盖高山流水，志在赏音而已。其赠歌郎金娃娃《金缕曲》云：'秋老江南矣。忒匆匆，春余梦影，樽前眉底。陶写中年丝竹耳，走马胭脂队里。怎到眼都成余子。片玉昆山神朗朗，紫樱桃，慢把红情系。愁万斛，来收起。泥他粉墨登场地。领略那英雄气宇，秋娘情味。雏凤声清清几许。销尽填胸荡气，笑我亦布衣而已。奔走天涯无一事，问何如声色将情寄。休怒骂，且游戏。'"

② 二月歌筵，赋此迭韵：

　　莽莽风尘窜地遮，乱头粗服走天涯。

　　樽前丝竹销魂曲，眼底欢娱薄命花。

　　浊世半生人渐老，中原一发日西斜。

　　祇今多少兴亡感，不独隋堤有暮鸦。

③ 《赠语心楼主人》：

　　天末斜阳淡不红，虾蟆陵下几秋风。

　　将军已老圆圆死，都在书生倦眼中。

道左朱门谁痛哭，庭前柯木已成围。

祇今蕉萃江南日，不似当年金缕衣！

④ 黄炎培《我也来谈谈李叔同先生》："叔同从南洋公学散学以后，经过一个时期，在上海集合一般思想先进分子，择地租界以外——那时是一九〇四、一九〇五年——创设一个'沪学会'，经常召开演说会，办补习学校，也许是全国第一个补习学校。……我至今还保存着叔同亲笔写他自撰词自作曲的《祖国歌》，当时曾被一般男女青年传诵。"

【按】朱信泉《穆藕初传》："一九〇〇年，穆考入上海江海关任办事员。一九〇四年他和马相伯等组织'沪学会'，练习枪操，提倡尚武精神；还参预办义学，创音乐会，演文明新剧等资产阶级改良主义的活动。"（见《民国人物传》第一卷二七〇页）朱传说的"沪学会"，与李叔同等所创设之"沪学会"似为一事。

又熊尚厚《李叔同传》："一九〇四年，李叔同毕业（南洋公学）后，与穆恕斋等在上海南市组织'沪学会'，宣传讲究卫生和移风易俗，广开风气等，并提倡办学堂，培养人才，想以此使国家独立富强。"（见《民国人物传》第三卷三一八页）

⑤《书愤》——为侄麟玺书箑：

文采风流四座倾，眼中竖子遂成名。

某山某水留奇迹，一草一花是爱根。

休矣著书俟赤鸟，悄然挥扇避青蝇。

众生何事干霄哭，隐隐朝廷有笑声。

㊀ 李晋章（玺）致林子青书云："'文采风流四座倾'句诗，乃甲辰年（一九〇四）为玺所书。此箑不知落于何方？前者为芳远兄所钞，本玺昔年背诵记住未忘。一时想起，故急钞之以奉。其当时胸中牢骚口吻，已露于纸墨间。"

【按】梁启超《饮水室诗话·一一四》则载："《新民丛报》社校对房一敝箑，忽有题七律五章于其上者。涂抹狼藉，不能全认识，更不知谁氏所作，中殊有佳语。"……第二章末联云："众生何事干霄哭，隐隐朝廷有笑声"……《新民丛报》发表"饮冰室诗话"时，李叔同正在日本留学。只因当时不甚出名，故其诗被搁置于校对房而未刊载。

（此诗末句"众生何事干霄哭"，系用杜甫"哭声一路干云霄"之意。《沪

谱》误作"干宵"，《港谱》《台谱》又误作"旰宵"均误，应予更正）

⑥《滑稽传题词》四绝：

斗酒亦醉石亦醉，到心惟作平等观。此中消息有盈朒，春梦一觉秋风寒。

淳于髡

中原一士多奇姿，纵横宇合卑莎维。人言毕肖在须眉，茫茫心事畴谁知。

优孟

婴武伺人工趣语，杜鹃望帝凄春心。太平歌舞且抛却，来向神州怆陆沉。

优旃

南山豆苗肥复肥，北山猿鹤飞复飞。我欲蹈海乘风归，琼楼高处斜阳微。

东方朔

（见民国十五年，《小说世界》第十五卷第九十期）

⑦ 朱经畬《李叔同年谱》："一九〇四年……二十五岁。是年十二月九日（十一月初三）次子李端生。"

⑧ 李端《家事琐记》："我是李叔同的次子，一九〇四年生于上海，现已年过八十，退休多年了。近几年来，国内报刊在纪念先父百岁诞辰和逝世四十周年忌时，曾有一些专文评述他老人家的一生，阅后很获教益。"

（以上两条均见一九八八年天津古籍出版社出版的《李叔同——弘一法师》）

一九〇五年（光绪三十一年乙巳） 二十六岁

是年，师见曾志忞所编《教育唱歌集》与沈心工所编《学校唱歌初集》，分别由东京和上海出版后，在当时新兴学堂中风行一时。[①]他称道曾、沈二子"绍介西乐与我学界"，但对其歌词，谓"佥出近人撰著，古义微言，匪所加意，余心恫焉"。于是亲从《诗经》《楚辞》与古诗词选出十三篇，分为五类，一一配以西洋及日本曲调，连同两段昆曲译谱，合为一集，颜曰"国学唱歌集"，出版于是年。故师留日以前，于音乐已有一定造诣。但其后他对此书深觉不满。他说："去年余从友人之请，编《国学唱歌集》。迄今思之，实为第一疚心之事。前已函嘱友人，毋再发售，并毁板以谢吾过。"[②]（见《音乐小杂志·昨非录》）

是年春，填《菩萨蛮》二首，怀杨翠喜[③]；又写一绝，《为老妓高翠娥作》[④]。时为"沪学会"撰《文野婚姻新戏册》竟，有诗四绝纪其事。[⑤]

二月初五日，母氏王太夫人逝世。师挈眷扶柩乘轮回津，首倡丧礼改革。以开追悼会，尽除繁文缛节，提倡行鞠躬礼以移风易俗。当时天津《大公报》称"李叔同君广平，为新世界之杰士"，连日报导，影响极大。[⑥]

李叔同运灵回津，按礼仪开吊出殡。举行正式丧礼时，采用西式。他自弹钢琴，唱悼歌，丧礼轰动一时，因此亲朋中认为"李三爷办了一件奇事"[⑦⑧]。

丧礼完毕，即于八月东渡日本留学。临行填《金缕曲》一阕，留别祖国[⑧]。他到沪后，读书奉母，自谓"二十岁至二十六岁之间的五、六年，是平生最幸福的时候"。其学生丰子恺对此时期有简要的记载。[⑨]

师到日后，即为留日学生高天梅主编的《醒狮》杂志撰写《图画修得法》[⑩]与《水彩画法说略》[⑪]，介绍图画之作用与水彩画之绘法，以输入新知。不久，又与同人议创《美术杂志》，音乐隶焉。后以发生风潮，同人星散，乃以个人之力，先刊《音乐小杂志》，在日本出版，寄回国内发行。[⑫⑧]

是冬，师在东京，曾作水彩画"山茶花"一幅，自题一词，此为现存水彩画遗作之一。[⑬]近年天津又发现其留日时致徐月亭（耀庭）明信片上所作水彩风景画一件，现藏天津市艺术博物馆。⑭

注 释

① 钱仁康《息霜三歌小考》："李叔同先生非常重视民族文化遗产的保存和发扬，这是他的爱国思想的一个重要组成部分。一九〇四年，我国最早的两本学校歌曲集——曾志忞编的《教育唱歌集》和沈心工编的《学校唱歌初集》，分别于日本东京和上海出版后，在新兴学堂中风行一时，也受到了当时在'沪学会'补习科教唱歌的李叔同先生的注意。他称道曾、沈二子'绍介西乐于我学界'，但又感到这两本歌集中的歌词'佥出近人撰著，古义微言，匪所加意，余心恫焉！'（《国学唱歌集·序言》）因此他就亲自动手，从《诗经》《楚辞》和古诗词中选出十三篇，一一配以西洋和日本曲调，连同两段昆曲的译谱合为一集，颜曰"国学唱歌集"，出版于一九〇五年。

"不久，他东渡日本，看到日本唱歌集中'词意袭用我古诗者，约十之九五'，而我国不学之徒，则诋諆故典，废弃雅言。迨见日本唱歌，反啧啧称其理想之奇妙。凡吾古诗之唾余，皆认为岛夷所固有。既齿冷于大雅，亦贻笑于外人矣。"（《呜呼！词章！》——见上海《音乐艺术》一九八四年第四期）

②《国学唱歌集·序》：

"乐经云亡，诗教式微，道德沦丧，精力燥（昔漂，火飞也）摧。三稔以还，沈子心工，曾子志忞，绍介西乐于我学界，识者称道毋稍衰。顾歌集甄录，佥出今人撰著，古义微言，匪所加意，余心恫焉。商量旧学，缀集兹册，上沂古《毛诗》，下逮《昆山曲》，靡不鳃理而会粹之。或谱以新声，或仍其古调，颜曰'国学唱歌集'，区类为五：

毛诗三百，老唱歌集。数典忘祖，可为于邑，'扬葩'第一。

风雅不作，齐竽竞嘈。高矩遗我，厥唯楚骚。'翼骚'第二。

五言七言，滥觞汉魏。瑰伟卓绝，正声罔愧。'修诗'第三。

词托比兴，权舆古诗。楚雨含情，大道在兹。'撷词'第四。

余生也晚，古乐靡闻。夫唯大雅，卓彼西昆。'登昆'第五。"

③《菩萨蛮》——忆杨翠喜

燕支山上花如雪，燕支山下人如月。额发翠云铺，眉弯淡欲无。夕阳微雨后，叶底秋痕瘦。生小怕言愁，言愁不耐羞。

晚风无力垂杨懒，情长忘却游丝短。酒醒月痕低，江南杜宇啼。痴魂销一捻，愿化穿花蝶。帘外隔花阴，朝朝香梦沉。

④《为老妓高翠娥作》：

残山剩水可怜宵，慢把琴樽慰寂寥。顿老琵琶妥娘曲，红楼暮雨梦南朝。

（以上诗词均见《小说世界》李叔同未出家时所写诗词手卷"乙巳"条）

⑤《为沪学会撰〈文野婚姻新戏册〉既竟，系之以诗》：

床第之私健者耻，为气任侠有奇女。鼠子胆裂国魂号，断头台上血花紫。
东邻有儿背伛偻，西邻有女犹含羞。螳蜣宁识春与秋，金莲鞋子玉搔头。
河南河北间桃李，点点落红已盈咫。自由花开八千春，是真自由能不死。
誓度众生成佛果，为现歌台说法身。孟旗不作吾道绝，中原滚地皆胡尘。

【按】以上四首发表于一九〇五年留日学生所编之《醒狮》杂志第二期，是大师留学前的作品，署名为惜霜。后在东京的《茶花女遗事演后感赋》中所载的，是重录其中的二、四两首。

⑥ 天津《大公报》记事（一九〇五年七月廿三日）：

《大公报》以"文明丧礼"为题，预告云："河东（区）李叔同广平，新世界之杰士也。其母王太夫人月前病故，李君待定于本（七）月二十九日开追悼会，尽除一切繁文缛节，别定仪式。"

次日（七月廿四日），该报又以"天津追悼会之仪式及哀歌"为题，公布新仪式内容。除称"备有西餐，以飨来宾"外，并附"哀启"曰：

启者：我国丧仪，繁文缛节，俚俗已甚。李叔同君广平，愿力祛其旧。爰与同人商酌，据东西各国追悼会之例，略为变通，定新丧仪如下：

一、凡我同人，倘愿致敬，或撰诗文，或书联句，或送花圈花牌，请勿馈以呢缎轴幛、纸箱扎彩、银钱洋圆等物。

二、诸君光临，概免吊唁旧仪，倘须致敬，请于开会时行鞠躬礼。

三、追悼会仪式：甲、开会。乙、家人致哀辞。丙、家人献花。丁、家人行鞠躬礼。戊、来宾行鞠躬礼。己、家人致谢向来宾行鞠躬礼。庚、散会。同人谨白。

⑦ 李孟娟《弘一法师的俗家》："叔祖父事其母至孝。一九〇五年王氏曾祖母在上海故去，叔祖父一家运灵回津，……按礼仪开吊出殡。丧仪为西式。有人致悼词（不是孝子跪地读祭文）。叔祖父弹钢琴，唱悼歌，待客是吃中西餐两种。全家穿黑色衣裳送葬（未穿白色孝袍）。这件事情在亲朋中轰动，说是'李三爷办了一件奇事'。"

【按】李孟娟为大师俗侄李圣章之女。

⊗　一九八八年四月二十日《天津日报》的"文艺副刊"，金图、塞科两先生以"李叔同史料的新发现"为题，作了详细的报导与分析。该报说：

《哀启》虽署"同人谨白"，但证以前日的"李君特定于七月二十九日开追悼会，别定新仪"等语，可大致推定乃是出于叔同手笔。

李母之丧还在清末，戊戌变法失败，封建势力反扑。以二十六岁的青年，能在较上海远为守旧的天津倡导丧礼改革，的确表现了很大的胆识。那时他尚未留学，并非出于洋教育的灌输。可见他的思想何等开通！

又丧礼后数日，八月三、四日的报上，又连续刊载了《西国丧服制考》，显然是李叔同改革的余波。十来天中，共刊有关材料五篇，显见叔同此举造成的社会影响之深度了。——五篇材料中的又一篇，是八月二日的《记追悼会》。除记述追悼会实况外，更可贵的是从李叔同在津的社会关系等方面提供了难得的数据。报导说，在"到者四百余人"中，有奥工部官阿君（当时李家在奥国租界——著者）、医官克君、高等工业学堂顾问官藤井君、松长君、单味仁司马、学务处总办严范孙君、高等工业学堂监督赵幼梅君，及各学校校长教员等，大半皆与斯会，可云盛矣。

一个中国平民家庭的丧仪，竟有外宾多人参加；又叔同刚从上海来津，就能号召起整个教育界，可见他的交游之广，名气之大。出席名流中，赵元礼（幼梅）因为叔同老师，至于严范孙与李的交谊，则鲜为人知。

【按】严范孙名修，原籍慈溪，先世移居天津，遂家焉。清癸未（一八八三）进士，历官翰林院编修、贵州学政，著有《蟫香馆使黔日记》九册。晚年创办天津南开大学，一九二九年三月去世，年七十。他与李家为世交。同光之交，李嗣香、李筱楼及严仁波（严修之父）等，曾合办"备济社"（救济团体）。（见《严范孙先生古近体诗存稿》卷二《李嗣香前辈七十寿诗》注。——著者）

报导又说："所收挽联哀词二百余首，闻将付印，以广流传。"不知后来是否实现，这也为我们提供了搜集线索。

又七月廿四日《大公报》，在《哀启》之后附有歌片两首，都用简谱记调。词中有"母胡弃儿辈"，"痛节母之长逝兮，祝子孙其永昌"等语，令人想到这两首歌也可能出自李叔同之手。至于是为成曲填词抑或曲亦叔同所谱。是否此即我国近代最早哀歌，只有等待专家考证了。

附哀歌二首辞

《追悼李节母之哀辞》：

松柏兮翠姿，凉风生德闱。母胡弃儿辈，长逝竟不归！

儿寒复谁恤，儿饥复谁思？哀哀复哀哀，魂兮归乎来！

《上海义务小学学生追悼李节母歌》：

贤哉节母，柏操流芳。贤哉节母，国史褒扬。贤哉节母，遗命以助吾学堂。痛节母之长逝兮，荷钦旌之荣光。痛节母之长逝兮，增学界之感伤！痛节母之长逝兮，祝子孙其永昌。

⑧《金缕曲》——留别祖国，并呈同学诸子："披发佯狂走。莽中原，暮鸦啼彻，几枝衰柳。破碎河山谁收拾，零落西风依旧，便惹得离人消瘦。行矣临流重太息，说相思，刻骨双红豆。愁黯黯，浓于酒。漾情不断淞波溜。恨年来絮飘萍泊，遮难回首。二十文章惊海内，毕竟空谈何有。听匣底苍龙狂吼。长夜凄风眠不得，度群生那惜心肝剖。是祖国，忍孤负。"

【按】此词转载多处，误字颇多。兹据《小说世界》所刊"李叔同未出家时所写诗词手卷"改正。

⑨ 丰子恺《法味》："他父亲生他时，年纪已经六十八岁，五岁上，父亲就死了。家主新故，门户又复杂，家庭中大概不安。故他关于母亲，曾一皱眉，摇着头说：'我的母亲——生母很苦！'他非常爱慕他母亲。二十岁时陪了母亲南迁上海，住在大南门金洞桥畔一所许宅的房子——即所谓'城南草堂'，肄业于南洋公学，读书奉母。他母亲在他二十六岁的时候就死在这屋里。他自己说：'我自二十岁至二十六岁之间的五六年，是平生最幸福的时候。此后就是不断的悲哀与忧愁，直到出家。'……他讲起他母亲死的情形，似乎现在还有余哀。他说：'我母亲不在的时候，我正在买棺木，没有亲送。我回来，已经不在了。还只有四十几岁！'丧母后的他，自然像游丝飞絮，飘荡无根，于家庭故乡还有甚么牵挂呢？他就到日本去。"

⑩《图画修得法》（小序）："我国图画，发达盖早。黄帝时史皇作绘，图画之术，实肇乎是。有周聿兴，司绘置专职，兹事浸盛。汉唐而还，流派灼著，道乃烈矣。顾秩序杂沓，教授鲜良法，浅学之士，靡自窥测。又其涉想所及，狃于故常，新理眇法，匪所加意，言之可为于邑。不佞航海之东，忽忽逾月，耳目所接，辄有异想。冬夜多暇，掇拾日儒柿山、松田两先生之言，间以己意，述为是编。夫唯大雅，倘有取于斯欤？"

【按】此文为一九〇五年未入东京美术学校以前之作。全文仅三章，似未写完，而《醒狮》已停刊。

⑪《水彩画法说略》："西洋画凡十数种，与吾国旧画法稍近者，唯水彩画。爰编纂其画法大略，凡十章。以浅近切实为的，或可为吾国自修者之一助焉。"

【按】本文共有十章，今只见二章，其余八章，未见发表，至为可惜。（以上二文均见《弘一法师》纪念集）

⑫《音乐小杂志·序》："……乙巳（一九〇五）十月，同人议创《美术杂志》，音乐隶焉。乃规模粗具，风潮叠起。同人星散，瓦解势成。不佞留滞东京，索居寡侣，重食前说，负疚何如？爰以个人绵力，先刊《音乐小杂志》，饷我学界，期年二册，春秋刊行。蠡测莛撞，矢口惭讷。大雅宏达，不弃窳陋，有以启之，所深幸也。……时丙午正月三日。"

【按】《音乐小杂志》之出版在一九〇六年正月，已见各家记载。但实物早已不见，仅见其《序文》，内容无由悬测。最早记载的是一九三三年《上海通志馆期刊》第四期《上海学艺概要》，胡怀琛写的《西洋画西洋音乐及西洋戏剧之输入》提到的关于李叔同的水彩画和《音乐小杂志》。我在一九四三年所撰的《弘一大师年谱》初版时已经提到，但迄未见实物的形状。上海音乐学院的陈聆先生在《音乐爱好者》一九八〇年第二期发表题为"我国最早的音乐刊物"，便是指此。近年经丰子恺、刘质平的后人丰一吟和刘雪阳二人多方探寻，始从日本京都大学图书馆获得《音乐小杂志》第一期的复印件。（详情请看丰刘合写的《我国最早音乐杂志在日本找到》，见上海《音乐艺术》一九八四年第四期。）《音乐小杂志》的目次共列十九项内容，其中九项都署名"息霜"（大师在俗别署）。其中"杂纂"一栏，收有《昨非录》与《呜呼！词章》二文。前者力倡乐歌应用五线谱，唱歌者当先练习音阶与音程，学琴者当先练习基础教程。后者则深慨吾国留学生之不重视汉学，谓"日本作歌大家皆善汉诗"，"学者皆通《史记》《汉书》"。且说"昔有日本人举《史》《汉》事迹，质诸吾国留学生，而留学生茫然不解所谓，且不知《史记》《汉书》为何物，致使日本人传为笑柄"。（见《音乐小杂志·呜呼！词章！》）

⑬《音乐小杂志》第一期出版后，原拟续出第二期，且注销编辑部征稿启事——"文坛公鉴"于第一期之末页。略谓"本社创办伊始，资本微弱，撰述乏人。故第一期材料简单，趣味阙乏，至为负疚。自第二期起，当竭力

扩充，并广征文艺，匪我不逮。凡论说、杂著与新撰唱歌、诗词、谣曲等，倘蒙赐教，至为欣幸。（惟已登入报章或刊入书籍者，毋再寄来。）他日注销后，当以李叔同氏水彩画、油画或美术音乐书籍等奉酬（寄稿限五月底为止）。编辑部谨白。"同时又注销"征求沈叔逵氏肖像"启事："沈氏为吾国乐界开幕第一人，久为海内所钦仰。今拟将沈氏肖像登入本杂志，如诸君有收藏此肖像者，请邮寄下。他日注销者，赠水彩画一张、第二期杂志一册、《日本唱歌》一册。……"可见其推重先达之意。

【按】沈心工（一八七〇——一九四七）名庆鸿，字叔逵，江苏上海人。青年时曾考中秀才。一八九六年考入南洋公学师范班。后又于一九〇二年四月东渡日本，就读东京弘文学院。同年十一月，发起在东京留学生会馆开办音乐讲习会，请日本音乐教育家铃木米次郎（一八六八——一九四〇）讲授乐歌。沈氏自己创作乐歌，也从这时开始。著名的《男儿第一志气高》（一名"兵操"）一歌，就是他在日本写的。一九〇三年初，他从日本回国，在南洋公学附属小学任教唱歌，以授学生。我国学校中有"唱歌"一课，就是从这时开始的。后来沈氏把自制的乐歌编成《学校唱歌集》三集，出版于一九〇四——一九〇七年，是我国最早的唱歌教本。（见钱仁康《启蒙音乐教育家沈心工先生》）

⑬《水彩山茶花题词及附记》："回阑欲转，低弄双翘红晕浅。记得儿家，记得山茶一树花。乙巳冬夜，息霜写于日京小迷楼。""三郎"（印）

⑭ 寄徐月亭明信片附水彩画题记："沼津，日本东海道之名胜地。郊外多松柏，因名其地曰'千本松原'。有山耸于前，曰爱鹰。山岗中黄绿色为稻田之将熟者，田与山之间有白光一线，即海之一部分也。乙巳（一九〇五）十一月，用西洋水彩画法写生，奉月亭老哥大画伯一笑。弟哀，时客日本。"（明信片原件今藏天津艺术博物馆）

【按】沼津（NUMAZU）位于日本静冈县骏河湾东北岸近郊一带之地，气候温和，为避暑避寒胜地，附近的"千本松原"为风光明媚的海岸，今为沼津公园，近处为著名的海水浴场。

一九〇六年（光绪三十二年丙午）　　二十七岁

是年专心补习日语。时属明治末叶，日本汉诗颇为流行。其作歌大家，皆善汉诗，故诗社先后崛起。其尤著者为"随鸥吟社"，参加者多当时日本朝野名士。其主要人物有森口槐南、大久保湘南、永阪石埭、日下部鸣鹤、本田种竹等。该社出版有月刊《随鸥集》。① 是年七月一日该社于东京偕乐园举行"追荐物故副岛苍海等十名士"宴会，师首次以李哀之名，参与盛会，赋诗二首，深得与会名士赞赏。② 自是至翌年，常参与"随鸥吟社"集会，联吟赋诗③，并以旧作新咏，如《春风》《前尘》《凤兮》《朝游不忍池》诸诗，发表于《随鸥集》，署名息霜、李哀等，深受该集主编大久保湘南之好评④。

是年，自日回津一次，颇有感慨。填《喝火令》一阕以见志。⑤

阳历九月二十九日，考入东京美术学校油画科。初名李哀，继名李岸。当时留日学生学美术者极少。不久，东京《国民新闻》（德富苏峰所办）记者特往采访。其访问记题为"清国人志于洋画"，发表于一九〇六年十月四日《国民新闻》，并登有李哀西装全身照片与速写画稿一幅。⑥

【按】日本明治维新（一八六八）后，自明治五年（一八七二年）采用太阳历，以阴历十二月三日为明治六年一月一日。

这时东京美术学校油画科，中国留学生只有二人，另一人为曾延年字孝谷⑦，一般以师为留学东京美术学校之第一人⑧。一说岭南画家高剑父为第一人，但似与事实略有出入。⑨ 师在东京美术学校，除从黑田清辉学油画外，又在校外从上真行勇学音乐戏剧。⑩ 他在留学期间，生活颇习江户趣味。⑪

【按】东京美术学校为日本明治维新以后，仿照西洋美术学校方式所创立的学校。它创立于一八八八年，初任校长为冈仓觉心，后由正木直彦继任。一八九三年著名油画家黑田清辉自法国留学回日，一八九五年该校始设洋画科，以黑田氏为主任。教授有中村源次郎、长原孝太郎等。吾国之留学该校者，前后知名的有李岸（叔同）、曾延年（孝谷）、黄二难（辅周）、陈了云（之驷）、高剑父、苏曼殊、陈抱一等。当时详情，见程涽《丙午日本游记》，该校战后已改名为东京艺术大学。

是年冬，与同学友人创立春柳社演艺部，发表《春柳社演艺部专章》，阐明演戏之重要。谓"吾国倡改良戏曲之说有年矣。……其成效卒莫由睹。走辈不揣梼昧，创立演艺部，以研究学理，练习技能为的……愿吾同人共矢斯志也"。

专章规定："应办之事，约分二类：一、演艺会，每年春秋开大会二次。二、出版部，每年春秋刊行杂志二册。春柳社事务所暂设于东京下谷区钟声馆。信件寄本社编辑员李岸收受不误。"⑫是年八月三十日（阳历十月十七日），师自考入东京美术学校后，《国民新闻》曾派记者往访，并将其肖影及画稿注销。师特致书许幻园并寄该报一纸，以为纪念⑬。

注　释

①《随鸥吟社社规》：

第一、本社研钻诗道，且期振作之。

第二、本社为达所期目的，实行如左诸项：

　　1. 每月开例会一次，每年开大会一次。

　　2. 每月发行《随鸥集》一回，采录社中之诗。

　　3. 每月例会之讲义，笔记之，发表于《随鸥集》。

第三、对赞成本社之目的，每月寄金二圆以上者，特待之为协赞员。（余从略）

②《随鸥集》第二十二编记事（一九〇六年七月一日）偕乐园追荐，追荐副岛重臣等十名士，为希觏盛会。与会六十余人，各有赋诗。师以李哀之名，初次与会，作诗二绝云：

　　　苍茫独立欲无言，落日昏昏虎豹蹲。

　　　胜却穷途两行泪，且来瀛海吊诗魂。

＊

　　　故园荒凉剧可哀，千年旧学半尘埃。

　　　沉沉风雨鸡鸣夜，可有男儿奋袂来。

③《随鸥集》第二十三编：

"随鸥第二十一集"七月八日依例开于上野公园之三宜亭。槐南先生所讲的李义山诗，为"送千牛李将军赴阙五十韵"（五排）一篇。阪井、南洋、河野、溪南、猎谷、赤城、李息霜诸贤，新来会合。联句三十二句，起句"星河昨夜碧沄沄"为大久保湘南所作，结句"故乡款段思榆枌"为森口槐南所作。其中第五句"仙家楼阁云气氲"为李哀所作。又同编《星舫小燕》略记云：

玉池先生，一日招饮清国李君息霜于"星舫"（酒家），梦香、藏六二君同席。先生偶书滨寺旧制以示。阖座即和其韵。息霜君之作云："昨夜星辰人倚楼，中原咫尺山河浮。沉沉万绿寂不语，梨花一枝红小秋。"玉池先生又叠韵题息霜即席所画的水彩画云："古柳斜阳野寺楼，采菱人去一船浮。将军画法终三变，水彩工夫绘晚秋。"

④ 大久保（湘南）评《春风》一诗云："李长吉体，出以律诗，硕艳凄丽，异常出色。而其中寄托自存。"又评《前尘》一诗云："湘南曰：奇艳之至，其绣肠锦心，令人发妒。李君自谓'此数年前旧作，格调卑弱，音节曼靡，殊自恶也'，夫然岂其然乎？"又评《朝游不忍池》云："湘南曰：如怨如慕，如泣如诉，真是血性所发，故沉痛若此！"又评《凤兮》（此诗后发表于上海《小说世界》，题为"醉时"）云："湘南曰：所见无非愁景，所触无非愁绪，侘傺悲郁，此无可奈何之辞。"

⑤《喝火令》：

故国鸣鹈鴂，垂杨有暮鸦。江山如画日西斜。新月撩人透入碧窗纱。陌上青青柳，楼头艳艳花，洛阳儿女学琵琶。不管冬青一树属谁家，不管冬青树底影事一些些。——《喝火令》哀国民之心死也，今年在津门作，李息。

【按】此词为光绪丙午年自日返津时作。《冬青树》为清代戏曲，蒋士铨作，主要描写文天祥与谢枋得之忠节，演南宋灭亡之事。

⑥《清国人志于洋画》记事：（译自一九〇六年十月四日《国民新闻》）

"最近因为听说有一位叫李哀的清国人考入美术学校，而且专学洋画，所以赶快冒着秋雨，走上谷中小道，访问了下谷上三崎北町三十一番地。……经过一声招呼之后，从里屋出来一个女人，看来像是女佣似的一个矮小的半老的妇人。'李先生在家吗？'听到记者一问，从邻室飘然漫步出来一位身材有五尺六寸的魁梧大汉，后来知道这位就是李哀先生。他是个圆肩膀儿的青年，在久留米的绀绯的和服外衣上，系上一条黑绉纱的黑腰带，头上留着漂亮的三七分的发型，用泰然的声音说：'请里边坐！'把我引了进去，是他的书斋。……那么，我这个来客是谁，干甚么来的？在他看来好像不大自在的样子。看了我的名片后才莞然地点头说：'是槐南诗人的新闻社吗？''是的，槐南先生的诗也常刊登，您认识他吗？''是的，槐南、石埭、鸣鹤、种竹诸诗人，都是我的朋友，我最喜欢诗，一定投稿，请赐批评。''乐器怎么样？''正学拉小提琴，以外大概都搞一下，其中最喜欢的是油画。''您的双亲都在吗？''都在。''太太呢？''没有，是一个人，二十六岁还是独身。''甚么时候进了美术学校？''九月二十九日。''日本语的讲课听得懂吗？''听不懂。下午的功课我不听。我听英语的讲课。英语我比较可以对付。'……"（按：此一报导，部分纪录可能有误。）

⑦ 程淯《丙午日本游记》（一九〇六）：

十月十三日午前，往观上野之东京美术学校，由某职员导观。据云校生共三百四十五名，中有吾国学生四名。入校须有中学卒业之程度，由校中考取入本科。吾国之留学者，无中学程度，入校则先实习。虽能听讲，终苦扦格耳。实习五年卒业。其预科乃专为日人所设。学科为西洋画、日本画、塑像、铸造、调漆、莳绘、木雕刻、牙雕刻、石雕刻、图案等。

西洋画科之木炭画室，中有吾国学生二人，一名李岸，一名曾延年。而画亦以人面模型遥列几上，诸生环绕。塑造教室中，有吾国学生一人，名谈谊孙。室中各生分据一高几，以白垩各塑同一人面半身形，眼鼻口耳类皆一致，无毫发异……

遂出，至校旁食所，见有西洋女子一人。异询之，知去年尚有西洋女子三人，已卒业去。盖日本美术，以此校为最，西人亦倾倒之也。

【按】程淯字白葭，江苏常州人，善诗文篆刻，清末在山西从事新闻事业。一九〇六年奉山西省派赴日本，考察工艺医学，著有《丙午日本游记》等。

⑧ 袁希濂《余与大师之关系》：

甲辰（一九〇四）余东渡，留学东京法政大学；师亦于翌年（乙巳）东渡，入上野美术专门学校。中国留学生之得入日本美术学校者，以师为第一人。

⑨ 简又文《高剑父画师苦学成名记》：

抵东未久……几经艰苦挫磨，始得加入白马会、太平洋画会及水彩研究会等，潜心研究东洋西洋画学。……又二年，先生再行东渡，考入东京美术院，作高级研究。此院为日本艺术之最高学府，吾国留学生之得考入者，先生实为第一人。

【按】此文载于一九三六年五月《逸经》（半月刊）第六期，文中未记明确年月。所谓"美术院"，当为"美术学校"之误。吾国观念，以为既称最高学府，当称为院，而不称学校。简君之文，亦想当然也。高剑父与李岸之入东京美术学校，可能为先后同学，然他绝非第一人。

⑩　吴梦非《弘一律师和浙江的教育艺术》：

他在日本留学时，名李岸。一面进东京美术学校从黑田清辉专攻西洋画，一面又在校外另从上真行勇习音乐，平时又喜研究戏剧。在东京曾扮演"茶花女"主角，倾动一时。（见一九三六年十一月《浙江青年》三卷一期）

⑪　内山完造《弘一律师》：（夏丏尊译自《上海霖雨》）

据说弘一律师，……曾留学东京，学洋画于上野之美术学校，又在音乐学校学洋琴。在留学时生活曾大改变，早浴、和服、长火钵，诸如此类的江户趣味，也曾道道地地尝过呢！据说……直至今日为止，油画的造诣，尚无出他之右者。

⑫《春柳社演艺部专章》〔光绪三十二年（一九〇六）〕：

报章朝刊一言，夕成舆论，左右社会，为效迅矣。……第演说之事迹，有声无形；图画之事迹，有彩无声；兼兹二者，声应形成，社会靡然而向风，其惟演戏欤？挽近号文明者，曰欧美，曰日本。欧美优伶，靡不博洽多闻，大儒愧弗及；日本新派优伶，泰半学者，早稻田大学文艺协会有演剧部。教师生徒，皆献技焉。……吾国倡改良戏曲之说有年矣。……其成效率莫由睹。走辈不揣梼昧，创立演艺部，以研究学理，练习技能为的。……息霜诗曰："誓渡众生成佛果，为现歌台说法身"，愿吾同人共矢兹志也。专章若干则如下：

一、本社以研究各种文艺为的，创办伊始，骤难完备。兹先成立演艺部，改良戏曲，为转移风俗之一助。

二、演艺之大别有二：曰新派演艺（以言语动作感人为主，即今欧美所流行者），曰旧派演艺。本社以研究新派为主，以旧派为附属科……

三、应办之事，约分二类：

1. 演艺会　每年春秋开大会二次，此外或开特别会，临时决议……

2. 出版部　每年春秋刊行杂志二册（或每季一册），又随时刊行小说、剧本、绘画明信片……

四、春柳社事务所，暂设于东京下谷区池之端七轩町廿八番地钟声馆，若有寄信件者，请直达钟声馆，由本社编辑员李岸收受不误。（见"晚清文学

丛钞",阿英编,《戏曲研究卷》,一九六〇年三月《补遗》)

【按】此《春柳社演艺部专章》之叙言与条款,撰于一九〇六年,似系李岸手笔。观其通信由春柳社事务所编辑员李岸收受,及叙文中所引"息霜诗曰:'誓渡众生成佛果,为现歌台说法身。'"(系李息霜为沪学会撰《文野婚姻新戏册》题诗第四首之首二句)可信。

⑬ 致许幻园书:

幻园吾哥:手书故悉。……弟自入美术学校后,每日匆忙万状,久未通讯,祈亮之。前《国民新闻》(大隈伯主持)将弟之肖影并画稿注销,兹奉呈一纸,请哂纳,匆匆上。如烟小弟哀顿八月三十。

以后惠书请写交"日本东京下谷区茶屋町一番地中村方 李□□"因弟即日迁居也。

【按】《国民新闻》为一九〇六年十月四日。是年闰四月。八月三十日即十月十七日。

一九〇七年（光绪三十三年丁未）　二十八岁

一月十三日（阴历一九〇六年十一月廿九日），日本"随鸥吟社"举行（第二十六集）盛会，师以李息霜之名与留日同学陆玉田参加。[①] 二月，祖国徐淮告灾，春柳社首演巴黎"茶花女遗事"，集资赈之，日人惊为创举，啧啧称道，新闻纸亦多谀词[②]，我国戏剧家洪深誉之为"中国戏剧革命先锋队"[③]，日人滨口一卫对于春柳社第一次公演"茶花女"颇有好评[④]，后来中村忠行对于李息霜留学时期参加"随鸥吟社"及编辑《音乐小杂志》等种种活动，更有详细的介绍[⑤]。四月六日，出席"随鸥吟社"第三次大会（年会）。是日参加者有来自日本各地汉诗人达八十人，其中有中国留学生李息霜、陆玉田、何士果三人。诗人石埭特设茗筵招待与会诗人。宴罢，依例轮作"柏梁体"联句，共八十二句。李息霜轮吟第五十句为"余发种种眉髟髟"（种种，发短貌；髟昔标，发垂长也）。[⑥] 六月，春柳社开丁未演艺大会，上演"黑奴吁天录"，发表大会趣意[⑦]，欧阳予倩记春柳社的开场与参加春柳社的经过，兼论李叔同的为人[⑧]。是年八月，东都酷热。旧友杨白民旅游日本，欢聚浃旬。[⑨]

注　释

① 随鸥二十六集：

丁未一月十三日，依例开于上野公园之三宜亭。出席此次集会的有森口槐南等共四十六人，成为每月例会未曾有之盛会，是日兼开新年贺宴。师以李息霜之名与留日同学陆玉田与会。由森口槐南开讲李义山《赠别蔚州契苾使君》《灞岸》诸诗。余兴又行"抽签"，颁发书籍、文房用具及盆梅等。联句得"春风吹梦送斜阳"（李息霜）。（《随鸥集》第二十八、九合编，一九〇七年二月五日）

②《春柳剧场开幕宣言》：

溯自乙巳丙午（一九〇五—一九〇六）间，曾存吴、李叔同、谢抗白、李涛痕等，留学扶桑，慨祖国文艺之堕落，亟思有以振之。顾数人之精力有限，而文艺之类别綦繁，兼营并失，不如一志而冀有功。于是"春柳社"遂出现于日本之东京，是为我国人研究新戏之始，前此未尝有也。未几，徐淮告灾，消息传至海外，同人演巴黎"茶花女遗事"，集资赈之。日人惊为创举，啧啧称道，新闻纸亦多谀词。是年夏，休业多暇，推李叔同、曾存吴（孝谷）主社事，得欧阳予倩等为社员。……（《上海市通志馆期刊》第二年第三期）

③ 失名《春柳社——"戏剧革命"的先锋队》：

春柳社，是我国最早的新剧团体，创立于光绪三十二年（一九〇六），在日本东京作首次公演。它在我国戏剧史上的地位当然是非常重要的。

洪深在他的《从中国的新戏谈到话剧》一文中，竟称它为中国"戏剧革命"的先锋队，这的确没有过誉。……所以春柳社也可以说是我国现代剧的开山鼻祖。

春柳社的兴起，至少和当时的社会环境和时代很有密切关系。在这时候，正值日本明治维新之后，日本戏剧界为了反抗歌舞伎剧，兴起了新剧运动，以爱国为目标的志士戏所谓"浪人芝居"（日语"芝居"即戏剧）大大地流行。

《从中国的新戏说到话剧》一文中说："他们最初看了川上音二郎与他的夫人川上贞奴所演的〔浪人戏〕。他们从事戏剧的欲望，已经有力地从内心感逼出来。"这不是很明白地说明春柳社的产生和日本新派戏的关系了吗？后来这几个热心于戏剧的留学生，认识了东京俳优学校校长藤泽浅二郎和日本戏剧革命家市川左团次，得到了他们的帮助和指导，这春柳社从此就诞生了。

春柳社第一次的处女公演，名义是赈灾的慈善游艺会，地点在日本东京留学生会馆，剧目是法国小仲马"茶花女"，共计两幕。表演的演员有唐肯（政治留学生）的亚猛，亚猛的父亲是美术学校西洋画科的曾孝谷。……至于那位茶花女呢，是不久以前圆寂的名僧弘一大师。大师姓李名岸，又名哀，号叔同，小字息霜，天津人。那时在日本学西洋美术。……指导是市川左团次和藤泽浅二郎。观众大多是在日本的中国留学生，如女侠秋瑾也是当时座上客之一。（上海《新申报》）

④ 滨口一卫《关于春柳社的第一次公演》：

这次"茶花女"公演的规模称为第一次公演并不相称，它是赈灾游艺会的余兴之一。据欧阳予倩说，它是放在节目的最后的，所以最受期待。"茶花女"上演的情况，除欧阳氏的记载之外，并无详细的报导。据他说，上演的是亚猛之父去访马克的一场两幕。演亚猛父亲的是曾孝谷，配唐是孙某，茶花女是李息霜，曾孝谷曾博得了好评；反之，茶花女是粉红色的西装，扮相并不好，他的声音也不甚美，表情动作也难免生硬些。然而松居松翁即绝赞说："中国的俳优，使我佩服的，便是李叔同君。当他在日本时，虽仅仅是一位留学生，但他所组织的春柳社剧团，在乐座上演'椿姬'（日人称茶花女为'椿姬'Tsubaki Hime）一剧，实在非常好。不，与其说这个剧团好，不如说这位饰茶花女的李君演得非常好。这个脚本的翻译非常纯粹。化装虽然简单一些，却完全是根据西洋风俗的。当然和普通的改成日本式的有些不同。会话的中国语，又和法语有相像的地方。因此，愈使人感到痛快。尤其是李君的优美婉丽，绝非日本的俳优所能比拟。"……（参见孟忆菊：《东洋人士对李叔同的印象》——一九二七年一月《小说世界》第二一二期）

⑤　中村忠行《关于春柳社与李叔同》：

关于在中国话剧史上留下光辉足迹的春柳社，已有春柳旧主的《春柳社之过去谭》、欧阳予倩的《自我演戏以来》，以及徐慕云的《中国戏剧史》、张庚的《中国话剧运动史初稿》、辛岛骁博士的《中国之新剧》等，很详细的记事，在某种程度上已经明了。然而欧阳氏之成为春柳社的同人，是在第一次"茶花女"上演取得成功以后的事。而其《追忆记》却是在十年乃至二十年之后执笔的。因此这些资料虽可说是研究春柳社的基本数据，但基于记忆的错误而有事实的相违和不全面也是难免的。至于其他诸著，似乎多是踏袭这些追忆记，而怠于检讨之劳，往往照样踏袭前者的错误。笔者拟就近日接触到的若干资料，略正旧来之说。（按：全文共数万字，今略译其要——著者）说起春柳社，谁都相信是在中国留日学生之间所组织的中国最初的新剧团。……春柳社的结成，是光绪三十二年即一九〇六年，其中心人物是曾延年与李岸，已为众所周知。这二人都是当时东京美术学校的学生。李叔同在这前后，还入音乐学校攻读，他们都爱好诗文，是罕见的戏迷。……今稍加说明：李叔同当时是个年龄只有二十七岁，早已主编过《音乐小杂志》那样早熟的文学青年。到日本留学后不久，似乎就努力和日本文化人有所接触。其留学始于何时虽不清楚，但在光绪三十一年（一九〇五）的春秋之间是确定的。在翌年三十二年（一九〇六）正月二十日，他已在东京编辑出版《音乐小杂志》。同年六月，早已加入森口槐南、大久保湘南领导的"随鸥吟社"；七月一日，即参加在神田八町堀偕乐团举行的"副岛苍海以下十名士"的追荐筵，留下七绝二首（诗见《随鸥集》廿二编），这确是一位燃着青云之志来日留学的当代中国青年的作品。总之，当时的李叔同最注意的，除专门的绘画与音乐的学习，似乎便是汉诗的写作了。从这时以后，他于随鸥吟社的诗会和槐南的"李义山诗讲座"也时常参加，或与同人共作联句，或投寄诗稿于《随鸥集》。他的诗风在妖艳里彷佛呈现沈郁悲壮的面影。（一九五六年十二月《天理大学学报》二十二号，《春柳社逸史稿》——作者为天理大学教授）

⑥ 小青居士《随鸥大会》（记事）："丁未四月六日。设席于墨水枕桥之八百松楼，召开我随鸥吟社第三次大会。乃推石埭先生及裳川、禾原、樱东、龙峰、蓄堂（共二十七人）诸君为干事，赖其援助，得完终始。余忝为主干，先应感谢者也。……是日至下午三时，来会诸贤达八十人。如下总之高冢楫浦，上总之奈良耕砚（千叶县），新潟之长泽松南，尾张（名古屋）之近藤井田，函馆（北海道）之小桥爱山，小樽之添田静渊，根室之前田螺山，皆远方之朋，订新盟、温旧交，岂不乐哉。休息之间，一立斋文庆子讲《义士传》数座为余兴，众宾益乐。继余请槐南先生作一席讲话，即以'诗学——三大宝典'为题，讲话约历一时半，阖座无不倾听。其间另设茗筵一席，系石埭先生所奉献。据蓄堂醉侠所作《茶会记》，其会场概要如下：正面壁龛（即日本客厅摆装饰品之处）挂清人瞿子冶水墨老松图竖幅，花瓶插白牡丹二朵，壁龛左侧古黑漆矮几上排列：石（灵璧之重叠峰峦）、册（清胡松泉细楷）、文镇（古玉浮雕双喜文字），壁龛右侧，陈列赖山阳先生扇面、砚、墨、墨台（端溪紫石长方形，刻螭龙）、笔、笔架（白古玉钩）、印谱、天然木（刻御制诗）……人字屏、香、席、茶等，无一非石埭先生爱玩之物。众宾离坐，就席啜茗，皆惊叹先生之风流好事。宴已开，酒三行后，令本名升堂子朗诵本编所录大会唱和之什，各人一篇，其声琅琅，响彻楼宇。酒酣之后，以抽签方式，颁书画各数十帧，石印数枚，皆竹亭贵爵、鸣鹤先生、石埭先生、柳城画伯、听松画伯、藏六印家之所寄赠，足为本会纪念。其事完毕，依例行'柏梁体'联句，以尽清欢。散会时，正是夜二更也。"（"柏梁体联句"略）

【按】"柏梁体"通说前汉武帝元封三年，柏梁台成，帝会群臣，令席上联句，各作七言一句，每句押韵。后世仿此体者，称"柏梁体"。（一九〇七年四月《随鸥集》三十一编）

⑦《春柳社开丁未演艺大会之趣意》：

演艺之事，关系于文明至巨。故本社创办伊始，特设专部，研究新旧戏曲，冀为吾国艺界改良之先导。春间曾于青年会扮演助善，顾辱同人喝采，嗣复承海内外士夫交相赞助。本社值此事机，不敢放弃。兹定于六月初一日初二日，借本乡座举行"丁未演艺大会"，准于每日午后一时，开演"黑奴吁天录"五幕。所有内容之梗概及各幕扮装人名，特列左方，大雅君子，幸垂教焉。（演员名单略）〔脚本著作主任存吴、布景意匠主任息霜〕

　　⑧ 欧阳予倩《春柳社的开场——兼论李叔同的为人》：

　　有一天听说青年会开什么赈灾游艺会，我和几个同学去玩，末了一个节目是"茶花女"，共两幕。那演亚猛的是学政治的唐肯君（常州人），演亚猛父亲的是美术学校西洋画科的曾延年君（曾君字孝谷，号存吴，成都人），饰配唐的姓孙，北平人，是个很漂亮而英文说得很流利的小伙子。至于那饰茶花女的，是早年在西湖师范学校教授美术和音乐的先生，以后在 C 寺出家的弘一大师。大师天津人，姓李名岸，又名哀，号叔同，小字息霜。他和曾君是好朋友，又是同学。关于他的事且按下不表。只就茶花女而言，他的扮相并不好……。他本来留着胡子的，那天还有王正廷君因为他牺牲了胡子，特意在台上报告给大众知道。我还记得他那天穿的是一件粉红色的西装。……

　　这一回的表演，可说是中国人演话剧最初的一次。我当时所受的刺激最深。……于是我很想接近那班演戏的人。我向人打听，才知道他们有个社，名叫"春柳"。……我有一个四川同学和曾孝谷最接近，我便因他得识曾君，只见一次面，我便入了春柳社。……春柳社第二次又要公演了。第一次的试演颇引起许多人的兴趣，社员也一天一天的多起来——日本学生、印度学生，有好几个加入的。其余还有些，现在都不记得了。中坚分子当然首推曾李。重要的演员有李文权、庄云石、黄二难诸君。……这是新派剧第二次的表演，是我头一次的登台。欢喜、高兴自不用说。……

　　"黑奴吁天录"当然含着很深的民族意义。戏本是曾孝谷编的，共分五幕呢，其中舞会一幕客人最多，日本那样宽阔的舞台都坐满了。……

　　曾孝谷的黑奴妻分别一场，评判最好。息霜除爱美柳夫人之外，另饰一个男角，都说不错。可是他专喜欢演女角，他为爱美柳夫人作了百余元的女西装。那时我们的朋友里头惟有他最阔。他家里头是做盐生意的；他名下有三十万元以上的财产。以后天津盐商大失败的那一次，他哥哥完全破产，他的一份也完了。可是他的确是爱好艺术的人，对于这些事不甚在意。他破了产也从来没有和朋友们谈及过。……

　　老实说，那时候对于艺术有见解的，只有息霜。他于中国词章很有根柢，会画，会弹钢琴，字也写得好。他非常用功，除了他约定的时间以外，绝不会客。在外面和朋友交际的事，从来没有。黑田清辉是他的先生，也很称赞他的画。他对于戏剧很热心，但对于文学却没有什么研究。他往往在画里找材料，很注重动作的姿势。他有好些头套和衣服，一个人在房里打扮起来照镜子，自己当模特儿供自己的研究。得了结果，就根据着这结果，设法到台上去演。自从他演过"茶花女"以后，有许多人以为他是个很风流蕴藉有趣的人，谁知他的脾气，却是异常的孤僻。有一次他约我早晨八点钟去看他——我住在牛込区，他住在上野不忍池畔，相隔很远，总不免赶电车有些个耽误，及至我到了他那里，名片递进去，不多时，他开开楼窗，对我说："我和你约的是八点钟，可是你已经过了五分钟，我现在没有功夫了，我们改天再约罢。"说完他便一点头，关起窗门进去了，我知道他的脾气，只好回头就走。……

像息霜这种人，虽然性情孤僻些，他律己很严，责备人也严，我倒和他交得来。我们虽好久不见面，常常总不会忘记。他出家的时候，写了一付对联送我，以后我便只在玉泉寺见过他一次。……（欧阳予倩《自我演戏以来》）

⑨　致杨白民书：

白民先生足下：东都重逢，欢聚浃旬。行李匆匆，倏忽言别，良用惘然！别来近状何似，学制粗具规模否？金工教师如准延用，当为代谋。束金之数，以五七十金为限否？请即示复。……哀再拜，八月廿六日。

近日东都酷热，温度在八十以上。

一九〇八年（光绪三十四年戊申）　二十九岁

是年仍在东京美术学校西洋画科与音乐学校肄业。关于戏剧方面，自去冬在常磐馆上演一次（戏名已无人记忆），没有得到好评，加以春柳社内人数顿增，意见未能一致，师遂宣布退出剧社，专心致力绘画和音乐。①②

注　释

① 欧阳予倩《自我演戏以来•春柳社的开场》："春柳自从演过'黑奴吁天录'以后，许多社员有的毕业，有的归国，有的恐妨学业不来了。只有孝谷、息霜、涛痕、我尊、抗白，我们这几个人，始终还是干着。在演'吁天录'那年的冬天，又借常磐馆演过一次，什么戏名我忘记了，只记得息霜参考西洋古画，制了一个连蜷而长的头套，一套白缎子衣裙。他扮女儿，孝谷扮父亲，还有个会拉梵娥玲的广东同学扮情人。谁知台下看不懂，——息霜本来瘦，就有人评量他的扮相，说了些应肥、应什么的话，他便很不高兴。……"

② 中村忠行《春柳社逸史稿》："因此……遂使他失去对演剧的热情。毕竟李叔同是春柳社的发起人，且为其中心人物，由于他的退出，因而引起近于解散的混乱。"（见一九五六年《天理大学学报》）

一九〇九年（宣统元年己酉）　　三十岁

是年仍在东京美术学校西洋画科肄业。

感怀家国，作《初梦》《帘衣》各二绝。^①

注　释

① 《初梦》《帘衣》二绝：

初　梦

鸡犬无声天地死，风景不殊山河非。

妙莲花开大尺五，弥勒松高腰十围。

*

恩仇恩仇若相忘，翠羽明珠绣裲裆。

隔断红尘三万里，先生自号水仙王。

帘　衣

帘衣一桁晚风清，艳艳银镫到眼明。

薄幸吴儿心木石，红衫娘子唤花名。

*

秋于凉雨燕支瘦，春入离弦断续声。

后日相思渺何许，芙蓉开老石家城。

（录自《小说世界》第十五卷第十二期，手迹"丁未"）

一九一〇年（宣统二年庚戌）　　三十一岁

是年仍在东京美术学校西洋画科与音乐学校肄业。大暑，书范伯子诗赠杨白民。[①]

注　释

① 书赠杨白民联句题记："独念海之大，愿随天与行。"宣统二年大暑，写范伯子诗，上白民先生，哀公。阳文印"漱筒长寿"，阴文印"臣本布衣"。

【按】此联早年原藏杨白民女公子国画家杨雪玖女士处，今不知尚存否？范伯子，名当世，字肯堂，江苏通州人，清末著名诗人。一九〇四年卒于上海，年五十一，著有《伯子诗集》十九卷。

一九一一年（宣统三年辛亥）　三十二岁

是年三月，毕业东京美术学校。归国至天津，任直隶模范工业学堂图画教员。家资数十万为票号所倒，几濒破产。[①]书联赠杨白民，署宣统三年，似初回津时所书。[②]据胡怀琛《西洋画之输入》所记："李叔同是清光绪末年的日本留学生，毕业于东京美术学校。"（日本明治四十三年、宣统二年——一九一〇）（见《上海市通志馆期刊》第四期《上海学艺概要》）然据日本滨口一卫考证，其毕业当系一九一一年，实相隔一年。[③][⊗]

注　释

① 袁希濂《余与大师之关系》："辛亥年余就事天津，旋任法曹。师为直隶模范工业学堂图画教员，星期常得聚首。其家在天津某国租界，夏屋渠渠，门首有进士第匾额。余曾数次饭于其家。师之兄为天津名医，兄弟极相得。且富有资产，一倒于义善源票号五十余万元，再倒于源丰润票号亦数十万元，几破产，而百万家资荡然无存矣。"

② 书联赠杨白民："白云停阴冈，丹葩曜阳林"，宣统三年，白民先生正，哀公。"李哀"（印）。此联曾藏杨雪玖女士处。

③ 滨口一卫《关于春柳社"黑奴吁天录"的演出·李岸条》："《（弘一大师）年谱》虽记一九一〇年毕业归国，但实际是一九一一年三月毕业。因为学校是五年制，故有此误吧。这一年还有毕业纪念照相。"（见一九五三年《日本中国学会报》第五号）

⊗ 滨氏同文记载："曾延年于明治四十四年（一九一一）美术学校毕业（同窗会名簿），与李岸同班，其在学期间，即自明治三十九年九月至四十四年三月为止。据当时担任油画科班长直到毕业的山口亮一氏的话说：这个班有留学生三人，曾、李之外，有印度留学生拉奥（D. Y. Rāo）一人，此人读了二年退学。"

　　【按】据一九〇六年程淯《丙午日本游记》：十月十三日，参观东京美术学校所记："西洋画科之木炭画室，中有吾国学生二人：一名李岸，一名曾延年。"与滨氏所记相符。

一九一二年（民国元年壬子）　三十三岁

是年春，自津至沪。初任教城东女学①⊗，三月十三日，"南社"社友在沪愚园集会，师始参与，并为《南社通信录》设计图案及题签②。这时陈英士创办《太平洋报》社于上海，师被聘为该报文艺编辑，主编《太平洋报画报》。曼殊著名小说《断鸿零雁记》，即师任编辑时刊登于《太平洋报画报》者。他曾以隶书笔意写英文《莎士比亚墓志》，与曼殊为叶楚伧所作"汾堤吊墓图"，同时印入《太平洋报画报》，称双绝③，同时又与柳亚子等创办"文美会"，主编《文美杂志》④⊗。六月，以各体字戏写陶诗一首，赠义兄许幻园。⑤时以隶书笔意写《莎士比亚墓志》，刊于《太平洋报》。⑥七月间，于《太平洋报》登"李叔同书例"鬻书⑦，其间曾于《太平洋报》发表《南南曲》赠黄二南⑧，及《咏菊》⑨与《题丁慕韩绘黛玉葬花图》二首⑩。

秋间，太平洋报社以负债停办，师应旧友经亨颐之聘赴杭，任浙江两级师范学校（越年后改为省立第一师范学校）图画音乐教员。⑪其间与同事姜丹书、夏丏尊游西湖，作《西湖夜游记》。⑫辛亥革命成功，民国肇造，师填《满江红》一阕志感。⑬是年大雪节，同事闷庵居士（夏丏尊）将归里，索书以贻细君，为书汪容甫、王眉叔、姚鹓雏、郭频伽四人文赋诗词四幅以赠。⑭第二次到杭州，时常独自到景春园品茗，并偶游昭庆寺。⑮师在浙江一师的教学方法，颇受学生欢迎。⑯

注　释

①《题朱贤英女士遗画集》："壬子春，余在城东授文学，贤英女士始受余教。其后屡以书画乞为判正，勤慎恳到，冠于同辈。……"

⊗ 胡怀琛《上海学艺概要》："李叔同除研究绘画外，他在日本对于音乐也很有成绩。……他归国后，任〔上海〕城东女学音乐教习。"（《上海市通志馆期刊》第四期）

② 劲草《南社影事·四·南社中叶时期》："当时南社社友，散居东南各

省，而大部分仍在上海。此时社友犹不过二百余人，而留沪者已有四五十人，可称少数中之多数。民国成立后第一次聚餐，实为第六次雅集。……民元三月十三日，仍在愚园奉行，到者四十人。计柳亚子、朱少屏、黄宾虹、胡朴安、雷铁崖、叶楚伧、黄季刚、马小进、陈柱尊、曾孝谷、李息霜（即弘一大师）等。愚园茶会、民影摄影、杏花楼聚餐。这一次雅集，兴高采烈，尽欢而散。五月《通信录》出版，粉红色封面，李息霜设计图案画并题签，古色古香，弥觉悦目。……"（上海《杂志》第十二卷第五期）

③ 胡怀琛《上海学艺概要》："民国元年，他（李叔同）在《太平洋报》馆担任编辑。当时《太平洋报》附刊的'画报'，就是他主编的。（叔同兼工书法，尝以隶书笔意写英文《莎士比亚墓志》，与苏曼殊为叶楚伧所作'汾堤吊墓图'，同时印入《太平洋画报》，称双绝。苏曼殊说部《断鸿零雁记》最初亦在《太平洋画报》发表）。同时他又创办'文美会'，主编《文美杂志》，会址附设在太平洋报社中。"

④ 胡怀琛《上海学艺团体·文美会》："文美会为李叔同等所发起，一九一二年（民国元年）李氏方主编《太平洋画报·副刊》，故'文美会'中人多太平洋报社中人，'文美会'所即附设在太平洋报社内。李氏曾编《文美杂志》一册，内容系会友所作书画及印章拓本，皆为手稿。纸张大小一律，极为精美。开会时会员彼此传观，并未印行。该会创办未及一年，即无形解散。"

【按】陈无我《话旧》："民元春夏间，陈英士先生等办《太平洋报》，主笔叶楚伧，总理朱少屏。我也滥竽在编辑部内。那《太平洋报》特辟文艺一门，用连史纸石印单张，随报附送。那主编文艺的，原来就是李叔同先生。"（一九四二年十二月，上海《觉有情》第四卷六一八期）又据郑逸梅《南社丛谈》一四三页《余天遂传》："辛亥军兴，……君（余天遂）参姚雨平戎幕，驰驱徐宿间。……和议既成，姚君创《太平洋报》于上海，延君佐笔政。"

⊗ 柳亚子《赠弘一大师偈跋》："弘一大师为余三十年前旧交，即以'茶花女'现身说法之李惜霜也。南社、文美会都有因缘。嗣闻君披剃大慈山，遂绝音耗。顷复稔其闭关闽海，爰书此勖之。中华民国三十年二月亚子·九龙。"（见澳门《觉音月刊》）

⑤《戏写各体字赠义兄许幻园》：

万族各有托，孤云独无依。暧暧虚中灭，何时见余晖。朝霞开宿雾，众鸟相与飞。迟迟出林翮，未夕复来归。量力守故辙，岂不寒与饥？知音苟不存，已矣何所悲！

　　　　壬子六月，戏写各体字奉

幻园谱见一笑　　息

【按】此诗为陶渊明《咏贫士》七首之一。

　　⑥ 胡寄尘《记断鸿零雁》："适陈英士在上海办《太平洋日报》，曼殊遂以《断鸿零雁记》稿付印于该报，从头刊起，然原稿仍未完也。是为民国元年夏间事。及民国元年秋，《太平洋报》以负债停办，同人星散。……为时极匆促，余之行李竟未及携出，被锁闭于该社中；而独携出曼殊墨迹二：一为其手写《断鸿零雁记》稿本，一则曼殊为楚伧所绘'汾堤吊墓图'也（图见'曼殊全集'卷四，一四四页）。然尚有一物未及携出，至今引以为恨事，即李叔同的书《莎士比亚墓志》原文是也。"（"曼殊全集"卷四，七〇页）

【按】《莎士比亚墓志》（即《莎翁墓志》）原文，后被发现，刊于上海《小说世界》，拙著初版《弘一大师年谱》（三六页），曾复印制版刊出。

　　⑦《太平洋报·李叔同书例》：

名刺一元，扇子一元，

三、四尺联二元，五尺以上三元。件交本社许鸿园君代收。

四幅以上者照加。

余件另议，先润后墨。

件交太平洋报馆广告部。

　　　　　　　——（见中华民国元年七月五日《太平洋报》第九十六号）

　　⑧ 赠黄二南君《南南曲》：

在昔佛菩萨，跌坐赴莲池。始则拈花笑，继则南南而有词。南南梵呗不可辨，分身应化天人师。或现比丘，或现沙弥，或现优婆塞，或现优婆夷，或现丈夫女子宰官诸像为说法，一一随意随化皆天机。以之度众生，非结贪嗔痴。色相声音空不染，法语南南尽皈依。春江花月媚，舞台装演奇。偶遇南南君，南南是耶非？听南南，南南咏昌霓；见南南，舞折枝，南南不知之，我佛行深般若波罗蜜多时。

【按】此曲乃李叔同赠东京美术学校同学，曾参加春柳社公演"黑奴吁天录"之黄二难，原名辅周，回国后改名二南，又号"喃喃"。抗战时在重庆后方，以舌画知名。晚年任北京文史馆馆员。此曲乃为余亲诵者，因时隔多年，疑有误字。

⑨《咏菊》：

姹紫嫣红不耐霜，繁华一霎遇韶光。生来未藉东风力，老去能添晚节香。风里柔条频损绿，花中正色自含黄。莫言冷淡无知己，曾有渊明为举觞。

⑩《题丁慕韩绘黛玉葬花图》二绝：

收拾残红意自勤，携锄替筑百花坟。玉钩斜畔隋家冢，一样千秋冷夕曛。

飘零何事怨春归，九十韶光花自飞。寄语芳魂莫惆怅，美人香草好相依。

【按】以上二诗，系早年上海《觉讯》月刊转载《太平洋报画报》者。

⑪　姜丹书《弘一律师小传》："方清之季，国内艺术师资甚稀，多延日本学者任教。余先民国一年受聘入是校（浙江两级师范），而省内外各校缺乏艺师也如故。于是校长经子渊氏因事制宜，特开高师图画手工专修科，延聘上人主授是科图画及全校音乐。上人言教之余，益以身教，莘莘学子，翕然从风。"

⑫《西湖夜游记》："壬子七月，余重来杭州，客师范学舍。残暑未歇，庭树肇秋，高楼当风，竟夕寂坐。越六日，偕姜夏（姜丹书、夏丏尊）二先生游西湖。于时晚晖落红，暮山被紫，游众星散，流萤出林。湖岸风来，轻裾致爽。乃入湖上某亭，命治茗具。又有菱芰，陈粲盈几。短童侍坐，狂客披襟，申眉高谈，乐说旧事。庄谐杂作，继以长啸，林鸟惊飞，残灯不华。起视明湖，莹然一碧；远峰苍苍，若现若隐，颇涉遐想。因忆旧游，曩岁来杭，故旧交集，文子耀斋，田子毅侯，时相过从，辄饮湖上。岁月如流，倏逾九稔。生者流离，逝者不作，坠欢莫拾，酒痕在衣。刘孝标云：'魂魄一去，将同秋草。'吾生渺茫，可唏然感矣。漏下三箭，秉烛言归。星辰在天，万籁俱寂，野火暗暗，疑似青磷；垂杨沉沉，有如酣睡。归来篝灯，斗室无寐，秋声如雨，我劳如何？目暝意倦，濡笔记之。"

⑬《满江红》：民国肇造，填《满江红》志感："皎皎昆仑，山顶月，有人长啸。看囊底，宝刀如雪，恩仇多少。双手裂开鼷鼠胆，寸金铸出民权脑。算此生不负是男儿，头颅好。荆轲墓，咸阳道，聂政死，尸骸暴。尽大江东去，余情还绕。魂魄化成精卫鸟，血花溅作红心草。看从今，一担好山河，英雄造。"

⑭　手书诗词赠同事闷庵居士："闷庵居士将归里，索书以贻细君。壬子大雪节，微阳并记。"（见《弘一法师》图版一三）

⑮《我在西湖出家的经过》："第二次到杭州时，那是民国元年的七月里。

这回到杭州倒住得很久，一直住了近十年。……我的住处在钱塘门内，离西湖很近，只两里路光景。在钱塘门外靠西湖边，有一所小茶馆名景春园。我常常一个人出门独自到景春园的楼上去吃茶。当民国初年的时候，西湖那边的情形，完全与现在两样。那时候还有城墙及很多柳树，都是很好看的。……在景春园的楼下有许多茶客，都是那些摇船、担担的劳动者居多，而且楼上吃茶的就只有我一个人了。所以我常常一个人在上面吃茶，同时还凭栏看看西湖的风景。在茶馆的附近就是那有名的大寺院——昭庆寺了。我吃茶之后，也常常顺便地到那里去看一看。"

⑯ 吴梦非《弘一法师和浙江教育艺术》："弘一法师的诲人，少说话，是行不言之教。凡受过他的教诲的人，大概都可以感到。虽平时十分顽皮的一见了他老，一入了他的教室，便自然而然地会严肃恭敬起来。但他对待学生并不严厉，即是非常和蔼地，这真可说是人格感化了。……我想在民国初年，我国其他各省一般学校的艺术教法，大致也如四川的情形，不过使学生临临黑板画而已。但是弘一法师在浙江两级师范教导专修科的学生时，计画十分周详，设备更力求充足。凡学生用的石膏模形，重要的，无不购备。人体写生也曾雇用模特儿。一切教法完全仿照外国的专门学校。"

一九一三年（民国二年癸丑）　　三十四岁

是年，浙江两级师范学校，改称为浙江省立第一师范学校（简称为"浙江一师"，时间或云在一九一二年）。师仍任教图画音乐。同事有姜丹书①、夏丏尊②、钱均夫（显念居士）③、马叙伦④等。

夏间，集师生诸作，编为《白阳》，全部中英文，俱由师书写石印，浙江一师校友会出版。其封面亦由师设计图案画，至为美观。刊名"白阳"二字，黑底白字，其右书"诞生号癸丑五月"，是为中国杂志封面图案画的滥觞。其所作《春游曲》三部合唱及所撰《近世欧洲文学之概观》与《西洋乐器种类概说》等，即刊载于《白阳》。⑤其间曾与同学游西湖，归寓乘兴治印七方，以二方寄赠广州陆丹林并作书致意。⑥有一次，学校里请一位名人来演讲，师与夏丏尊却躲到湖心亭吃茶。当时夏丏尊对他说："像我们这种人出家做和尚倒是很好的！"他听到这句话觉得很有意思。他说这是他后来出家的一个远因。⑦

五月十四日同事夏丏尊二十八岁初度，师摹"汉长寿钩钩铭"，并加题记以祝。⑧

注　释

① 姜丹书《弘一律师小传》："余与上人，初为文字交，先即以报章文艺相往还，继为'南社'同文。至民国纪元，始同事于'浙江两级师范学校'，以至改组为'浙江省立第一师范学校'。五六年间，志同道合，声应气求，相交益契。"

② 夏丏尊《弘一法师之出家》："我和弘一法师相识，是在浙江杭州两级师范学校（后改名浙江第一师范学校）任教的时候。这个学校有一个特别的地方，不轻易更换教职员。我前后担任了十三年，他担任了七年。在这七年中我们晨夕一堂，相处很要好。"

③ 显念居士（即钱均夫，名家治）《悼弘一法师》："余之初识师也，距

今三十四五年前，在东瀛留学，有时邂逅于集会场所，然尚未及订交也。民元师应聘来杭，任浙江一师教职，时余亦在一师任课，彼此上下教室相值，或遇开教务会议时相与研讨，始知师之沉默寡言，和蔼可亲。而其立品之高超，学识之渊博，又为余所铭刻于心而未尝或忘者。"

【按】钱家治，字均夫，杭州人，留学东京高等师范史地科卒业。晚年皈依谛闲法师学佛，法名显念。

④ 马叙伦《悼弘一师》："四十年前，有诸暨冯先生，馆于余同居之倪氏。……常喜谈柳巷花街故事，语及天津李叔同豪华俊映，不可一世。时上海有《中外日报》者最风行，先生因指报额曰：此即叔同所书也。既而又贻余小册，则皆临摹周秦两汉金石文字，无不精似。余知叔同自此始，后十年，余归自广州，任教于杭州，与叔同同事于师范学校。……"

⑤ 手写《春游曲》歌谱：三部合唱，署名：息霜作歌，息霜作曲；发表于一九一三年五月《白阳》诞生号。

《春游曲》："春风吹面薄于纱，春人妆束淡于画。游春人在画中行，万花飞舞春人下。梨花淡白菜花黄，柳花委地芥花香。莺啼陌上人归去，花外疏钟送夕阳。"

《近世欧洲文学之概观》与《西洋乐器种类概说》，见《弘一法师》，第七六—八一页。

⑥ 寄陆丹林广州书："丹林道兄左右：昨午雨霁，与同学数人泛舟湖上。山色如娥，花光如颊，温风如酒，波纹如绫。才一举首，不觉目酣神醉。山容水意，何异当年袁石公游湖风味？惜从者栖迟岭海，未能共挹西湖清芬为怅耳。薄暮归寓，乘兴奏刀，连治七印，古朴浑厚，自审尚有是处。从者属作两钮，寄请法政。或可在红树室中与端州旧砚，曼生泥壶，结为清供良伴乎？著述之余，盼复数行，藉慰遐思。春寒，惟为道自爱，不宣。岸白。"

【按】此书系李芳远所提供，未记年月，仅署"岸白"。李岸乃师留学东京美术学校时学名，归国后似未曾用，姑置于一九一三年条。据郑逸梅《南社丛谈·南社社友事略·陆丹林传》所载：陆氏广东三水人，生于一八九六年，卒于一九七二年，享年七十六。他初到上海，赁居环球学生会宿舍，认识学生会主干朱少屏，介入南社。南社第六次雅集，是民元三月十三日，在上海愚园举行，到者计柳亚子、朱少屏、黄宾虹、胡朴安、黄季刚、马小进、李息霜等四十人。这时，陆丹林只有十七岁，他认识大师（李息霜）大概在这一年。

　　⑦《我在西湖出家的经过》:"当民国二年夏天的时候,我曾在西湖的广化寺里面住了好几天。但是住的地方,却不在出家人的范围之内。那是在该寺的旁边,有一所叫做痘神祠楼上的,……有时也到出家人所住的楼上去看看。心里却感觉到很有意思。记得那时,我亦常常坐船到湖心亭去吃茶。曾有一次,学校里有一位名人来演讲,那时我和丏尊居士却出门躲避而到湖心亭上去吃茶。当时夏丏尊曾对我说:'像我们这种人出家做和尚倒是很好的。'那时候我听到这句话就觉得很有意思。这可以说是我后来出家的一个远因了。"

　　⑧《汉长寿钩钩铭题记》——"长寿":

　　右汉长寿钩钩铭二字,阮元案:铭作阴款,揣其制,当更有一钩,文必阳识。古人合之以当符券也。癸丑五月十四日。丏尊同学二十八年诞辰,摹此以祝丏翁长寿。当湖老人　息翁。

一九一四年（民国三年甲寅）　　三十五岁

是年仍在杭州第一师范学校任教。同事夏丏尊筑"小梅花屋"于杭州城内弯井巷，因窗前有一株梅树，陈师曾（衡恪）为画"小梅花屋图"，一时朋辈多有题咏。师为题《玉连环影》一阕于画图。①此图曾疑遗失，近年读夏满子《"小梅花屋图"及其他》一文，知尚存人世。②课余集合友生组织"乐石社"，从事金石研究。其友人南社诗人姚鹓雏为撰《乐石社记》记其事。③七月为许幻园夫人宋梦仙遗画题词，赋五律一首，以志哀思。④冬月，第一师范举行第二次运动会，师与经亨颐、夏丏尊等分别担任司令部、审判部、赏品部等职务。⑤

注　释

①《玉连环影》："屋老。一树梅花小。住个诗人，添个新诗料。爱清闲，爱天然；城外西湖，湖上有青山。"

夏丏尊《自记》："民初，余僦居杭城，庭有梅树一株，因名之曰'小梅花屋'。陈师曾君为作图，一时朋好多有题咏。图经变乱已遗失。此小词犹能记诵，亟为录存于此。丏尊记。"（见一九四〇年十二月上海《觉有情》半月刊第四卷六—八号）

【按】据一九七九年九月，夏丏尊居士之女夏满子发表于《人民日报》的《战地》增刊六期《"小梅花屋图"及其他》（附有该画及友朋题咏插图）一文看来，此图虽经变乱，并未遗失。

② 夏满子《"小梅花屋图"及其他》："小梅花屋图，是陈师曾先生给我父亲画的。落款'朽道人衡为夏盖山民制'，盖两方阴文印章，一方是'师曾'，一方是'陈衡恪印'。图上的题辞有章嶔先生的两首七绝，李叔同先生的词《玉连环影》，陈夔先生的词《疏影》。我父亲自己题了一首《金缕曲》，题记下盖一方小印章，是阴文'丏尊'两字，看来是李叔同先生刻的。'夏盖山民'是我父亲年轻时候的别号，等于说'上虞崧厦人姓夏的'。听老人们说，故乡上

虞崧厦有一座镬盖山，我们那里叫覆盆式的锅盖为'镬盖'。'镬''夏'两字，上虞人念起来声音很相近，也许父亲故意把'镬'字改成'夏'字。

　　"陈师曾先生的款不记年月。李叔同先生和我父亲的词都记明'甲寅'年作，甲寅年是一九一四年。那时候父亲在杭州浙江两级师范教书，住在城里弯井巷，租人家的几间旧房子。窗前有一棵梅树，父亲就取了个'小梅花屋'的室名，请陈先生画了这幅'小梅花屋图'。陈先生在北京教书，不曾来过我家，当然无法写实，只好写意，这个办法本来是中国画的旧传统。画面不到两尺见方，分三个层次：近处是缓坡竹林和三间瓦房，屋前一棵梅树，矮而拳曲，像是盆景的梅桩；远处是浓淡不同的几座山峰；中间是一带城墙，城外的西湖自然看不见了。层次之间不着笔墨，留有空隙，好像烟云弥漫，使画面显得很深很远。城墙着淡赭色，其余用淡墨色和灰蓝色随意渲染，只在梅树上有几点鲜红的花。全幅色调有点儿冷，有点儿荒凉意。

　　"陈师曾先生和李叔同先生都是我父亲留学日本时候的好朋友。我没见过陈先生，可能他回国后常在北京，没有来过浙江。李先生是看我长大的，当时跟我父亲同在两级师范任教，后来在虎跑寺出了家，大家称呼他弘一法师。题词落款'息翁'，是他出家以前的别号，下面一颗圆形小图章，刻着'叔同'两个字。他题的《玉连环影》只寥寥几句：'屋老，一树梅花小。住个诗人，添个新诗料。爱清闲，爱天然。城外西湖，湖上有青山。'这首'小令'倒是写实，记下了我家当时居住情况，也记下了父亲的兴致和爱好。

　　"最引起我怀念的是我父亲自己题的《金缕曲》，现在抄在下面：'已倦吹箫矣。走江湖，饥来驱我，嗒伤吴市。租屋三间如艇小，安顿妻孥而已。笑落魄萍踪如寄。竹屋纸窗清欲绝，有梅花慰我荒凉意。自领略，枯寒味。此生但得三弓地。筑蜗居，梅花不种，也堪贫死。湖上青山青到眼，摇荡烟光眉际。只不是家乡山水。百事输人华发改，快商量别作收场计。何郁郁，久居此！'

　　"父亲填这首词的时候才二十八岁。照现在说，二十八岁还是青年，为什么在这首词里，他表现得这样意气消沉呢？是不是学了填词，染上了这种颓唐的调调儿呢？听父亲的学生说，父亲教书非常认真，对学生极其诚恳，不是个把担任教员当作混吃的人。前清末年，鲁迅先生也在两级师范教书，发动过一次反封建的'木瓜之役'，父亲是积极参加的一个，取得胜利之后还留下了一张很可纪念的照片。辛亥革命后，两级师范改为第一师范，出现了一批勇于抨击封建势力的学生。因此，社会上把父亲和陈望道先生、刘大白先生、李次九先生四位教员称作'四大金刚'，说教育当局甚至要把他们撤职查办，可见父亲当时在教员中也算是个革新派。这些往事，跟李先生的题词，跟我父亲自己的题词，多么不一致啊！恐怕正好说明，人的思想感情本来就是很复杂的，尤其在那个时代。

"离开了家乡，住房不是自己的，工作不随心，抱负不能舒展，是这首《金缕曲》的基调。在我生下来之后不久，父亲和几个好朋友都到上虞白马湖春晖中学去教书了。那个学校是私立的，比较公立的第一师范自由得多。白马湖四面环山，风景极好，比西湖更幽静。我父亲在湖边造了几间瓦房，把家搬了去，窗前也种了一棵红梅。'蜗居'也'筑'了，'梅花'也'种'了，可是父亲为了生活，后来还是带着'妻孥'搬到上海住弄堂房子，只偶尔回白马湖休憩些日子，最后还是'贫死'在上海，那是一九四六年四月二十三日，父亲还没过六十岁生日。

"父亲喜欢书画，遗物中较多是弘一法师的字和陈师曾先生的画。有一本陈先生画的册页，一共十二幅，大多是山水，见到的人都说是精品。册页的题签'朽道人画册'五个大字，下面写'壬子石禅'，都是隶书。'壬子'是一九一二年，'石禅'是经子渊（亨颐）先生的别号。扉页也是李叔同先生题的，写'朽道人画册'五个篆字，下面写'丙尊藏息霜篆额'，盖一个很大的'息'字印章，格式颇别致。这两行字的风格，跟他出家以后的字迥然不同。'息霜'也是李先生早年的别号。"（见一九七九年九月《战地》增刊第六期）

③ 姚鹓雏《乐石社记》："乐石社者，李子息霜，集其友朋弟子治金石之学者，相与探讨观摩，穷极渊微而以存古之作也。余懵于考故，未有所赞于李子；顾于李子怀文抱质，会心独往，神合千祀之旨，则不能无述焉。始余橐笔来沪滨，获交李子。李子博学多艺，能诗能书、能绘事、能为魏晋六朝之文、能篆刻。顾平居接人，冲然夷然，若举所不屑。气宇简穆、稠人广坐之间，若不能一言；而一室萧然，图书环列，往往沉酣咀嚼，致忘旦暮。余以是叹古之君子，擅绝学而垂来今者，其必有收视反听、凝神专精之度，所以用志不纷，而融古若冶，盖斯事大抵然也。兹来虎林，出其所学，以饷多士。复能于课余之暇，进以风雅，雍雍矩度，讲贯一堂，毡墨鼎彝，与山色湖光相掩映。方今之世，而有嗜古好事若李子者，不令千载下闻风兴起哉！社友龙丁，吾乡人也，造门告以斯社之旨，并以作记为请。余视龙丁，博学

多艺如李子，气宇简穆如李子，而同客武林，私念亦尝友李子否？及袖出缄札，赫然李子书也，信夫气类之合有必然者矣。将以闲日，诣六桥三竺间，过李子龙丁，尽观其所藏名书精印，痛饮十日，以毕我悬迟之私。李子龙丁，亦能坐我玉笋班中，使谢览芬芳竟体耶，因书此为息壤。"（见《南社丛刻》，第十八集）

【注】本文辞汇略释

橐笔，文士笔墨生涯。古代书史小吏，手持囊橐，插笔于头颈，侍立帝王大臣左右，以备随时记事，称持橐簪笔，简称橐笔。收视反听谓无视无闻。陆机《文赋》注：收视反听，言不视不听也。虎林一称武林，即杭州别称。讲贯即讲习。悬迟久仰也。玉笋班，唐宋朝士风貌秀异，有才华者，人称玉笋，得与其列者称玉笋班。谢览，梁时人，字景涤。年二十余，为太子舍人。武帝建业，览诣之，长揖而已。意气闲雅，视瞻聪明。帝目送良久，曰："此生芳兰竟体。想谢庄政当如此。"天监初，历任中书侍郎、吏部尚书，出为吴兴太守，以廉洁称。息壤原为地名，以曾为诸侯盟约之地，转为信誓盟约之意。

④ 题许幻园夫人宋梦仙遗画：

梦仙大姊，幼学于王弢园先辈，能文章诗词，又就灵鹣京卿学。画宗七芗家法，而能得其神韵，时人以出蓝誉之。是画作于庚子（一九〇〇）九月，时余方奉母居城南草堂。花晨月夕，母辄招大姊说诗评画，引以为乐。大姊多病，母为治药饵，视之如己出。壬寅（一九〇二）荷花生日，大姊逝。越三年乙巳，母亦弃养。余乃亡命海外，放浪无赖。回忆曩日家庭之乐，唱和之雅，恍惚殆若隔世矣。今岁，幻园姻兄示此幅，索为题辞。余恫逝者之不作，悲生者之多艰。聊赋短什，以志哀思。

"人生如梦耳，哀乐到心头。洒剩两行泪，吟成一夕秋。慈云渺天末，明月下南楼。（今春余过城南草堂旧址，楼台杨柳大半荒芜矣）寿世无长物，丹青片羽留。"

甲寅秋七月 李息时客钱塘

⑤ 浙江第一师范第二次运动会记事：

第二次运动会记事：民国三年十一月十二日运动会盛况、优胜者名单、并各教职员担任运动会职员的名单——

（一）司令部经子渊等十四人

（二）审判部（即后来之裁判）李叔同等九人

（三）赏品部夏丏尊、堵申甫等六人

（四）装置部姜敬庐（丹书）等十一人

还有纪录部、卫生部、纠察部、贩卖部、庶务部各若干人。

（见《浙江第一师范学校校友会志》——民国三年下半年，第九号）

一九一五年（民国四年乙卯）　　三十六岁

　　是年仍任教浙江省立第一师范学校。春间曾返北京访友①，旋应南京高等师范学校校长江谦（易园）之聘，兼任该校图画音乐教师②。五月，在杭州西泠印社参加南社临时雅集③，与柳亚子、林秋叶、周仸生、费龙丁等二十余人，凭吊孤山冯小青之墓。为书同游诸子题名，立石于其墓侧。④六月，撰《乐石社社友小传》并作《乐石社记》，自述发起因缘。小传共记二十五人之姓名、籍贯及专长。其中多当时杭州知名人士。⑤七月致书刘质平，告以本年兼任杭宁二校课程及赴日本避暑经过⑥，归时嘱学生李鸿梁前往南京代授高师图画音乐功课⑦⑧，遇天津旧友陈宝泉于西湖烟霞洞。陈氏时任北京高等师范校长，约他至北京高师任教，师初许之，旋致书谢绝，似已萌出家之念。⑧

　　是年在杭所作诗词颇多，如《早秋》《悲秋》《送别》《忆儿时》《月夜》《秋夜》等，似均作于此年。⑨

　　注　释

　　① 四十年前著者在沪时，曾晤北京道禅和尚。据云："民国四年春，他因友人之介，曾晤李叔同先生于北京铁狮子胡同余宅，余氏为李先生友人，时任职交通部云。"据此，是年大师或曾到北京一次。

　　② 江谦《寿弘一大师六十周甲》诗：

　　鸡鸣山下读书堂，廿载金陵梦未忘。"宁社"恣尝蔬笋味，当年已接佛陀光。

　　乙卯年，谦承办南京高等师范时，聘师任教座。师于假日倡"宁社"，借佛寺陈列古书字画金石，蔬食讲演，实导儒归佛方便门也。

　　③ 南社临时雅集摄影说明："中华民国四年五月十六日，南社举行临时雅集于杭州西湖孤山之西泠印社。社友先后庚止者为：林好修、郑佩宜、姚石子、高吹万、李息霜、柳亚子、王海帆等共二十七人。"（《南社》第十五集，民国五年一月出版）

④ 手书柳亚子"明女士广陵冯小青墓"题记及同游诸子题名：

冯郎春航，能歌小青影事者。顷来湖上，泛棹孤山，抚冢低回，题名而去。既与余邂逅，属为点染，以示后人；用缀数言，勒诸墓侧。世之览者，倘亦有感于斯？民国四年夏五，吴江柳亚子题。

是日同游者：林秋叶、王漱岩、沈半峰、程弢堂、陈虑尊、陈越流、李息翁、朱屏子、丁白丁、丁不识、丁展藩、周俟生、费龙丁、陈稚兰、高吹万、姚石子、林憩南、楼辛壶、陆鄂不、龙小云等。

【按】以上分书二碑，原立于孤山放鹤亭下冯小青墓侧。字作北魏笔法，虽未署名，一见可知。一九四四年六月十二日，余游西湖，登陆凭吊，曾为录存。后闻该墓已被拆去，碑亦无存。

【按】冯小青，扬州人，受封建婚姻迫害，看了汤显祖的《牡丹亭》（杜丽娘与柳梦梅爱情故事）后，联系自己悲惨的身世，写了一绝句云："冷月幽窗不可听，挑灯闲看《牡丹亭》。人间亦有痴于我，岂独伤心是小青！"

⑤ 《乐石社社友小传》附《乐石社记》：

粤若稽古先圣，继天有作。创造六书，以给世用。后贤踵事，附庸艺林。金石刻划，实祖缪篆。上起秦汉，下逮珠申，彬彬郁郁，垂二千年，可谓盛矣。世衰道微，士不悦学。一技之末，假手隅夷。兽蹄鸟迹，触目累累。破觚为圆，用夷变夏。典型沦丧，殆无讥焉。

不佞无似，少耽痂癖，结习所存，古欢未坠。曩以人事，羁迹武林，滥竽师校。同学邱子，年少英发。既耽染翰，尤嗜印文，校泰量汉，笃志爱古，遂约同人，集为兹社，树之风声，颜以乐石。切磋商兑，初限校友，继乃张皇。他山取益，志道既合，声气遂孚。自冬徂春，规模浸备。复假彼故宫为我社址，西泠印社诸子，觥觥先进，勿弃菲。左提右挈，乐观厥成，滋可感也。

不佞昧道惯学，文质靡底。前无老马，尸位经年。伏念雕虫篆刻，壮夫不为，而雅废夷侵，贤者所耻。值猖狂颓靡之秋，结枯槁寂寞之侣。足音空谷，幽草寒蛩，纵未敢自附于国粹之林，倘亦贤乎博弈云尔。爰陈梗概，备观览焉。乙卯六月李息翁记。

【按】邱子即邱志贞，字梅白，浙江诸暨人。壬子就学武林，始与西泠诸印人相往来。

"乐石社"重要社友如下：

1. 夏铸，字丏尊，号闷庵，上虞人。

2. 李息，字叔同，一字息翁，燕人或曰当湖人。

3. 楼启鸿，字秋宾，号逍遥子，新登人。

4. 杨凤鸣，字子岐，嘉善人。

5. 陈兼善，字达夫，诸暨人。

6. 吴荐谊，字翼汉，又号闻秀，诸暨人。

7. 周其鑂，字淦卿，杭人。

8. 朱毓魁，字文叔，桐乡人。

9. 杜振瀛，字丹成，嵊人。

10. 经亨颐，字子渊，别号石禅，上虞人。

11. 堵福诜，字申甫，又号屹山，会稽人。

12. 费砚，字剑石，号龙丁，华亭人。

13. 周承德，字佚生，海宁人。

14. 柳弃疾，字亚子，吴江人。

15. 姚光，字石子，金山人。

16. 徐渭仁，字善扬，上虞人。

小传共廿五人，兹录十六人，余略。

李叔同条，自称："燕人或曰当湖人。幼嗜金石书画之学，长而碌碌无所就。性奇僻不工媚人，人多恶之。生平易名字百十数。名之著者曰文涛、曰下、曰成蹊、曰广平、曰岸、曰哀、曰凡，字之著者曰叔同、曰漱筒、曰惜霜、曰桃溪、曰李庐、曰圹庐、曰息霜，又自谥曰哀公。"

乐石社职员表　白甲寅十一月至乙卯六月

主任	李叔同	杭城第一师范学校
会计	杨子岐	同
书记	邱梅白	同
庶务	杜丹成	同
同	戚继同	同
同	陈达夫	
同	翁慕旬	同

⑥ 致刘质平信："不佞于本学年，兼任杭、宁二校课程，汽车（日本名词，即火车——著者）往来千二百里，亦大苦事也。（今夏）游日本，未及到

东京，故章程未觅到，详情容后复。"（一九一五年九月三日）

⑦ 李鸿梁《我的老师弘一法师李叔同》："我是在一九一五年（民国四年）毕业的。法师就在这一年暑假到日本去洗温泉浴。……他是九月间回国的，回国前打了个电报叫我到南京高等师范（即东南大学前身），去代法师的课。因为我那时对于教学毫无经验，年龄又这样轻，骤然去教同等程度的学校，心里颇有点忐忑不定。但是见到法师，他马上拿出本学期的教学进度给我看，并且告诉我那边学校里的一切情形。……"（见一九八三年《浙江文史资料选辑》第二十六辑）

⊗ 崔昱飞《鸿翔日记》："一九一五年七月七日，李叔同来一明片，言已东渡，须九月底回国。"

⑧ 陈宝泉《忆旧》："李叔同君，晓楼先生之季子，与予为世交。少年倜傥，精文翰，擅书法，所谓翩翩浊世佳公子也。及冠游学日本，习美术、书画、音乐，并臻绝诣。民国四年（一九一五），予与遇于湖上之烟霞洞，乃一变昔日矜持之态，谦恭而和易。予力约其北来任高等师范教授，但笑应之。及予北归，旋得复书谢绝。未几，闻已入空门矣。在湖上曾写小词示予，颇可窥其志趣。兹录于左，以为纪念云：

故园鸣鹡鸰，垂杨有暮鸦，江山如画日西斜。新月撩人窥入碧窗纱。陌上青青草，楼头艳艳花。洛阳儿女学琵琶。不管冬青一树属谁家，不管冬青树底影事一些些。——调名《喝火令》"（见《退思斋文存·叙记类》）

【按】陈宝泉，字筱庄，天津人，早年留学日本。民初曾任北京国立高等师范校长，著有《退思斋文存》。

⑨ 是年在杭所作诗词：

早秋

十里明湖一叶舟，城南烟月水西楼。几许秋容娇欲流，隔著垂杨柳。远山明浮眉尖瘦，闲云飘忽罗纹绉。天末凉风送早秋，秋花点点头。

悲秋

西风乍起黄叶飘，日夕疏林杪。花事匆匆，梦影迢迢，零落凭谁吊。镜里朱颜，愁边白发，光阴暗催人老。纵有千金，纵有千金，千金难买年少。

送别

（此曲曾为著名电影"城南旧事"采为主题歌）

长亭外，古道边，芳草碧连天。晚风拂柳笛声残，夕阳山外山。天之涯，地之角，知交半零落；一瓢浊酒尽余欢，今宵别梦寒。长亭外，古道边，芳草碧连天。晚风拂柳笛声残，夕阳山外山。

忆儿时

春去秋来，岁月如流，游子伤漂泊。回忆儿时，家居嬉戏，光景宛如昨。茅屋三椽，老梅一树，树底迷藏捉。高枝啼鸟，小川游鱼，曾把闲情托。儿时欢乐，斯乐不可作。儿时欢乐，斯乐不可作。

【按】丰子恺《法味》："——他（大师）后来教音乐时，曾取首凄惋呜咽的西洋有名歌曲：'My dear old sunny home' 来改作一曲《忆儿时》，中有'高枝啼鸟，小川游鱼，会把闲情托'之句，恐怕就是那时居城南草堂的自己描写了。"

月夜

纤云四卷银河净，梧叶萧疏摇月影。剪径凉风阵阵紧，暮鸦栖止未定。万里空明人意静。呀！是何处，敲彻玉磬。一声声清越度幽岭。呀！是何处，声相酬应。是孤雁寒砧并。想此时此际幽人应独醒，倚栏风冷。

秋夜

日落西山，一片罗云隐去。万种情怀，安排何处？却妆出嫦娥，玉宇琼楼缓步。天高气清，满庭风露。问耿耿银河，有谁引渡。四壁凉蛩，如来相语。尽遣了闲愁，聊共月华小住。如此良宵，人生难遇。

寒蝉吟罢，蓦然萤火飞流。夜凉如水，月挂帘钩。爱星河皎洁，今宵雨敛云收。虫吟侑酒，扫尽闲愁。听一枝长笛，有谁人倚楼。天涯万里，情思悠悠。好安排枕簟，独寻睡乡优游。金风飒飒，底事悲秋。

（以上几首，未记写作年月，姑予归入本年）

一九一六年（民国五年丙辰）　　三十七岁

　　是年仍在杭州浙江第一师范任教，同时兼任南京高等师范图画音乐功课。[①]师受聘在浙江一师兼课的故事，为同学津津乐道者，可于冯蔼然《忆画家潘天寿》一文中见之。[②]秋间将入山坐禅，题旧藏陈师曾所画荷花小幅，以赠听泉居士。[②]夏丏尊偶见日本杂志有关断食的文章，说断食为身心更新之修养方法，介绍他阅读。[③]师遂决心试验断食，经丁辅之居士介绍，选定虎跑大慈山定慧寺（通称虎跑寺）为断食地点。[④]断食二十余日，手书"灵化"二字，加跋赠学生朱稣典。[⑤]师在断食期间，仍以写字为常课。所写有魏碑、篆文、隶书等，笔力毫未减弱。所临各种碑帖，皆注明月日所书，并作题记，后存夏丏尊处。夏丏尊对他断食经过有极概括的叙述。[⑥]大师自信无寿征，是年刻一印章曰："丙辰息翁归寂之年"。[⑦]断食期间临摹各碑题记。[⑧]《断食日志》全文如注。[⑨]

注　释

　　① 丰子恺《话旧》："我在十七岁（一九一四）的暑假时，毕业于石湾的崇德县立第三高小学校。母亲决定我投考杭州第一师范。……三年级以后……我们的图画科改由向来教音乐而常常请假的李叔同先生教授了。李先生的教法在我觉得甚为新奇。……有一晚，我为了别的事体去见李先生。告退之后，先生特别呼我转来，郑重地对我说：'你的画进步很快，我在所教的学生中，从来没有见过这样快速的进步。'李先生当时兼授南京高等师范及我们的浙江第一师范两校的图画。他又是我们所最敬佩的先生的一人。我听他这两句话，犹如暮春的柳絮受了一阵急烈的东风要大变方向而突进了。……二十年四月三十日作。"（见《中学生》）

　　② 冯蔼然《忆画家潘天寿》："潘天寿，浙江宁海人，字大颐。……一九一六年，始来杭进浙江省立第一师范学校，即以擅长书法，见重全校。……当时老师中擅长书法者，如李叔同、经亨颐、夏丏尊辈，或天资过人，或功

夫到家，早已蜚声一时，与校外名流马一浮、丁辅之、余绍宋、张宗祥辈齐名。因此潘的造诣，受诸前辈之益者不少。……

"这里要讲一讲当时一师注重美术、音乐教育的一些旧事：一师校长经亨颐办学，要求德、智、体、美、社交，五育并臻，致力培养健全人格，同时注意个性发展，教学相长，能者为师。……这时的潘君，方参加师生共同的课外研究组织，学习诗词、篆刻，均有成就。……图画课既全由李叔同老师安排，占学时不能太多，而所有石膏素描、速写、水彩、油画等，全属西画系统。……

"李叔同老师本兼南京高师、杭州两级师范两校美术、音乐，又是诗词、篆刻等课外研究组织的台柱，南社、西泠印社的健将。晚年德行，为全校师生所同钦。

"校长经亨颐请他来杭兼课的故事，更为同学所津津乐道。经校长以留日同学情谊，恳李来兼任美术、音乐，他提出设备条件，是每个学生有一架风琴，绘画室石膏头像、画架等不能有缺。校长以为在学校缺钱、市上缺货的情况下，风琴每人一架的要求，实嫌过高。李叔同先生的答复是同学出去要教唱歌，不会弹琴不行，教授时间有限，练习全在课外，'你难办到，我怕遵命'。经校长想尽办法，弄到大小风琴二百架（够要求的半数），排满在礼堂四周、自修室、走廊上，再请他来看过。从此就每星期三天南京、三天杭州，仆仆道路，两头兼课，直到在杭州出家为止。像李这样的负责老师是不能有意见的。从效果看，他担任的美术、音乐课程，就培养出不少适合大、中学校教师以及对小学图画、唱歌的确是普遍能够胜任之才。"（见《浙江文史资料选辑》第二十一辑）

②《题陈师曾画"荷花小幅"》："师曾画荷花，昔藏余家；癸丑之秋，以贻听泉先生同学。今再展玩，为缀小词，时余将入山坐禅，慧业云云，以美荷花，亦以是自劝也。丙辰寒露。'一花一业，孤芳致絜。昏波不染，成就慧业。'"（见《南社丛刊》第二十二集，民国十二年）

③夏丏尊《弘一法师之出家》："有一次我从一本日本的杂志上见到一篇关于断食的文章，说断食是身心'更新'的修养方法，自古宗教上的伟人，如释迦，如耶稣，都曾断过食。断食能使人除旧换新，改去恶德，生出伟大的精神力量。并且还列举实行的方法及应注意的事项，又介绍了一本专讲断食的参考书。我对于这篇文章很有兴味，便和他谈及，他就好奇地向我要了

杂志去看。以后我们也常谈到这事，彼此都有'有机会最好断食来试试'的话，可是并没有作过具体的决定。至少在我自己是说过就算了。

"约莫经过了一年，他竟独自去实行断食了，这是他出家前一年阳历年假的事。他有家眷在上海，平日每月回上海二次，年假暑假当然都回上海的。阳历年假只十天，放假以后，我也就回家去了，总以为他仍照例回到上海的。假满返校，不见到他，过了两星期他才回来。据说假期中没有回上海，在虎跑寺断食。我问他'为甚么不告诉我？'他笑说：'你是能说不能行的，并且这事预先教别人知道也不好，旁人大惊小怪起来，容易发生波折。'"

④《我在西湖出家的经过》："到了民国五年的夏天，我因为看到日本杂志中有说及关于断食方法的，谓断食可以治疗各种疾病。当时我就起了一种好奇心，想来断食一下。因为我那个时候患有神经衰落（弱）症，若实行断食后，或者可以痊愈亦未可知。要行断食时，须于寒冷的季候方宜。所以，我便预定十一月来作断食的时间。至于断食的地点呢？总须先想一想，总要有个很安静的地方才好。当时我就和西泠印社的叶品三来商量。他说，西湖附近的地方，有所虎跑寺可作断食的地点，丁辅之是虎跑的大护法，可以请他去说一说。于是便请丁辅之代为介绍。到了十一月的时候，我还不曾亲自到过。于是我便托人到虎跑寺那边去走一趟，看看在那一间房里住好。回来后他说在方丈楼下的地方倒很幽静的。因为那边房子很多，平常时候都是关起来的。在方丈楼上只有一位出家人住着。等到十一月底我到了虎跑寺，就住在方丈楼下的那间屋子里。

"我常常看见一位出家人在我的窗前经过，就是住在楼上的那一位。我看到他十分的欢喜。因此时常和他谈话，同时他也拿佛经来给我看。……看到他们那种生活我很欢喜，而且羡慕起来了。我在那边虽然只住了半个多月，但心里却十分地愉快，而且对于他们所吃的菜蔬更欢喜吃。回到学校里，我就请佣人照他们那种样的菜煮来吃。这一次，我到虎跑寺去断食，可以说是我出家的近因了。"

⑤ 断食后，自书"灵化"题记："丙辰新嘉平，入大慈山，断食十七日，身心灵化，欢乐康强。书此奉稣典仁弟，以为纪念。欣欣道人李欣叔同。"下嵌二印：一为"李息"，一为"不食人间烟火"。

⑥ 夏丏尊《弘一法师之出家》："他的断食共三星期，第一星期逐渐灭食至尽，第二星期除水以外完全不食，第三星期起，由粥汤逐渐增加至常量。

据说经过很顺利，不但并无苦痛，而且身心反觉轻快，有飘飘欲仙之象。他平日是每日早晨写字的，在断食期间，仍以写字为常课。三星期所写的字，有魏碑，有篆文，有隶书，笔力比平日并不减弱。他说断食时，心比平时灵敏，颇有文思，恐出毛病，终于不敢作文。他断食以后，食量大增，且能吃整块的肉，（平日虽不茹素，不多食肥腻肉类）自己觉得脱胎换骨过了，用老子'能婴儿乎'之意，改名李婴，依然教课，依然替人写字，并没有甚么和前不同情形。据我知道，这时他只看些宋元人的理学书和道家的书类，佛学尚未谈到。"

⑦ 夏丏尊《续护生画集叙》："和尚在俗时，体素弱，自信无寿征。日者谓丙辰有大厄，因刻一印章，曰'丙辰息翁归寂之年'。是岁为人作书常用之。余所藏有一纸，即盖此印章。"

⑧ 断食期间临摹各碑题记："丙辰十一月三十日至十二月十八日，断食大慈山定慧寺所书。"（白文印"不食人间烟火"，又一印文为"一息尚存"，早年存夏丏尊处，今归其女夏满子保存。）

⑨《断食日志》：

丙辰新嘉平一日始。断食后，易名欣，字俶同，黄昏老人，李息。

十一月廿二日，决定断食，祷诸大神之前，神诏断食，故决定之。

择录村井氏说："妻之经验，最初四日，预备半断食。六月五日、六日，粥、梅干。七日、八日，重汤、梅干。九日始本断食，安静。饮用水一日五合，一回一合，分五六回服用。第二日，饥饿胸烧，舌生白苔。第三、四日，肩腕痛。第四日，腹部全体凝固，体倦就床，晨轻晚重。第五日，同，稍轻减，坐起一度散步。第六日，轻减，气分爽快，白苔消失。胸烧愈。第七日，最平稳，断食期至此止。

"后一日，摄重汤，轻二碗三回，梅干无味。后二日，同。后三日，粥、梅干、胡瓜，实入吸物。后四日，粥，吸物，少量刺身。后五日，粥、野菜、轻鱼。后六日，普通食，起床。此两三日，手足浮肿。

"断食期内，或体痛不能眠，或下痢，或嚏。便时以不下床为宜。预备断食或一周间，粥三日，重汤四日。断食后或须一周间，重汤三日，粥四日，个半月体量恢复。半断食时服リチネ。"

　　　　*

到虎跑携带品：被褥帐枕、米、梅干、杨子、齿磨、手巾、手帕、便器、

衣、漉水布、リチネ、日记纸笔书、番茶、镜。

预定期间：一日下午赴虎跑。上午闻玉去预备。中食饭，晚食粥、梅干。二日、三日、四日，粥、梅干。五日、六日、七日，重汤、梅干。八日至十七日断食。十八日、十九日、二十日，重汤、梅干。廿一日、廿二日、廿三日、廿四日，粥、梅干、轻菜食。廿五日返校，常食。廿八日返沪。

三十日晨，命闻玉携蚊帐、米、纸、糊、用具到虎跑。室宜清闲，无人迹、无人声，面南，日光遮北，以楼为宜。是晚食饭，拂拭大小便器桌椅。

午后四时半入山，晚餐素菜六簋（音癸，盛食物的圆形器具——著者），极鲜美。食饭二盂，尚未餍。因明日始即预备断食，强止之，榻于客堂楼下，室面南，设榻于西隅，可以迎朝阳。闻玉设榻于后一小室，仅隔一板壁，故呼应便捷。晚燃菜油灯，作楷八十四字。自数日前病感冒，伤风微嗽，今日仍未愈。口干鼻塞，喉紧声哑，但精神如常。八时眠，夜间因楼上僧人足声时作，未能安眠。（《觉有情》杂志编者按："据前节所记预定期间十二月一日下午赴虎跑。而此节所记，三十日午后四时半即已入山，当系临时改定。"）

十二月一日，晴，微风，五十度。断食前期第一日。疾稍愈，七时半起床。是日午十一时食粥二盂，紫苏叶二片，豆腐三小方。晚五时食粥二盂，紫苏叶二片，梅干一枚。饮冷水三杯，有时混杏仁露，食小橘五枚。午后到寺外运动。

余平日之常课，为晨起冷水擦身，日光浴。眠前热水洗足。自今日起冷水擦身暂停，日光浴时间减短，洗足之热水改为温水，因欲使精神聚定，力避冷热极端之刺激也。对于后人断食者，应注意如下：

一、未断食时练习多饮冷开水。断食初期改饮冷生水，渐次加多。因断食时日饮五杯冷水殊不易，且恐腹泻也。

二、断食初期时之粥或米汤，于微温时食之，不可太热，因与冷水混合，恐致腹痛。

余每晨起后，必通大便一次。今晨如常，但十时后屡放屁不止。二时后又打嗝儿甚多，此为平日所无。是日书楷字百六十八，篆字百〇八。夜观焰口，至九时始眠。夜嗽多恶梦，未能入眠。

二日，晴和，五十度。断食前期第二日。七时半起床，晨起无大便，是日午前十一时食粥一盂、梅一枚、紫苏叶二片。午后五时同。饮冷水三杯，食桔子三枚，因运动归来体倦故。是日舌苔白，口内粘滞，上牙里皮脱。精神如常，但过则疲□□（二字不明），运动微觉疲倦，头目眩晕。自明日始即不运动。

　　晚侍和尚念佛，静坐一小时。写字百三十二，是日鼻塞。摹大同造像一幅，原拓本自和尚假来，尚有三幅，明后续□□（摹写）。八时半眠，夜梦为升高跳越运动。其处为器具拍卖场，陈设箱柜几椅并玩具装饰品等。余跳越于上，或腾空飞行于其间，足不履地，灵捷异常，获优胜之名誉。旁观有德国工程师二人，皆能操北京语。一人谓有如此之技能，可以任远东大运动会之某种运动，必获优胜，余逊谢之。一人谓练习身体，断食最有效，吾二人已二日不食。余即告余现在虎跑断食，亦已预备二日矣。其旁又有一中国人，持一表，旁写题目，中并列长短之直红线数十条，如计算增减高低之表式，是记余跳越高低之顺序者。是人持以示余，谓某处由低而高而低之处，最不易跳越，赞余有超人之绝技。后余出门下土坡，屡遇西洋妇人，皆与余为礼，贺余运动之成功，余笑谢之。梦至此遂醒。余生平未尝为一次运动，亦未尝梦中运动，头脑中久无此思想。忽得此梦，至为可异，殆因胃内虚空有以致之欤？

　　三日，晴和，五十二度。断食前第三日。七时半起床。是晨觉饥饿，胸中扰乱，苦闷异常，口干饮冷水。勉坐起披衣，头昏心乱，发虚汗作呕，力不能支，仍和衣卧少时。饮梅茶二杯，乃起床，精神疲惫，四肢无力。九时后精神稍复元，食桔子二枚。是晨无大便，饮药油一剂，十时半软便一次，甚畅快。十一时水泻一次，精神颇佳，与平常无大异。十一时二十分食粥半盂，梅一个，紫苏一枚。摹普泰造象、天监造像二页。饮水、食物，喉痛，或因泉水性太烈，使喉内脱皮之故。午后四时，饮水后打嗝笃，食小梨一个，五时食粥半盂。是日感冒伤风已愈，但有时微嗽。是日午后及晚，侍和尚念佛，静坐一小时。八时半眠。入山预断以来，即不能为长时之安眠，旋睡旋醒，辗转反侧。

　　四日，晴和，五十三度。断食前第四日。七时半起床。是晨气闷、心跳、口渴，但较昨晨则轻减多矣，饮冷水稍愈。起床后头微晕，四肢乏力。食小桔一枚，香蕉半个。八时半精神如常，上楼访弘声上人，借佛经三部。午后散步至山门，归来已觉微疲。是日打嗝儿甚多，口时作渴，共饮冷水四大杯。摹大明造像一页。写楷字八十四，篆字五十四。无大便。四时后头昏，精神稍减。食小桔二枚。是日十一时饮米汤二盂，食米粒二十馀。八时就床，就

床前食香蕉半个。自预备断食，每夜三时后腿痛，手足麻木。（余前每逢严冬有此旧疾，但不甚剧）

五日，晴和，五十三度。断食前第五日。七时半起床。是夜前半颇觉身体舒泰，后半夜仍腿痛，手足麻木。三时醒，口干，心微跳，较昨减轻。食香蕉半个，饮冷水稍眠。六时醒，气体甚好。起床后不似前二日之头晕乏力。精神如常，心胸愉快。到莱园采花供铁瓶。食梨半个，吐渣。自昨日起，多写字，觉左腰痛。是日腹中屡屡作响，时流鼻涕，喉中肿烂尚未愈。午后侍和尚念佛，静坐一小时，微觉腰痛，不如前日之稳静。三时食梨半个，吐渣，食香蕉半个。午、晚饮米汤一盂。写字百六十二。傍晚精神稍差，恶寒口渴。本定于后日起断食，改自明日起断食，奉神诏也。

断食期内，每日饮梨汁一个之份量，饮桔汁三小个之份量，饮毕嗽口。又因信仰上每晨餐供神生白米一粒，将眠，食香蕉半个。是日无大便，七时起床。是夜神经过敏甚剧，加以鼠声人鼾声，终夜未安眠。口甚干，后半夜腿痛稍轻，微觉肩痛。

六日，晴暖，晚半阴，五十六度。断食正期第一日。八时起床。三时醒，心跳胸闷，饮冷水桔汁及梅茶一杯。八时起床，手足乏力，头微晕，执笔作字殊乏力，精神不如昨日。八时半饮梅茶一杯。脑力渐衰，眼手不灵，写日记时有误字，多遗忘。九时半后精神稍可。十时后精神甚佳，口渴已愈。数日来喉中肿烂亦愈。今日到大殿去二次，计上下廿四级石阶四次，已觉足乏力，为以前所无。是日共饮梨汁一个，桔汁二个。傍晚精神不衰，较胜昨日，但足乏力耳。仍时流鼻涕，晚间精神尤佳。是日不觉如何饥饿。晚有便意，仅放屁数个，仍无便。是夜能安眠，前半夜尤稳安舒泰。眠前以棉花塞耳，并诵神人合一之旨。夜间腿痛已愈，但左肩微痛。七时就床，梦变为丰颜之少年，自谓系断食之效。

七日，阴复晴，夜大风，五十四度，断食正期第二日。六时半起床。四时醒，心跳微作即愈，较前二日减轻。饮冷水甚多。六时半即起床，因是日头晕已减轻，精神较昨日为佳，且天气甚暖故早起床也。起床后饮桔汁一枚。晨览《释迦如来应化事迹图》。八时后精神不振，打呼欠，微寒，流鼻涕，但起立行动如常，午后身体寒益甚，拥被稍息。想出食物数种，他日试为之。炒饼、饼汤、虾仁豆腐、虾子面片、十锦丝、咸胡瓜。三时起床，冷已愈，足力比昨日稍健。是日无大便，饮冷水较多。前半夜肩稍痛，须左右屡屡互易，后半夜已愈。

八日，阴、大风、寒，午后时露日光，五十度。断食正期第三日。十时起床。五时醒，气体至佳，如前数日之心跳头晕等皆无。因天寒大风，故起床较迟。起床后精神甚佳，手足有力，到院内散步。四时半就床，午后益寒，因早就床。是日食欲稍动，有时觉饿，并默想各种食物之种类及其滋味。是夜安眠，足关节稍痛。

九日，晴、寒、风，午后阴，四十八度。断食正期第四日。八时半起床。四时醒，气体极佳，与常日无异。起床后精神如常，手足有力。朝日照入，心目豁爽。小便后尿管微痛，因饮水太多之故。自今日始不饮梨桔汁，改饮盐梅茶二杯。午后因饮水过多，胸中苦闷。是日午前精神最佳，写字八十四，到菜圃散步。午后寒，一时拥被稍息。三时起床，室内运动。是日不感饥饿。因天寒，五时半就床。

十日，阴、寒，四十七度。断食正期第五日。十时半起床。四时半醒，气体精神与昨同。起床后精神至佳。是日因寒故起床较迟。今日加饮盐汤一小杯。十一时杨刘二君来谈至欢。因寒四时就床。是日写字半页。近日神经过敏已稍愈，故夜间较能安眠，但因昨日饮水过多伤胃，胃时苦闷，今日饮水较少。

十一日，阴寒、夕晴，四十七度。断食正期第六日。九时半起床。四时半醒，气体与昨同。夜间右足微痛，又胃部终不舒畅。是日口干，因寒起床稍迟，饮盐汤半杯，饮梨汁。夕晴，心目豁爽。写字百三十八。坐檐下曝日，四时就床，因寒早就床。是晚感谢神恩，誓必皈依，致福基书。

十二日，晨阴、大雾、寒，午后晴，四十八度。断食正期第七日。十一时起床。四时半醒，气体与昨同，足痛已愈，胃部已舒畅，口干，因寒不敢起床。十一时福基遣人送棉衣来，乃披衣起。饮梨汁及盐汤、桔汁。午后精神甚佳，耳目聪明，头脑爽快，胜于前数日。到菜圃散步，写字五十四。自昨日始，腹部有变动，微有便意，又有时稍感饥饿。是日饮水甚少。晚晴甚佳，四时半就床。

十三日，晨半晴阴，后晴和，夕风，五十四度。断食后期第一日，八时半起床。气体与昨同，晨饮淡米汤二盂，不知其味，屡有便意，口干后愈。饮梨汁桔汁，十一时饮浓米汤一盂，食梅干一个，不知其味。十时服泻油少许，十一时半大便一次甚多，便色红，便时腹微痛，便后渐觉身体疲弱，手足无力。午后勉强到菜圃一次。是日不饮冷水。午前写字五十四。是日身体疲倦甚剧，断食正期未尝如是。胃口未开，不感饥饿，尤不愿饮米汤，是夕勉饮一盂，不能再多饮。

十四日，晴，午前风，五十度。断食后期第二日。七时半起床。气体与昨同，夜间较能安眠。五时饮米汤一盂，口干，起床后精神较昨佳。大便轻泻一次，又饮米汤一盂，饮桔汁，食苹果半枚。是日因米汤梅干与胃口不合，于十时饮薄藕粉一盂，炒米糕二片，极觉美味，精神亦骤加。精神复元，是日极愉快满足。一时饮薄藕粉一盂，米糕一片。写字三百八十四。腰腕稍痛，暗记诵《神乐歌序章》。四时食稀粥一盂，咸蛋半个，梅干一个，是日不感十分饥饿，如是已甚满足。五时半就床。

十五日，晴，四十九度。断食后期第三日。七时起床。夜间渐能眠，气体无异平时。拥衾饮茶一杯，食米糕三片。早食藕粉米糕，午前到佛堂菜圃散步，写字八十四。午食粥二盂，食梨一个，桔二个。敬抄《御神乐歌》二叶，暗记诵一、二、三下目。晚饮粥二盂，青菜咸蛋，少许梅干。晚食粥后，又食米糕饮茶，未能调和，胃不合，终夜屡打嗝儿，腹鸣。是日无大便，七时就床。

十六日，晴，四十九度。断食后期第四日。七时半起床。晨饮红茶一杯，食藕粉、芋。午食薄粥三盂，青菜、芋大半碗，极美，有生以来不知菜芋之味如是也。食桔、苹果，晚食与午同。是日午后出山门散步，诵《神乐歌》，甚愉快。入山以来，此为愉快之第一日矣。敬抄《神乐歌》七叶，暗记诵四、五下目。晚食后食烟一服。七时半就床，夜眠较迟，胃甚安，是日无大便。

十七日，晴暖，五十二度。断食后期第五日。七时起床。夜间仍不能多眠，晨饮泻油极少量。晨餐浓粥一盂，芋五个，仍不足，再食米糕三片，藕粉一盂。九时半，大便一次，极畅快。到菜圃诵《御神乐歌》。中膳，米饭一盂，粥二盂，油炸豆腐一碗。本寺例初一、十五始食豆腐，今日特因僧人某死，葬资有余，故以之购食豆腐。午前后到山门外散步二次。拟定出山后剃须。闻玉采萝卜来，食之至甘。晚膳粥三盂，豆腐青菜一盂，极美。今日抄《御神乐歌》五叶，暗记诵六下目。作书寄普慈。是日大便后愉快，晚膳后尤愉快。坐檐下久。拟定今后更名欣，字叔同。七时半就床。

十八日，阴、微雨，四十九度。断食后期最后一日。五时半起床。夜间酣眠八小时，甚畅快，入山以来未之有也。是晨早起，因欲食寺中早粥。起床后大便一次甚畅。六时半食浓粥三盂、豆腐青菜一盂，胃甚涨。坐菜圃小屋诵《神乐歌》，今日暗记诵七下目，敬抄《神乐歌》八叶。午，食饭二盂，豆腐青菜一盂，胃涨大，食烟一服。午后到山中散步，足力极健。采干花草数枝，松子数个。晚食浓粥二盂，青菜半盂，仅食此不敢再多，恐胃涨也。餐后胸中极感愉快。灯下写字五十四，辑订断食中字课，七时半就床。

十九日，阴、微雨，四时半起床。午后一时出山归校。嘱托闻玉事件：晚饭菜、桔子、做衣服附袖头，廿二要：轿子油布，轿夫选择，新蚊帐，夜壶。自己事件：写真，付饭钱，致普慈信。

【按】大师《断食日志》写于一九一六年冬，原稿最初交与同事堵申甫居士保存，封面盖有"李息翁章"。经三十余年，至一九四七年，始由陈鹤卿居士誊清，发表于上海《觉有情》杂志第七卷十一、十二期。本文全文转录自《觉有情》。（现在《觉有情》也不易见了，所以不嫌冗长，录其全文。）

从《日志》中在断食前的"祷诸大神之前，神诏断食，故决定之""敬抄《御神乐歌》二叶""诵《神乐歌》甚愉快"等看来，大师在入佛之前，曾一度信过日本天理教，似系受其日籍夫人之影响，此为以前所未知。据日本学者滨口一卫考证，她归日后成为一天理教信徒云。（见一九五三年三月《日本中国学会报》第五期，一二〇页；滨口一卫《关于春柳社"黑奴吁天录"的演出·李岸条》）

【按】天理教为日本宗教神道（今称新兴宗教）之一派。其教祖称中山美伎（一七九八—一八八七）。她原是大和国（今奈良县）山边那朝和村三昧田的前川半七的长女，嫁与庄屋敷村的中山善兵卫，因名中山美伎。一八三八年十月廿三日，为其患病长子祈祷时，自称"真神"降临，要她传达神意，解救世人，后来天理教即定此日为创教纪念日。中山美伎藉咒术神符为人治病助产，并与家人一起传播"天理王命"，遂称天理教。

天理教的主要经典是《御神乐歌》（修行活动时的唱词）、《御笔先》（记"神示"的一七一一首和歌）和《御指图》（中山美伎等的言论集）。天理教以继承教祖血统的"真柱"为最高领导人，其教会本部设于中山美伎故里奈良天理市，盛行说教及文书宣传。总部发行《天理时报》等五种报刊。教育文化设施，设有从幼儿园、男女中学及天理大学等一系列教育机构以及图书馆、博物馆、医院、出版社、研究所和培养教会人员的专门学校。

天理教的信徒以农民、商人、职员、家庭妇女等社会中下层群众为多，最近信徒约达二百万人云。

《断食日志》中日语名词略释：

梅干即咸梅（腌过的梅子）。重汤即米汤。胡瓜即黄瓜。吸物即汤或清汤。刺身即生鱼片。番茶，日本粗茶。リチネ（Richine），西药名。写真为照相。杨子即牙刷。齿磨即牙粉。"食烟一服"，即抽烟一支，"一服"为日本名词，即一支烟，一杯茶之意。

闻玉为浙江一师专门照顾大师之工友。

【附记】近年国内外出版大师传记，提到他在俗的日籍夫人的名字，或称雪子，或称诚子，或称叶子，似乎都是猜测之词。在断食"十一日——断食正期第六日"日志中，有"是晚感谢神恩，誓必皈依，致'福基'书"。又十二日断食日志有"因寒不敢起床。十一时'福基'遣人送棉衣来，乃披衣起"。福基也许是日籍夫人的真名，时间过了七八十年，可惜无从证实了。

一九一七年（民国六年丁巳）　三十八岁

大师自去冬在虎跑试验断食后，已决心出家。故寒假后虽仍回校任教，但今年起已开始茹素，看佛经并供佛像了。[①] 二月间，马一浮修理古琴，拟供大师一弹，曾致书以闻。[②] 大师拟宣布辞职，暑假后不再任事。并欲以音乐书赠刘质平，且托他在日本请购佛书。其他书物则分赠各处。[③] 九月，至虎跑，闻法轮禅师说法，颇有所悟，归后书一联呈奉。[④] 冬月，马一浮居士致书，告以月霞法师于初六日茶毗，惜未与师往观。[⑤] 是年岁暮，他并未回家，而到虎跑去过年。[⑥]

注　释

① 夏丏尊《弘一法师之出家》：“假期满后，仍回到学校里来。从此以后，他茹素了，有念珠了，看佛经，室中供佛像了。”

② 马一浮致李叔同书：“壁上琴弊。向者足下欲取而弹之，因命工修理，久之始就。曾告徐君，便欲遣童赍往，未辱其答，恐左右或如金陵。比还杭州，愿以暇日枉过草庵，安絃审律，或犹可备君子之御耳。浮顿首　叔同先生足下，闰月十七日。”

【按】此书原系于一九一六年，因日期为“闰月十七日”而是年无闰月，越年始有闰二月，故改移于一九一七年，似较合适。

③ 致刘质平书：“……不佞自知世寿不永，又以无始以来，罪业之深，故不得不赶紧修行。自去腊受马一浮大士之熏陶，渐有所悟。世味日淡，职务多荒。近来请假，就令勉强再延时日，必外贻旷职之讥，内受疚心之苦。……

“不佞即拟宣布辞职，暑假后不再任事矣。所藏音乐书，拟以赠君，望君早返国收领（能在五月内最妙），并可为最后之畅叙。不佞所藏之书物，近日皆分赠各处，五月以前必可清楚。秋初即入山习静，不再轻易晤人，剃度之期，或在明年，李婴。……

＊ 不佞拟再托君购佛学书数种，俟后函达。”

④ 书联赠法轮长老题记："永日祝内典，深山多大年。"（联句）

题记："余于观音诞后一日，生于章武李善人家，丁巳卅八。是日入大慈山，谒法轮禅师，说法竟夕，颇有所悟。归来书此，呈奉座右。婴居士息翁。"

【按】章武即汉之天津县名。此联余于一九五三年三月间，游杭州虎跑寺时，犹见悬于寺壁；后闻为杭州博物馆筹备会借去，今不知流落何方。同年师又以《天发神谶碑》体书同一联赠人。上款书："孔爽仁弟属，集吴天玺碑"，下款署"丁巳婴居士息翁"。

⑤ 马一浮致李叔同居士书："昨复过地藏庵，与楚禅师语甚久。其人深于天台教义，绰有玄风，不易得也。幻和尚因众启请，将以佛成道日往主海潮寺；遂于今夕解七。明日之约，盖可罢已。海潮梵宇宏广，幻和尚主之，可因以建立道场，亦其本愿之力，故感得是缘。月法师闻于今日茶毗，惜未偕仁者往观耳。浮和南　叔同居士足下，初六日。"

【按】地藏庵在杭州里西湖。楚禅师即楚泉禅师，天台宗匠，谛闲法师弟子。月法师即月霞法师，华严宗尊宿。他于民国六年十一月三十日，圆寂于杭州玉泉寺，故此信应作于十二月初六日。

⑥《我在西湖出家的经过》："及到民国六年的下半年，我就发心吃素了。在冬天的时候即请了许多的经，如《普贤行愿品》《楞严经》及《大乘起信论》等很多的佛典，而于自己的房里也供起佛像来。如地藏菩萨，观世音菩萨……的像，于是亦天天烧香了。到了这一年放年假的时候，我并没有回家去，而到虎跑寺里去过年。"

一九一八年（民国七年戊午）　　三十九岁

是年新岁，师以居士身至虎跑寺习静。马一浮居士介绍其友人彭逊之往居虎跑，就法轮长老修习禅观。正月初八日，彭君即于虎跑出家。师目击当时情形，颇为感动，但还不想出家，仅皈依虎跑退居老和尚了悟为在家弟子，取名演音，号弘一。①

【按】以上记事，年谱初版误系于一九一七年。根据史实，应移于一九一八年，特为改正。

是年在虎跑，曾约天津旧友王仁安（时任杭州道尹）晤谈，王氏有诗记其事。②夏间以所藏印章赠与西泠印社，该社社长叶舟为凿龛庋藏，题曰"印藏"，以为纪念。③同时将少时朱慧百、李苹香二妓所赠诗画扇页各一，装成卷轴，贻夏丏尊，自题其端曰"前尘影事"④，并以旧藏赠金娃娃《高阳台》词横幅加跋赠夏丏尊㉒。仲夏又书"南无阿弥陀佛"直幅赠杨白民（见《弘一法师》图版十四），并以书法分赠刘质平等。⑤披剃前，检所藏图书珍玩，贻旧友崔旻飞居士，居士因奉佛法，率族皈依大慈老人。⑥七月十三日，披剃于杭州虎跑寺，即依皈依师了悟上人为师，仍用皈依时的法名演音，号弘一。剃度之翌日，夏丏尊走访于虎跑，师写《楞严经》一节赠之，以为纪念。⑦中秋以扇临《秦峄山刻石》，补书古德偈语三首赠夏丏尊。⑧九月至灵隐寺受戒，马一浮贻以《灵峰毗尼事义集要》并《宝华传戒正范》，披览后因发心学戒。⑨灵隐受戒因缘，师有《我在西湖出家之经过》讲话，自述甚详。⑩是月夏丏尊丧父，师具戒后以缘者所施之笔墨与纸，为书《地藏本愿经》一节，以为回向。⑪并致书夏丏尊，介绍宏祥、永志二僧为其亡父"念普佛"，以资超荐。⑫十月至嘉兴精严寺阅藏，首以笔墨接人。十一月应马一浮之招至杭州海潮寺打七。⑬在嘉兴时，手书佛号并亲写剃度、乞戒时日，寄赠在俗兄李绍莲居士。⑭岁暮，旧友杨白民访师于玉泉寺，为写训言二则并加题记贻之。⑮他的学生、作家曹聚仁对师的为人与晚年出家心理有很精辟的见解。⑯

注　释

① 夏丏尊《弘一法师之出家》："据说他自虎跑寺断食回来，曾去访过马一浮先生，说虎跑寺如何清静，僧人招待如何殷勤。阴历新年，马先生有一个朋友彭先生，求马先生介绍一个幽静的寓处。马先生忆起弘一法师前几天曾提起虎跑寺，就把这位彭先生陪送到虎跑寺去住。恰好弘一法师正在那里，经马先生之介绍，就认识了这位彭先生。同住了不多几天，到正月初八日，彭先生忽然发心出家了，由虎跑寺当家法轮长老为他剃度。弘一法师目击当时的一切，大大感动。可是还不就想出家。仅皈依三宝，拜了悟老和尚为皈依师。演音的名，弘一的号，就是那时取定的。"

【按】据夏先生云：虎跑寺有大房二房之分，彭逊之出家剃度师父法轮长老，为二房主持；大师之剃度师了悟和尚，为大房之退居老和尚。

② 王仁安《虎跑寺赴李叔同约往返得诗二首》：

步步弯环步步奇，常愁路有不通时。
却怜叠嶂青峦处，一曲羊肠到始知！

兴来寻友坐深山，竹院逢僧半日闲。
归到清波门外路，又将尘梦落人间。

（见《王仁安集·仁安诗稿·卷十七·戊午上》）

③ 叶舟西泠印社"印藏"题记："同社李君叔同，将祝发入山，出其印章移储社中。同人用昔人'诗冢''书藏'遗意，凿壁庋藏，庶与湖山并永云尔。戊午夏叶舟识。"

④"前尘影事"等题记："息霜旧藏此卷子，今将入山修梵行，以贻丏尊。戊午仲夏并记。"（见光绪己亥及辛丑年条附录）

⊗ 又以所藏赠金娃娃词横幅赠夏丏尊，自跋其尾曰："戊午仲夏将入山，检奉丏尊藏之，演音。"

⑤ 致杨白民书："赠兄之阿弥陀佛直幅，乞收之。又一小条，乞交质平。（孝先款）其余四包，乞依包面所写者分送之。费神，至好不言谢也。

　　　　　　　　　　　　　　白民老哥　　弟婴顿首
　　　　　　　　　　　　　　五月廿二日

又：《类腋》及《楹联丛话》各一册，系前送上之书籍内所缺者，故补奉

之，附致质平函，乞转交。弟定明晨入山。"（阳历七月一日）

【按】此札为民国七年仲夏自杭州寄沪者，信笺为自画造像，坐于芭蕉叶上，前存苏州萧退闇处。杨白民为大师在俗至友，时任上海城东女学校长。

⑥《大乘戒经、十善业道经·跋》："南皖崔居士，余故友也。逊国改元而后，余位钱塘湖上，数与居士函问往还。逮及披剃，检所度藏图书珍玩贻之。居士因奉佛法，集余贻物，别陈一室，中供佛像，焚香诵经。并率族众，依余亲教大慈老人禀受三归。"

⑦ 赠夏丏尊手书《楞严经》跋："戊午大势至菩萨诞，剃度于定慧禅寺。翌日丏尊居士来山，为书《楞严念佛圆通章》，愿他年同生安养，闻妙法音，回施有情，共圆种智。大慈山当来沙弥演音并记。七月十四日。"

⑧ 赠夏丏尊手书《秦峰山刻石》题记："中秋书扇，补书古德偈语三首，赠夏丏尊。"（见一九八二年上海《书法》第四期）

⑨《四分律比丘戒相表记·跋》："余于戊午七月，出家落发。其年九月受比丘戒。马一浮居士贻以《灵峰毗尼事义集要》，并《宝华传戒正范》，披玩周环，悲欣交集，因发学戒之愿焉。"

⑩《我在西湖出家的经过》："于是就发心出家，同时就想拜那位住在方丈楼上的出家人为师父，他的名字是弘祥师。可是他不肯，介绍我去拜他的师父。他的师父在松木场护国寺里，他就请他的师父回到虎跑来，我也就于民国七年正月十五日受三皈依了。我打算这年的暑假入山，在寺里住上一年后再出家。这时我就做了一件海青，学习了两堂功课。二月初五是我母亲的忌日，先两天我就到虎跑寺去，诵了三天的《地藏经》，为我母亲回向。到五月底我就提前考试。考试一了，就到虎跑寺去。到了寺就穿出家人的衣裳，预备转年再剃度。及至七月初，夏丏尊居士来，他看我穿了出家人的衣裳，而却不出家，是没有甚么意义的。承他的劝，本来想转年出家的我，就决定赶紧出家了，于七月十三那一天落了发。落发以后，由林同庄君的介绍，到灵隐寺去受戒。……八月底我就到灵隐寺去。方丈和尚很客气，叫我住在客堂后面芸香阁楼上，当时是由慧明法师做大师父的。有一天在客堂里遇着了，说起是来受戒的。他说为什么不进戒堂呢？虽然你是读书人，但读书人就可这样随便吗？就是皇帝，我也一样看待。但那方丈和尚仍旧要我住在客堂楼上，只戒堂里面有紧要佛事时去参加一两回。受戒以后，就住在虎跑寺。到十二月搬到玉泉寺去。此后又常常到别处去，不常在西湖了。"

⑪ 为夏丏尊书《地藏本愿经》跋："戊午九月，入灵隐山乞戒。受纸笔墨；时丏尊丧父，为书《地藏本愿经》一节，释演音。"

⑫ 致夏丏尊书：

示悉。师傅有他事，不克依尊命，已由演音代请本寺（虎跑寺）宏祥师及永志师二位。于初十晨八时前，至尊府念普佛一日。（不放焰口）至晚八时止。二师道行崇高，为演音所深知，故敢绍诸仁者。是日二师来时，不带香灯师，由尊处命茶房一人布置伺候一切。布置大略图说附奉，务请于事前布置完善，俾免临时匆促。牌位二分附呈，佛位已写好。灵位请仁

者自填，并须做位架二具，张列牌位，灵位供灵前。又灵前亦须上茶上供及香烛。

二师赆仪，由演音酌定，共送拾圆。因宏祥师极不易请到，永志师亦非常僧，故宜从丰，以结善缘也。今日料理一切极忙，草草奉复。明日第二次车准赴嘉兴。

丏尊居士　　　演音

＊宏祥师送经券及演音送经券附奉。请于初十日供灵前，是晚随牌位焚化。

（见《中国书法》一九八六年第四期十三页图版）

【按】此遗札向所未见，以往《书简》《书信》，均未收入。兹特编入年谱。

⑬ 范古农《述怀》："民国七年，师将出家，大舍其在俗所有书籍笔砚，以及书画印章乐器等于友生。道出嘉兴，持杭友介绍书见访，垂询出家后方针。余与约如不习住寺，可来此间佛学会住，有藏经可以阅览。故师出家后，即于九、十月间来嘉兴佛学会。会中佛书每部为之标签，以便检阅。会在精严寺藏经阁，阁有清藏全部，亦曾为之检理。住时虽短，会中得益良多。时颇有知其俗名而求墨宝者，师与余商：'已弃旧业，宁再作乎？'余曰：'若

能以佛语书写，令人喜见，以种净因，亦佛事也，庸何伤？'师乃命购大笔瓦砚长墨各一，先写一对赠寺，余及余友求者皆应焉。师出家后以笔墨接人者，殆自此始。居会约两月，杭州海潮寺请法一禅师主七，马一浮先生招之往，遂行。"（海潮寺在杭州闸口，与灵隐、净慈、昭庆，同为四大丛林之一。法一禅师为当时扬州高旻寺首座，以禅法知名。）

⑭ 手书"南无阿弥陀佛"赠李绍莲题记："演音于戊午七月十三日剃度，九月入灵隐山乞戒，十月来秀州（嘉兴），阅藏于精严寺。书此赠俗兄绍莲居士，以为纪念。西湖大慈山定慧寺弘一沙门释演音。"

⑮ 手书古德训言赠杨白民题记："古人以除夕当死日。盖一岁尽处，犹一生尽处。昔黄檗禅师云：豫先若不打彻，腊月三十日到来，管取你脚忙手乱。然则正月初一便理会除夕事不为早；初识人事时便理会死日事不为早。那堪荏荏苒苒，悠悠扬扬，不觉少而壮，壮而老，老而死；况更有不及壮且老者，岂不重可哀哉？故须将除夕无常，时时警惕，自誓自要，不可依旧蹉跎去也。

余与白民交垂二十年，今岁余出家修梵行，白民犹沉溺尘网。岁将暮，白民来杭州，访余于玉泉寄庐，话旧至欢。为书训言二纸贻之，余愿与白民共勉之也。戊午除夕雪窗大慈演音。"

【按】另一纸系书《十善法》，其题记云："戊午岁暮，为白民书《十善法》，勉旃。西湖定慧弘一释演音，时客玉泉清涟。"杨白民先生已于一九二四年谢世，此物曾由其女公子杨雪玖女士保存，不知尚在人间否？

⑯ 曹聚仁著《李叔同》："在我们教师中，李叔同先生最不会使我们忘记。他从来没有怒容，总是轻轻地像母亲一般吩咐我们。……他给每个人以深刻的影响。伺候他的茶房，先意承志，如奉慈亲。……

"'我们的李先生'（同学间的称呼），能绘画，能弹琴作曲，字也写得很好，旧体诗词造诣极深，在东京时曾在春柳社演过茶花女；这样艺术全才，人总以为是个风流蕴藉的人，谁知他性情孤僻，律己极严，在外和朋友交际的事，从来没有，狷介得和白鹤一样。……民国五年，他忽然到西湖某寺去静修，断食十四天，神色依然温润。七年七月，他乃削发入山，与俗世远隔了。我们偶而在玉泉寺遇到他，合十以外，亦无他语。有时走过西泠印社，看见崖上的'印藏'，指以相告，曰：'这是我们李先生的'。……李先生之于人，不以辩解，微笑之中，每蕴至理；我乃求之于其灵魂所寄托的歌曲。在

我们熟习的歌曲中,《落花》《月》《晚钟》三歌正代表他心灵的三个境界。《落花》代表第一境界:

"纷,纷,纷,纷,纷,纷,……

惟落花委地无言兮,化作泥尘;

寂,寂,寂,寂,寂,寂,……

何春光长逝不归兮,永绝消息。

忆春风之日暝,芬菲菲以争妍;

既乘荣以发秀,倏节易而时迁,

春残,觅落红之辞枝兮,伤花事其阑珊;

已矣! 春秋其代序以递嬗兮,俯念迟暮,

荣枯不须臾,盛衰有常数!

人生之浮华若朝露兮,泉壤兴衰;

朱华易消歇,青春不再来。

"这是他中年后对于生命无常的感触,那时期他是非常苦闷的,艺术虽是心灵寄托的深谷,而他还觉得没有着落似的。不久,他静悟到另一境界,那便是《月》所代表的境界:

"仰碧空明明,朗月悬太清!

瞰下界扰扰,尘欲迷中道!

惟愿灵光普万方,荡涤垢滓扬芬芳!

虚渺无极,圣洁神秘,灵光若仰望!

惟愿灵光普万方,荡涤垢滓扬芬芳!

虚渺无极,圣洁神秘,灵光常仰望!

"他既作此超现实的想望,把心灵寄托于彼岸。顺理成章,必然地走到《晚钟》的境界:

"大地沉沉落日眠,平墟漠漠晚烟残;

幽鸟不鸣暮色起,万籁俱寂丛林寒。

浩荡飘风超天杪,摇曳钟声出尘表;

绵绵灵响彻心弦,幻幻幽思凝冥香。

众生病苦谁持扶? 尘网颠倒泥涂污。

惟神愍恤敷大德,拯吾罪恶成正觉;

誓心稽首永皈依,瞑瞑入定陈虔祈。

倏忽光明烛太虚，云端仿佛天门破；

庄严七宝迷氤氲，瑶华翠羽垂缤纷。

浩灵光兮朝圣真，拜手承神恩！

仰天衢兮瞻慈云，忽现忽若隐。

钟声沈暮天，神恩永存在，

神之恩，大无外！"

（《人世间》月刊第九期）

一九一九年（民国八年己未）　　四十岁

是年春，居杭州玉泉寺。旧友袁希濂往访，大师但劝其念佛，并阅《安士全书》。① 初夏，自玉泉寺致书上海杨白民转请萧蜕公，托其研究止咳丸制法，以施十方。② 是夏居虎跑大慈寺结夏，夏丏尊往访，检手书《楞严经》数则贻之③，时了悟上人请华德老人在寺教习唱念，师随众学习；旋以事至玉泉，手录《赞颂》一册，颜曰《赞颂辑要》，并作《弁言》，记其因缘④。是时虎跑有一小黄犬卧病，继以不起，师悲悯及于旁生，与诸道侣为念佛，依法超度。⑤ 秋，至灵隐寺挂搭，南社旧侣与"太平洋报"老同事胡朴安访之，赋诗以赠。⑥

是年南通张季直（謇）为祈嗣得应，在南通狼山修观音院⑦，想请一高僧弘一或太虚为住持，致书江易园，托他代为联系⑧，又托欧阳予倩邀请大师，但他没有答应⑨，师为此事曾致书杨白民云："南通事（即住持观音院事）俟前途有肫诚敦请，再酌去就，现在无须提及。"⑩ 冬，在玉泉寺与程中和（即后之弘伞法师）结期修净业，共燃臂香，依天亲菩萨《菩提心论》发十大正愿。⑪ 又为旧友费龙丁题唐人写经残本贻曼达，后又转贻吴居士演定。⑫

注　释

① 袁希濂《余与大师之关系》："民国七年戊午，余再调杭州，而师已出家。余因公务大繁，不克寻访。翌年己未，余调任武昌，知师在玉泉寺，乃往话别。师谓余前生亦系和尚，劝令朝夕念佛；并谓有《安士全书》，必须阅读，不可忘却等语，郑重而别。"

【按】周梦颜，又名思仁，字安士，清昆山人。博通经藏，虔信净土法门，著有《安士全书》。

② 致杨白民转萧蜕公书："前获尊片，欣慰无已。尤惜阴居士施送止咳丸，谓其效卓著。窃谓咳嗽之疾有多种，似未可执定一方。以此方虽善，或亦有时未能适用。闻萧蜕公居士精于医理，兹附寄原方，乞为转呈蜕公。乞

彼详为斟定：何种咳嗽，服此最宜，何种咳嗽服此亦可，何种咳嗽服此不宜。请彼详细写录，即径寄上海兰路七二七号尤惜阴居士手收。余为慎重人命起见，故敢代为陈请，想蜕公当甚愿惠教也。若此方配合之药品分两有须变易者，亦乞写示。率陈不具。四月十五日　演音疏。附二纸并此函，乞同寄蜕公居士至感。"

【按】此函作于民国八年，时师在杭州玉泉寺。萧蜕庵（一八七五——一九五八）字中孚，初名敬则，后以退闇闻世。别署退庵、蜕公、本无居士，江苏常熟人。博通经文，善诗文，精小学。参加"南社"，与李叔同、余天遂、叶玉森、沈尹默、马叙伦等，同为南社著名书法家。祖上三代业医，故医术极好。李叔同出家前，一次偶染疾，几次易医均无效，后经先生诊治，数副汤药后，即告痊愈。因之对先生极为敬佩。（沙曼翁《萧蜕庵先生》——上海《书法》一九八九年第四号）

③ 书《楞严》数则贻夏丏尊跋："己未中伏，丏尊来大慈，检手写《楞严》数则贻之。定慧弘一净行近住释演音并记。"

④《赞颂辑要弁言》："赞颂之体，原出经论，流传东土；后世转展，制为音韵偈赞，如现今所宣唱者，昉于魏时。陈思王曹植，因诵佛经，以为至道之宗极。乃制转读七声，升降曲折之响，世皆效之。后游鱼山，闻有声特异，清扬婉转，遂仿其声为梵呗。今所传有'鱼山梵'，即其遗制也。赞颂之源，可考证者如是。至若歌唱赞颂，其利益甚多：一能知佛德深远，二体制文次第，三令舌根清净，四得胸藏开通，五处众不惶，六长命无病。以是名山大刹，于休夏安居之时，定习唱赞颂为日课，旧参新侣，皆列坐其次焉。今夏吾大慈（即了悟禅师）请华德老人为阿阇黎，率众习唱。演音时适归卧山中，得参末席。同学者演慧、阿五、阿六、长生、弘济诸兄及温州某师，手录《赞颂》一册，附以记印。习用之作，略备于斯。赞词太繁，未及备载。习未卒业，以事来灵苑，居玉泉龛舍月余。偶检是册，剪辑装订，颜曰'赞颂辑要'，并志其源起于简端，以备他日诵览云尔。己未七月，弘一近住释演音记。"

⑤ 超度小黄犬日记："七月初八日，风定，晴。午后小黄犬病不起，请弘祥、弘济及高僧共七人与余，为小黄犬念佛。弘祥师先说开示，念《香赞》《弥陀经》《往生咒》，绕念佛名后，立念。小黄犬（犹）不去。由弘祥师再开示，大众念佛名。小黄犬放溺，呼吸短促而腹不动，为焚化。了悟老和尚、

弘祥兄及余所书经佛像……，小黄犬深呼吸一次乃去。察其形色，似无所苦，观者感叹，时为申初刻。旋与弘祥、弘济及三高僧送葬青龙山麓。"

⑥ 胡朴安《我与弘一大师》："民国元年与大师同事于太平洋报。……朝夕同居，常觉其言论有飘飘出尘之致。后在杭州出家。剃发于虎跑，受戒于灵隐，寄寓于玉泉。朴安每到杭，必谒大师，大师非佛书不书，非佛语不语。朴安谒大师于灵隐寺，赠诗云：'我从湖上来，入山意更适，日澹云峰白，霜青枫林赤。殿角出树杪，钟声云外寂。清溪穿小桥，枯藤走绝壁，奇峰天飞来，幽洞窈百尺，中有不死僧，端坐破愁寂。层楼耸青冥，列窗挹朝夕。古佛金为身，老树柯成石。云气藏栋梁，风声动松柏。弘一精佛理，禅房欣良觌。岂知菩提身，本是文章伯。静中忽然悟，逃世入幽僻。为我说禅宗，天花落几席。坐久松风寒，楼外山沉碧。'

"大师书'慈悲喜舍'一横幅答之。语朴安曰：'学佛不仅精佛理而已。又我非禅宗，并未为君说禅宗，君诗不应诳语。'朴安囿于文人之习惯，不知犯佛教诳语之戒，于是深敬大师持律之精严也。"

⑦ 张謇（季直）《狼山观音院后记》："昔者謇兄弟少时，尝因母病，诵《菩萨观世音经》。先母晚年，晨必礼菩萨。先室则为余祈嗣于院而应。既先后写经、造像、修院以致赞叹，欢喜恭敬尊重之意。……复于院右扩地周垣，浚溪渲流，依岩栽树，特筑精庐，以待善知识之长老居士，以维院于久久不坏。……"（见一九三一年《海潮音文库·佛教传记》）

⑧ 张謇致江易园书："狼山观音院可臻精洁胜处，而和尚太恶俗，欲求勤朴诚净之僧或居士主之。狼山亦拟仿焦山例，为改一丛林作模范。但如何措手未定，故尚不宣示意见，须计定再说。若弘一、太虚能为之，亦大好事也。试与弘一、太虚言之。"（见圣严著，《归程》第四章五七—五八页）

【按】江谦字易园，号阳复子，安徽婺源人，近代知名居士。他为南通张季直学生，曾任南京高师校长，与当代大德弘一、太虚等皆有交游。大师未出家前曾任南京高师图画音乐教员，即由他聘请。

⑨ 徐半梅（卓呆）《话剧创始期回忆录·八·李息霜》："欧阳予倩在南通办伶工学校时，张季直在狼山重修一庙宇〔观音院〕，打算请一位高僧去住持，曾托予倩去邀他。但他没有答应。李叔同有两位高足，一位是画家丰子恺，一位是音乐家刘质平。刘君曾在南通伶工学校当过音乐教师。"（可能也托他请过）

⑩ 致杨白民书："片悉。不慧于中旬返玉泉寺，暂不他适。南通事，前有友人代询详细情形，未有复音。鄙意拟俟前途再有肫诚之敦请，再酌去就，现在无须提及也。知念附闻。乍凉惟珍摄，不具。演音　七月廿四日。"

⑪《玉泉居士墓志铭》："改元后七年，余始剃染，与程中和住玉泉。翌年冬结期修净业，十二月八日，共燃臂香，依天亲《菩提心论》发十大正愿。"

⑫ 唐人写经残本题记："是册为龙丁贻曼达者，曼达踪迹不可得，为转贻吴居士演定，以结法缘。己未大雪·弘一演音记。"

【按】一九四四年六月十二日，余游西湖招贤寺，晤圆一法师。承示唐人写经残本，有此题记，因急录之。据云是时（己未冬）大师居西湖玉泉寺。

一九二〇年（民国九年庚申）　　四十一岁

　　是年春，仍居杭州玉泉寺。《印光法师文钞》出版，师为题词赞叹。① 三月欲赴新城（富阳邻县）闭关，以贝山寺舍因农忙尚未修理，故赴上海新华艺专小住五日，受门人刘质平等供养，旋又回杭州玉泉寺。② 四月初八日，手书《金刚三昧经》一卷，后以付崔旻飞居士供养。③ 四月二十一日，亡母王太夫人五十九周冥诞，手书《无常经》以资冥福。④ 五月，手书《根本说一切有部戒经》一卷。⑤ 六月，将之新城贝山掩关，敬书佛号六字并摘录蕅益大师警训及《三皈依》《五学处》（即五戒）等，以付石印，广结善缘。⑥ 临行，杭州诸善友于银洞桥虎跑下院接引庵为师送行，治面设斋，并摄影以留纪念。马一浮居士为题"旭光室"一额，并赋诗以赠，⑦ 范古农居士与杭州佛学会会友亦来参加送行。程中和居士即于此时在接引庵剃发出家，法名演义，字弘伞，随往护关。⑧ 临别手书"珍重"二字横幅，加跋以赠夏丏尊居士。⑨ 师到新城，居楼居士家数日，将于二日后入山。⑩ 在贝山时，以假得《弘教律藏》三帙，将掩室山中，专研戒律；后以障缘，未遂其愿。⑪ 七月初二日，诵《无常经》并撰长序，多达二千余言，详述此经在印度之流行，以引起我国僧俗之重视，寄上海劝丁福保居士付印流通。⑫ 七月弘伞法师丧母，为书《梵网经》，以资冥福。⑬ 七月十三日，剃染二年，手书《佛说大乘戒经》回向法界众生，并自题记。⑭ 又书《十善业道经》，并自题记。⑮ 大师住贝山仅月余，以事缘未具，不能久居；中秋节后，即移居衢州莲花寺，手装《佛说大乘戒经》及《十善业道经》，并自题记。⑯ 是时因写经过多，用心过度，印光法师曾致书诫之。⑰ 居莲花寺，始识冯君明之，闻汪居士名，致词延召，为撰《汪居士传》。⑱ 其间又书《戒本偈》后三颂于莲花寺。⑲ 初冬，阅《梦东彻悟禅师语录》，择其浅明警策，以朱圈识，俾便诵习。⑳ 九月，在莲花寺校定《菩萨戒本》，并为题记。㉑ 腊月，手装《增壹阿含经》《杂阿含经》《本事经》，并自题跋。㉒ 此行赴衢州，携有玉佛一尊赠莲华寺。㉓

注 释

①《印光法师文钞题辞并序》："是阿伽陀，以疗群疾。契理契机，十方宏护。普愿见闻，欢喜信受。联华萼于西池，等无量之光寿。庚申暮春，印光老人文钞镌板，建东、云雷嘱致弁词。余于老人向未奉承，然尝服膺高轨，冥契渊致。老人之文，如日月历天，普烛群品，宁俟鄙倍，量斯匡廓。比复敦嘱，未可默已。辄缀短思，随喜歌颂。若夫翔绎之美，当复俟诸耆哲。大慈后学释演音稽首敬记。"

【按】阿伽陀：梵语 Agada，药名音译，译有多义——一为"普去"（除去众病），二为"无价"（无比贵药），三为"无病"（服之则无病）。

②《与刘质平书》："居沪五日，滥膺恭敬供养，惭恧惭恧。新城工匠近皆耕植迫忙。寺舍能修理速就与否？未能决定。城内湿热多蚊，拟于初一日暂移居玉泉。今后通信，即寄是处。远行定期后，当再奉闻。演音，三月廿八日。旧同学诸子均览。"

【按】是时吴梦非、刘质平等均执教上海新华艺专。

③ 手书《金刚三昧经》题记："庚申四月初八日手装，大慈弘一释演音并题。癸亥正月付昱飞居士供养。澹汀道人昙昉敬题。"

④ 手书《无常经》跋："庚申四月二十一日，亡母五十九周诞辰，敬书是经，以资冥福。大慈弘一演音并记。"

⑤ 手书《根本说一切有部戒经》题记："庚申五月大慈弘一沙门演音敬写。"

⑥ 手书"南无阿弥陀佛"洪名题记："明蕅益大师云：念佛工夫，祇贵真实信心。第一要信：我是未成之佛，弥陀是已成之佛，其体无二。次信娑婆的是苦，安养的可归，炽然欣厌。次信现前一举一动，皆可回向西方；若不回向，虽上品善，亦不往生。若知回向，虽误作恶行，速断相续心，起殷重忏悔，忏悔之力，亦能往生，况持戒修福种种胜业，岂不足以庄严净土？庚申六月，将之新城贝山，掩关念佛，书此以志纪念。大慈定慧弘一沙门演音。"（见《南无阿弥陀佛解、三皈依、五学处解》合刊，上海医学书局出版）

⑦ 蔡冠洛《大师将赴新城摄影题记》："即将赴新城贝山掩关，旧友会于接引庵，为治面办斋，并揖影以留纪念。时马一浮居士为题'旭光室'一额，并赋诗以赠。"

⑧ 范古农《述怀》:"此(出家)后尝住杭玉泉清连寺,居士程中和常亲近焉。时余每年春首暑假,必假杭佛学会讲经。八年春,讲《十二门论》毕,与会友游清连寺,众请师开示念佛。师以撷《普贤行愿品疏钞》相托。余返里撷之于课余,至暑假即赴杭会讲演。翌年,师将赴新登山上闭关,程居士即出家名弘伞,约伴往护关。余与会友往送,摄影而别。"

⑨ 手书"珍重",赠别夏丏尊并记:"余居杭九年,与夏子丏尊交最笃。今将如新城掩关,来日茫茫,未知何时再面?书是以贻,感慨系之矣。庚申夏弘一演音记。"

⑩ 致夏丏尊书:"曩承远送,深感厚谊。来新居楼居士家数日,将于二日后入山。七月十三日掩关,以是日为音剃染二周年也。吴建东居士前属撰《杨溪尾惠济桥记》,音以掩关期近,未暇构思,愿贤首代我为之。某氏所撰草稿附奉,以备参考。撰就希交吴居士收。相见无日,幸各努力,勿放逸,不一。丏尊居士文席,演音,六月廿五日。"

⑪《四分律比丘戒相表记·自序》:"庚申之夏,居新城贝山,假得《弘教律藏》三帙,并求南山《戒疏》《羯磨疏》《行事钞》及《灵芝记》。将掩室山中,穷研律学,乃以障缘,未遂其愿。"

⑫《佛说无常经·序》:"庚申之夏,余居钱塘玉泉龛舍,习《根本说一切有部律》。有诵《三启无常经》之事数则。(《根本萨婆多部律摄》卷七云:佛言,若苾刍来及五时者,应与利分。云何为五?一打揵椎时,二诵《三启无常经》时,三礼制底〔一作支提,有舍利曰塔,无舍利曰制底〕时,四行筹时,五作白时。其余数则,分注下文。)又阅义净《南海寄归内法传》,载诵《三启无常经》之仪至详。《南海寄归内法传》云:'神州之地,自古相传,但知礼佛题名,多不称扬赞德。何者?闻名但听其名,岂识智之高下,赞叹具陈其德,乃体德之宏深。即如西方,制底畔睇(顶礼佛塔),及常途礼敬,每于晡后或曛黄时,大众出门,绕塔三匝,香花具设,并悉蹲踞。令其能者,作哀雅声,明彻雄朗,赞大师德。或十颂,或二十颂,次第还入寺中,至常集处。既共坐定,令一经师,升师子座,读诵少经。其师子座,在上座头。量处度宜,亦不高大。所诵之经多诵《三启》。乃是尊者马鸣之所集置。初可十颂许,取经意而赞叹三尊。次述正经。是佛亲说。读诵既了,更陈十余颂。论回向发愿。节段三开,故云〔三启〕。经了之时,大众皆云〔苏婆师多〕。苏,即是妙。〔婆师多〕,是语。意欲赞经是微妙语。或云〔娑婆度〕。义曰〔善

哉！）经师方下，上座先起，礼师子座。修敬既讫，次礼圣僧座，还居本处。第二上座，准前礼二处已，次礼上座，方居自位而坐。第三上座，准次同然，迄乎众末。若其众大，过三五人，余皆一时望众起礼，随情而去。斯法乃是东方圣耽摩立底国僧徒轨式。'因以知是经为佛世诸大弟子所习诵者。或以是为日课焉。经译于唐，其时流传未广，诵者盖罕。（日本沙门最澄《显戒论》，开示大唐贡名出家，不欺府官明据五十一，转有当院行者赵元及，年三十五，贯京兆府云阳县龙云乡修德里，父贞观为户身无籍，诵《无常经》一卷等。）宋元以来，殆无道及之者。余惧其湮没不传，致书善友丁居士，劝请流通。居士赞喜，属为之叙。窃谓是经流通于世，其利最普，愿略述之：

"经中数说老病死三种法，不可爱，不光泽，不可念，不称意。诵是经者，痛念无常，精进向道，其利一。正经文字，不逾三百，益以偈颂，仅千数十。文约义丰，便于持诵，其利二。佛许苾刍，惟诵是经，作吟咏声。《根本说一切有部毗奈耶杂事》卷第四云：'佛言：苾刍不应作吟咏声，诵诸经法，及以读经。请教白事，皆不应作。然有二事，作吟咏声：一谓赞大师德，二谓诵《三启经》。余皆不合。妙法稀有，梵音清远，闻者喜乐。'《根本说一切有部毗奈耶杂事》卷第四〔又〕云：'是时善和苾刍，作吟讽声，赞诵经法。其音清亮，上彻梵天。时有无数众生，闻其声者，悉皆种植解脱分善根，乃至傍生禀识之类，闻彼声者，无不摄耳，听其妙音。后于异时，憍萨罗胜光大王，乘白莲华象，与诸从者，于后夜时，有事出城，须诣余处。善和苾刍，于逝多林内，高声诵经。于时象王，闻音爱乐，属耳而听，不肯前行。御者即便推钩振足，象终不动。王告御者曰：〔可令象行。〕答言：〔大王，尽力驱前，不肯移足。未知此象意欲何之？〕王曰：〔放随意去。〕彼即纵钩，便之给苑。于寺门外，摄耳听声。善和苾刍，诵经既了，便说四颂，而发愿言：〔天阿苏罗药叉等，乃至随所住处常安乐。〕时彼象王，闻斯颂已，知其经毕，即便摇耳，举足而行，任彼驱驰，随钩而去。其利三。此土葬仪诵经，未有成轨。佛世之制，宜诵是经。'〔毗奈耶藏〕《根本说一切有部毗奈耶杂事》卷第十八云：'佛言：〔苾刍身死，应为供养。〕苾刍不知云何供养？佛言：〔应可焚烧。〕具寿邬波离请世尊曰：〔如佛所说，于此身中，有八万户虫，如何得烧？〕佛言：〔此诸虫类，人生随生，若死随死，此无有过。身有疮者，观察无虫，方可烧殡。〕〔欲烧殡时，无柴可得。〕佛言：〔可弃河中。若无河者，穿地埋之。〕〔夏中地湿，多有虫蚁。〕佛言：〔于丛薄深处，令其北首，左胁而卧，以草稕支头，若草若叶，覆其身上。送丧苾刍，可令能者，诵《三启无常经》，并说伽他，为其咒愿。〗'《根本萨婆多部律摄》卷十二云：'苾刍身死，应检其尸，若无虫者，以火焚烧。无暇烧者，应弃水中，或埋于地。若有虫及天雨，应共与弃空野林中，北首而卧，竹草支头，以叶覆身，面向西望。当于殡处，诵《无常经》。复令能者，说咒愿颂。丧事既讫，宜还本处。其捉尸者，连衣浴身。若不触者，应洗手足。'《根本说一切有部毗奈耶》卷第四十三云：'出尊者尸，香汤洗浴，置宝舆中。奏众伎乐，幢幡满路，香烟遍空。王及大臣，倾城士女，从佛及僧，送诸城外，至一空处，积众香木，灌洒苏油，以火焚之。诵《无常经》毕，取舍利罗置金瓶内。于四衢路侧，建窣堵波。种种香华，及众音乐，庄严供养，昔未曾有。'（本经附文，及《内法传》)《南海寄归内法传》云：'然依佛教，苾刍亡者，观知决死，当日舁向烧处，寻即以火焚之。当烧之时，亲友咸萃，在一边坐。或结草为坐，或聚土作台，或置砖石，以充坐物。令一能者，诵《无常经》，半纸一纸，勿令疲久。然后各念无常，还归住处。'皆详言之。其利四。斩伐草木，大师所诃。筑室之需，是不获已。依律所载，宜诵是经，并说十善。不废营作，毋伤仁慈。《根本说一切有部毗奈耶》卷第二十七云：'佛告阿难陀，营作苾刍，所有行法，我今说之。凡授事人，为营作故，将伐树时，于七八日前，在彼树下，作曼荼罗，布列香花，设诸祭食，诵《三启经》。耆宿苾刍，应作特欬拏咒愿，说十善道，赞叹善业。复应告语，若于此树，旧住天神，应向余处，别求居止。此树今为佛法僧宝，有所营作。过七八日已，应斩伐之。若伐树时，有异相现者，应为赞叹施舍功德，说悭贪过。若仍现异相者，即不应伐。若无别相者，应可伐之。'（又《根本萨婆多部律摄》第九所载者，与此略同）其利五。是经附文，临终方诀，最为切要。修净业者，所宜详览。若兼诵经，获益弥广。了知苦、空、无常、无我，方诸安养乐国，风鼓乐器，水注华间，所演法音，同斯微妙，其利六。生逢末法，去圣时遥。佛世芳规，末由承奉。幸有遗经，可资讽诵。每当日落黄昏，暮色苍茫，抗声哀吟，讽是经偈，逝多林山，窣堵波畔，流风遗俗，彷佛遇之，其利七。是经之要，略具于斯。惟愿流通，普及含识。见者闻者，欢喜受持。共悟无常，同生极乐，广度众生，齐成佛道云尔。

"是岁七月初二日，大慈弘一沙门演音，撰于新城贝多山中，时将筑室掩关，鸠工伐木，先夕诵《无常经》，是日草此叙文，求消罪业。"

【按】《根本说一切有部》，为小乘二十部之一，亦音译为"萨婆多部"，以主张我空法有，立三世实有，法性恒有之义，被简称"有部"，在二十部中最有势力。苾刍即比丘之新译，义为乞士。男子出家依乞食生活之僧人，即上乞法以资慧命；下乞食以养色身。制底译为塔，行筹即投票。毗柰耶，梵语旧译毗尼，义为律。具寿，为佛弟子比丘通称，即具有法寿的长老大德。舍利罗，略云舍利，即骨灰。草稕，稕音肫，束秆也。

⑬ 手书《佛说梵网经》跋："庚申七月，同学弘伞义兄丧母，为写《佛说梵网经菩萨心地品菩萨戒》一卷，并诵是戒，以为日课。惟愿福资亡者，得见诸佛，生入天上，演音敬记。"

⑭ 手书《佛说大乘戒经》跋："庚申七月十三日，大势至菩萨圣诞，演音剃染二年，敬写此经，惟愿四恩三有，法界众生，戒香熏修，往生极乐。"

⑮ 手书《十善业道经》跋："庚申七月二十九日，地藏菩萨圣诞，演音敬写《十善业道经》，回向法界众生，愿同修十善业道，以此净业正因，决定往生极乐。"

⑯ 手装《大乘戒经》《十善业道经》题记："庚申中秋，演音手装并题，时客衢州莲花古刹。"

⑰ 印光致弘一法师书："弘一大师鉴：昨接手书并新旧颂本，无讹，勿念。书中所说用心过度之境况，光早已料及于此，故有止写一本之说。以汝太过细，每有不须认真，犹不肯不认真处，故致受伤也。观汝色力，似宜息心专一念佛，其他教典与现时所传布之书，一概勿看，免致分心，有损无益。应时之人，须知时事。尔我不能应事，且身居局外，固当置之不问，一心念佛，以期自他同得实益，为惟一无二之章程也。……书此顺候禅安。莲友印光谨复。九年七月廿六日。"（见一九三七年厦门《佛教公论》第八号）

【按】此书系漳州念西（义俊）法师所珍藏者，似为《印光法师文钞》所未收入。

⑱《汪居士传》："庚申秋中，余来三衢，居莲花寺，始识冯君明之。有言汪居士隐于村肆，慕其高轨，致词延召，适行贾高家，未由省展。"

【按】莲花寺在浙江衢县北门外三十里处莲花村。高家为镇名。

⑲ 手书《戒本偈》后三颂题记："世尊涅槃时，兴起于大悲，集诸比丘众，与如是教诫。莫谓我涅槃，净行者无护。我今说戒经，亦善说毗尼。我虽般涅槃，当视如世尊。此经久住世，佛法得炽盛。以是炽盛故，得入于涅

槃。若不持此戒，如何应布萨。喻如日没时，世界皆暗冥。《戒本偈》庚申九月大慈弘一演音，敬书于柯城莲花禅院大悲阁。"

【按】柯城为衢州别称，因烂柯山而得名。相传为樵子遇仙处。柯，斧柄也。

⑳ 圈识清《梦东彻悟禅师语录》题记："庚申小雪，敬择编中浅明警策，适合庸劣之机者，以朱圈识，俾便常常诵习。昙昉记。

㉑《菩萨戒本》题记："慈氏菩萨《说出地持戒品》中，谶师第二译，灵峰先老人笺。灵峰先老人《梵网合注》云：又所诵戒法，若依此经，则先诵十重四十八轻戒；若地持中别出《菩萨戒本经》卷，正是半月诵戒之本。共列四重四十一轻戒相。其根本四重及饮酒等，自属具戒，十戒、五戒中摄，故不重出。惟出菩萨增上律仪，实与此经互为表里，以彼四重，即此经之后四重，故从彼四十一轻。但与此经开合次第稍殊，而开遮持犯之致更明晰。故藏中先后共有六译，惟谶师所译最善。故今辑在后集。半月半月，似应诵此戒本。庚申九月，演音敬记于莲华。"

㉒ 手装《增壹阿含经》《杂阿含经》《本事经》后跋："是岁（庚申）十二月，敬写合辑装订，白月褒洒陀日，摩顿行者，弘一演音并记。"

㉓ 王月娥《弘一法师在衢州》："一九二〇年，弘一法师受莲华寺主持僧德渊法师邀请来衢州莅坛说法，并携来一尊缅甸玉佛。……这一尊妙相庄严的跌坐玉佛，高五十六公分，重四〇公斤。"（见《中国文物报》一九九〇年十二月二十日）

【按】大师此次往衢州，系自杭州乘船前往。李鸿梁《我的老师弘一法师李叔同》："一九二〇年夏，法师要到新登贝山去掩关。前一天，是弘伞法师在银洞桥某庵剃度，同往贝山护关。……第二天我们送到钱江轮船上，直到解缆而别。"

一九二一年（民国十年辛酉） 四十二岁

是年正月，将自衢州回温州，手书《大乘戒经》并录旧作七篇，写成手卷，以赠南社旧侣尤墨君。^①尤氏拟编师在俗所作诗词为《霜影录》，征求同意。师以三十以前所作诗词多绮语，谢之。且主张"传布著作，宁少勿滥"。^②返杭后，披寻《四分律》，始览此土诸师之作。^③在杭小住闸口凤生寺，弟子丰子恺将赴日本留学，闻师归杭，特往话别。^④三月五日，旧友陶秉珍、朱章卿至杭州玉泉相访，因同摄影留念。^⑤时将赴温州，至沪候船，手书《佛说五大施经》等三经，付穆藕初居士影印流通，旧友尤秉彝（惜阴）居士为其题记。^⑥此三经现归苏州灵岩山收藏，有一九六四年弟子丰子恺题跋。^⑧在沪时，居护国院手书《佛说十二头陀经》一卷，并自题记。^⑦三月，因玉泉居士吴建东之介绍，自杭州至温州，居庆福寺，俗称城下寮^⑧，一说系同学瑞安林同庄介绍，由温州吴璧华、周孟由二居士延请，至庆福寺安居^⑨。师入寺未久，拟即掩关，从事律学著述，与寺中约法三章，谢绝诸缘^⑩，初习四分律部，其间曾撰《刻十二头陀经跋》，赞叹迦叶尊者，冀正法之重兴^⑪。四月因事至沪，居城东女学，为女弟子朱贤英开示念佛法门。^⑫安居前，手书《根本说一切有部戒经》，并自题记。自谓学律，"愿依有部以自利，兼学旁部以利他。力屏新旧之名，无取轩轾之见"^⑬。四月二十一日，为亡母王太淑人六十冥诞，先后敬写《赞礼地藏菩萨忏愿仪》及《佛三身赞颂》三种，以为回向。^{⑭㉒}六月，《戒相表记》初稿始讫。^⑮是夏暴热，致书西湖玉泉寺印心、宝善二长老，问讯起居。^⑯八月初五日为亡父三十七周讳日，敬写《佛说无常经》《佛说略教诫经》，以资冥福。^⑰八月二十七日，辑《根本说一切有部毗奈耶犯相摘记》。^⑱九月复写《增壹阿含》四经于城下寮。^⑲十一月，夏丏尊居士发心学佛，为写蕅益大师等法语，以督励之。^⑳十二月，敬写别译《杂阿含经》于永宁城下寮。^㉑同月，又写《本事经》二段于永宁城下寮。^㉒十二月，其徒因弘始谒师于庆福寺，师勖以出家，并介绍本寺惟静大师为其剃度，师为二师父，寺主寂山老和尚为其师祖。^㉓

注　释

① 尤墨君《追忆弘一法师》："一九二一年春，弘一法师将离衢州时，先后曾赠我一本他写好的《大乘戒经》和他写的一幅小小的手卷。前者是法师披剃二年纪念所写，后者是录他的近作七篇，用朱笔点句，句读分明。他出家以后所写的文章，冲淡渊穆，好像一泓止水，和他以前的写作专尚秾丽风华者不同。"

② 尤墨君《追忆弘一法师》："我因想搜集他的旧作，印成小册，取名《霜影录》，因法师披剃前别署'息霜'。这，他并不反对。因他曾和我通信联系，有'三十岁以前所作诗词多涉绮语，格调亦卑，无足观也'。但他又嘱我把《霜影录》刊出后，寄一册给他住在北京的侄儿李圣章。并云：'圣章为朽人（法师自称）仲兄之子，为俗家后辈之贤者。以此付彼，聊表纪念也。'目录已定，寄他审阅。他来信这样说：'若录旧作传布者，诗词悉可删，以诗非佳作，词多绮语。赠王海帆诗不记有此事。以前送致〔南社〕之稿，皆友人代为者，未经朽人斟酌，故甚淆乱。《白阳》诞生词亦可删。……鄙意以为传布著作，宁少勿滥，又绮语尤宜屏斥，以其非善业也。'这信读后，不禁使我爽然若失。因若照他说法，几无可刊之稿。为尊重他的意志，故刊印事，只好搁而不谈。"

【按】《白阳诞生词》云："技进于道，文以立言。悟灵感物，含思倾妍。水流无影，花落如烟。掇拾群芳，商量一编。惟癸丑之暮春，是为《白阳》诞生之年。"

③《四分律比丘戒相表记·自序》："庚申之夏，居新城贝山，……明年正月，归卧钱塘，披寻《四分律》，得览此土诸师之作。"

④ 丰子恺《法味》：我于六年前将赴日本的前几天的一夜，曾在闸口凤生寺向他（弘一法师）告别。……六年前告别时的情景，霎时都浮出在眼前。我就决定到杭州去访问。……一九二八年八月四日，记于石门。"

【按】丰子恺赴日留学，为一九二一年的早春。所谓六年前当系民国十年无疑。其《我的苦学经验》云：一九二一年的早春，向我的姊丈周印池君借了四百块钱，就抛弃了家庭，独自冒险地到东京去了。"（见《中学生》，民国二十年新年号）

⑤ 与陶、朱二友摄影题记："辛酉三月初五日。弘一演音偕陶子秉珍、朱子章卿寓于玉泉。"

⑥ 尤秉彝（即尤惜阴）为师写经题记："辛酉春暮，弘一大师欲赴温州办道，来沪待船，赠穆藕初居士以手写三经一帙：一为《佛说五大施经》，一为《佛说戒香经》，一为《佛说木槵子经》。每经系以赞扬劝修语，并附行人常识数则，简约明显，妙契时机。穆居士特付石印，用广流通，以慰大师弘扬佛法之深心，并尽朋友见闻随喜之至意。谨附片言，以表是经出世因缘。末学尤秉彝稽首敬志。"

⊗ 丰子恺，弘一大师写经三种题跋：

一、佛说戒香经　辛酉二月弘一沙门演音书

二、佛说五大施经　辛酉二月弘一沙门演音书

三、佛说木槵子经　辛酉三月弘一沙门演音书

先师弘一上人在家时，精通音乐、演剧、诗文字画，而于书法造诣尤深。出家后屏弃诸艺，独不忘情于书法。常写经文佛号，广结胜缘。此三经乃初出家时为穆藕初居士所书者。笔力遒劲，与后年所书轻描淡写，落墨不多者迥异其趣。在佛法上与艺术上，此皆可称为至宝。藕初居士乃当年沪上巨贾，皈依大师，热心弘法。白马湖晚晴山房之建筑及《护生画初集》之刊行，此人曾慨捐不净之财，亦难得也。苏州灵岩山妙真老法师，创办文物馆，得此墨宝，属为题字，率书所知如上。时甲辰岁首，丰子恺于海上日月楼。

【按】"木槵子"可为念珠。佛经云："当贯木槵子一百八个，常自随身。"

⑦ 手书《佛说十二头陀经》经末题记："辛酉三月十日，居上海护国院，弘一沙门演音敬写。愿将以此功德，回向四恩三有，法界众生，同离结著，集诸善本，发大乘心，往生西方，速得无上正真之道。"

【按】此经乃一九五九年北京西山建佛牙塔时，温州某僧寄来装藏者，今存北京中国佛教协会。护国院即上海南市老关帝庙雅称。主僧与西湖玉泉寺住持真空（河南人）同一系统，师与玉泉因缘特深，故到沪常居于此。此次赴沪系取道赴温。

⑧《玉泉居士墓志铭》："辛酉季春，余徙永嘉，掩室城寮，盖由居士为之绍介。"

⑨ 因弘《弘一音公驻锡永嘉行略》："溯吾师自民国七年出家杭州虎跑，受具灵隐，九年研教新城贝山，因旧同学瑞安林同庄君言，永嘉山水清华，气候温适，师闻之欣然。又因吴璧华、周孟由二居士延请，遂于十年三月料理行装，拥锡来永，挂褡城南庆福寺。"

⑩ 丁鸿图《庆福戒香记》："庆福寺，位温州之东城下，俗名城下寮。僧伽笃守清规，专修净业，蔚为一郡名篮。……弘一上人以周孟由、吴璧华二居士之介，驻锡于此，喜其幽寂，遂居之，且兴终焉之愿。……师于民国十年三月初莅寺，居数日即闭关，编《四分律比丘戒相表记》。曾为约三章如下：

余初始出家，未有所解，急宜息诸缘务，先办己躬下事。为约三章，敬告同人。

一、凡有旧友新识来访问者，暂缓接见。

一、凡以写字作文等事相属者，暂缓动笔。

一、凡以介绍请托及诸事相属者，暂缓承应。

惟冀同人共相体察。失礼之罪，希鉴亮焉！释弘一谨白。"

⑪《刻十二头陀经跋》——先老人遗著

头陀以抖擞尘劳为义，具十二法。迦叶尊者，终身奉行。世尊谓正法住世，全赖此人。迨兹末运，妄以须发当之；尚不知比丘戒为何事，矧头陀法耶？余虽根劣，仅持一二，然一番展读，辄一番愧感。例诸贤达，想亦当尔。重录梓行，伏愿见闻随喜者，发增上心，多少奉持。庶重兴正法，不日可望耳。辛酉三月演音敬录。　　大迦业尊者，毕生行头陀行，"我今所有无上正法，悉已付嘱摩诃迦叶，当为汝等作大依止"。弘一沙门演音敬录。时初来瓯上，居城下寮，习四分律部。

⑫《题朱贤英女士遗画集》："去岁四月，余来沪，居城东（女学），贤英过谈半日，勉以专修持名念佛，勿旁骛他法。……壬戌二月大慈弘一沙门演音书于温岭城寮。"

⑬ 手书《根本说一切有部戒经》题记："西国持律，唯依自部，神州之士，多尚会通。前者简要而易明，后者复杂而难辨。是因广约而异趣，宁有是非之可云。音幸得人身，忻逢大法，愿以有部以自利，兼学旁部以利他。力屏新旧之名，无取轩轾之见。冀以上报世尊之慈恩，下顺众生之根器云尔。辛酉前安居随喜日，西湖大慈弘一沙门演音，敬录义净三藏《寄归传》二则，并以私意附识。"

【按】此书原藏浙江嘉兴濮院镇蔡丏因居士之可园。居士按云："安居旧译，分前中后三期，前安居始于四月十六日，后安居始于五月十六日，在其中间者为中安居，新译止分前后。"

⑭《赞礼地藏菩萨忏愿仪跋》："改元后十年，岁次辛酉四月二十一日，

为亡母王太淑人六十旬冥诞，敬写《赞礼地藏菩萨忏愿仪》一卷，以此功德，回向亡母，早消业障，往生西方。弘一释演音敬记。"

⑫ 手书《佛三身赞颂》跋："岁次辛酉四月二十一日，亡母王太淑人六十年诞，敬写赞颂三种，以此功德回向亡母，解脱尘缘，往生极乐。弘裔沙门僧胤。"

⑮《四分律比丘戒相表记·自序》："庚申之夏，居新城贝山。……明年正月，归卧钱塘，披寻《四分律》，得览此土诸师之作。以戒相繁杂，记诵非易，思撮其要，列表志之。辄以私意，编录数章。颇喜其明晰，便于初学。三月来永宁（温州）居城下寮，读律之暇，时缀毫露。逮至六月，草本始讫，题曰'四分律比丘戒相表记'。"

⑯ 致杭州玉泉寺印心、宝善二和尚书：

印心
宝善 二大和尚座下：

拜别慈颜，忽忽三月。'音'等来此习静念佛，谢绝人事，四大亦粗调适。今岁寒暑不时，比忽暴热；遥忆法座，辄致书问讯，起居安隐。不具。

后学 演音
演义 稽首 六月初八日

清月大和尚乞为问安。

灵峰圆湛大和尚，便中乞为问安。

⑰ 手书《佛说无常经》《佛说略教诫经》跋："辛酉八月初五，亡父三十七周讳日，敬写是经，以资冥福。大慈弘一沙门演音。"

⑱《根本说一切有部毗柰耶犯相摘记》题记："辛酉八月十七日，弘一沙门演音敬录。"

⑲ 手书《增壹阿含经》跋："辛酉九月，敬写《增壹阿含四经》于永宁城下寮。弘一沙门演音并记。"

⑳ 手书蕅益大师等法语题记："丐尊居士发心学佛，为写先德法语，以督励之。辛酉嘉平演音。"

㉑ 手书《别译杂阿含经》跋："辛酉十二月，敬写《别译杂阿含经》于永宁城下寮。弘一沙门演音并记。"

㉒ 手书《本事经》跋："辛酉十二月，敬写《本事经》二段于永宁城下寮。弘一沙门演音并记。"

㉓ 因弘《恩师弘一音公驻锡永嘉行略》："因弘始闻吾师道誉，与同邑李君岩新偕至庆福寺礼谒。吾师一见，颇承赞善，为示念佛法门及净土要旨，并以出家相勖，因弘敬谨遵谕。即蒙介绍，就本寺求惟静大师剃落，依师为二师父，赐今名，字白伞，时古历三月廿四日。寺主吾师祖寂山老和尚，专弘净土，缁白皈敬。"

一九二二年（民国十一年壬戌）　　四十三岁

　　是年岁朝，书法常首座《辞世词》赠杨白民居士。^①仍居永嘉城下寮，以依律须奉寺主为依止师，遂尊寂山长老为依止阿阇梨。^②寂公逊谢，师仍恳请，遂终身以师礼事寂公。^③正月，得其俗兄自天津来函，谓其在家之妻室已谢世，属师返津一行。师曾上书寂山长老，乞代请吴璧华居士授其神咒。^{④②}二月为在俗女弟子朱贤英女士题遗画集。^⑤二月五日为亡母王太淑人逝世之期，手书"地藏菩萨名号"立轴，分赠道友。^⑥二月八日，刻印五方，寄赠上海夏丏尊，并为题记。^⑦又依《灵峰宗论》撷写警训一卷，颜曰"寒笳集"。^⑧四月，复俗侄李圣章长函，历述出家前后事迹、今后志愿及当时浙省佛教发展情形。^⑨秋初，温州飓风过境，拔木发屋。吴璧华居士默念佛号而眠，虽墙倾圮，砖泥坠落遍身，竟得安然无恙。翌日至庆福寺与师言之，深感佛恩之广大。^⑩师患痢疾，疑或不起，嘱命终将其缠裹送投江心，结水族缘，不久幸即霍然，其解脱有如此。^⑪是年春夏秋三季，师在温州，各写古德诗文一纸，以奉夏丏尊居士，并自题记。^{⑫⑬⑭}又为庖人陈阿林撰《陈阿林往生传》。^⑮

注　释

　　① 手书法常首座《辞世词》赠杨白民：

　　此事楞严尝露布，梅花雪月交光处。一笑寥寥空万古。风瓯语，迥然银汉横天宇。蝶梦南华方栩栩。斑斑谁夸丰干虎。而今忘却来时路。江山暮，天涯目送飞鸿去。

　　法常首座辞世词　壬戌岁朝写贻　白民居士　弘一·音。

　　② 因弘《恩师弘一音公驻锡永嘉行略》："十一年春……师以依律须奉寺主为依止阿阇梨。一日诣寂老室，正畅谈间，袖出启事，示拜师之意。寂老愕然曰：余德鲜薄，何敢为仁者师？再三辞让。师曰：吾以永嘉为第二故乡，庆福作第二常住，俾可安心办道，幸勿终弃，并邀璧华、孟由二居士恳劝始允。翌日，行拜师礼，并登报声明。……"

【按】吴璧华，浙江温州人，早年毕业日本士官学校。历任军政要职，深信佛法。一九二二年在温创办"莲池海会"，以阐扬佛法。曾请湖南唐大圆居士至温州宏法。（见唐大圆《温州宏法记》——《海潮音文库·笔记》下）周孟由，深信净土法门，皈依印光法师，为温州知名居士。

③丁鸿图《庆福戒香记》："寂公（寂山）为庆福寺主持，以师为富家子弟而兼学者，出家竟能严持戒律，刻苦精进，钦敬供奉，视同佛菩萨。尝因师持过午不食，特将全寺午饭时间提早为十时。……师感寂公之慈悲护念，于民国十一年，曾携毡至寂公室，以毡敷座，恳寂公坐其上受拜为依止师。公逊让不敢，师礼空座，尊公为依止阿阇梨。故函札来往，均称寂公为师父大人，自称弟子。公殊不安，曾函告以后勿用师弟称呼。师即覆云：'弟子以师礼事慈座，已将三载，何可忽尔变易？伏乞慈悲摄受，允列门墙。'仍终身以师礼事寂公。……"

④上寂山和尚书："恩师大人慈座：前命写之字帖，今已写就奉上，乞收入。前数日得天津俗家兄函，谓在家之妻室已于正月初旬谢世，属弟子返津一次；但现在变乱未宁，弟子拟缓数月，再定行期，一时未能动身也。再者，吴璧华居士不久即返温，弟子拟请彼授予神咒一种，或往生咒，或他种之咒。便中乞恩师与彼言之。弟子现在虽禁语之时，不能多言，但为传授佛法之事，亦拟变通与吴居士晤谈一次，俾便面授也。顺叩慈安。弟子演音顶礼。正月廿七日。"

【按】是年张作霖与吴佩孚交战于长辛店，称"奉直战争"，故曰"变乱未宁"。

⊗李晋章致林子青书："俞氏三婶（即大师在俗德配）故于十一年正月初三日（故于天津本宅），纪念物所存甚多，一时难寄照片。……"

⑤《题朱贤英女士遗画集》："壬子春，余在城东授文学，贤英女士始受余教。其后屡以书画，乞为判正，勤慎恳到，冠于同辈。未几负疾，废学家居。前年侍母朝普陀，礼观音大士，受三皈依。自是信佛至笃，修习教典，精进靡间。去岁四月，余来沪，居城东，贤英过谈半日，勉以专修持名念佛，毋旁骛他法。其时贤英至心信受，深自庆幸；乃以幻缘既尽，殒于岁晚。净业始萌，朝露溘至，可叹嗳也！比者，同学将集其遗画，影印辑帙，以志哀思，远征题词于余，为记其往昔因缘如是。壬戌二月大慈弘一沙门演音，书于温岭城寮藏堂。"

⑥为亡母忌日写经题记："于时岁在玄黓二月五日，亡母弃世十七周年，敬书菩萨名号，并录《地藏本愿经》句。以此功德，惟愿亡母，速消业苦，往生西方，广及法界众生，同圆种智。大慈弘一沙门演音记于瓯岭城寮庆福藏堂。"（据蔡丙因"广证"增补）。

⑦ 赠夏丏尊篆刻五方题记："十数年来，久疏雕技。今老矣，离俗披剃，勤修梵行，宁复多暇耽玩于斯。顷以幻缘，假立臣名及以别字，手制数印，为志庆喜。后之学者览兹残砾，将毋笑其结习未忘耶？于时岁阳玄黓吠舍佉月白分八日。余与丏尊相交久，未尝示其雕技。今贲以供山房清赏。弘裔沙门僧胤并记。"

【按】所刻五印皆白文，为"大慈、弘裔、胜月、大心凡夫、僧胤"。题记中"假立臣名"之"臣"字，夏丏尊介绍原作"亚"字，即"亚名"，初版《年谱》因之。近年引起叶圣陶、俞平伯、张人希诸先生之注意。叶老对此"臣"字说不识，俞老认为是"宦"字的省文，说"宦"字出自《尔雅》，室东北隅谓之"宦"，后人经常用为书斋命名。但我提出异议，因为文中提到的五方印，无一是书斋印而全是别名。后来张人希先生经过种种篆刻的研究，认为这个"臣"字是"私"字。"假立臣名"就是"假立私名"。俞老也表示同意了。认为"自汉以来，篆刻文字相同，则为'私'字无疑。""私名别字"，文理通顺。并说"叶老知之，亦必欣然"。（见上海《书法》一九七九年第六期、张人希的《弘一法师的篆刻艺术》及一九八二年第一期《对于弘一法师"臣字的析疑"》）。"岁阳玄黓"，"岁阳"即天干，"玄黓"（黓音亦）属"壬年"，为壬戌年，即一九二二年。"吠舍佉月"为印度历二月，"白分"。（亦称"白月"为上半月。《大唐西域记》卷二："月盈至满，谓之白分；月亏至晦，谓之黑分。……黑前白后，谓之一月。"）

⑧《寒笳集·序》："壬戌之岁，尝依《灵峰宗论》摭写警训一卷，颜曰《寒笳集》。"

⑨ 复俗侄李圣章（麟玉）书："圣章居士：二十年来，音问疏绝。昨获长简，环诵数四，欢慰何如！任杭教职六年，兼任南京高师顾问者二年，及门数千，遍及江浙。英才蔚出，足以承绍家业者，指不胜屈，私心大慰。弘扬文艺之事，至此已可作一结束。戊午二月，发愿入山剃染，修习佛法，普利含识。以四阅月力料理公私诸事：凡油画美术图籍，寄赠北京美术学校（尔欲阅者，可往探询之），音乐书赠刘子质平，一切杂书零物赠丰子子恺（二子

皆在上海专科师范，是校为吾门人辈创立）。布置既毕，乃于五月下旬入大慈山（学校夏季考试，提前为之），七月十三日剃染出家，九月在灵隐受戒，始终安顺，未值障缘，诚佛菩萨之慈力加被也。出家既竟，学行未充，不能利物；因发愿掩关办道，暂谢俗缘（由戊午十二月至庚申六月住玉泉清涟寺时较多）。庚申七月，至新城贝山（距富阳六十里），居月余，值障缘，乃决意他适。于是流浪于衢、严二州者半载。辛酉正月，返杭居清涟。三月如温州，忽忽年余，诸事安适，倘无意外之阻障，将不他往。当来道业有成，或来北地与家人相聚也。音拙于辩才，说法之事，非其所长；行将以著述之业终其身耳。比年以来，此土佛法昌盛，有一日千里之势。各省相较，当以浙江为第一。附写初学阅览之佛书数种，可向卧佛寺佛经流通处请来，以备阅览。拉杂写复，不尽欲言。释演音疏答，四月初六日。尔父处亦有复函，归家时可索阅之。"

⑩《净宗问辨记》："温州飓风灾害中，吴璧华念佛免难奇迹。十一年壬戌七月下旬，温州飓风暴雨。墙屋倒坏者甚多。是夜（吴）璧华适卧墙侧，默念佛号而眠。夜半，墙忽倾圮，砖砾泥土坠落遍身。家人疑已压毙，相率奋力除去砖土，见璧华安然无恙，犹念佛号不辍。察其颜面以至肢体，未有毫发损伤，乃大惊叹，共感佛恩。其时余居温州庆福寺，风灾翌日，璧华亲至寺中向余言之。"（《弘法月刊》第二十九期）

⑪ 因弘《恩师弘一音公驻锡永嘉行略》："是（民国十一）年，师患痢疾，寂老存问；师曰：小病从医，大病从死。今是大病，从他死好。惟求师尊，俟吾临终时，将房门扃锁，请数师助念佛号，气断逾六时后，即以所卧被褥缠裹，送投江心，结水族缘。闻者涕下，幸即霍然。……"

⑫ 手书《念佛三昧诗》题记："于时岁阳玄黓，吠舍佉月第一褒洒陀前三日，写贻丏尊居士慧览，弘一沙门演音居瓯岭庆福。"

【按】"第一褒洒陀前三日"。"褒洒陀"为"布萨"之新译，乃梵语 Posadha 之音译。有共住、长养、净住多义，义译甚难，故义净三藏音译为"褒洒陀"。印度古时寺院每半月集众僧诵《戒经》一次。于半月间若有犯戒者，令忏悔之，以长善除恶的仪式，称为"布萨"。我国丛林行事，称为"诵戒"。"吠舍佉月第一褒洒陀日"，即二月十五日，"第一"指上半月诵戒。

⑬ 手书莲池大师等法语题记："壬戌夏写付丏尊居士　弘裔沙门僧胤居温岭。"

⑭ 手书苏轼画阿弥陀佛像题偈跋："于时逊国后十一年岁次玄黓秋孟之节，写付丙尊居士。弘裔僧胤。"

⑮《庖人陈阿林往生传》："陈阿林，名修量，瑞安下林乡人，幼业烧瓦，后居城下寮掌斋厨。辛酉三月，余来温城始识阿林，面黄颧削，无福德相。入侍饮膳，常合掌致礼，食竟撤盂皿，辄视余面目，久不瞬，如童骏。见余食少，愀尔改容，必穷其故。旧病肺喘，咳嗽不已；然操作勤苦，未尝以是介意焉。夕餐后，恒侍僧从诵《阿弥陀经》，持佛名号，吭声凄紧，声绝同侣。新岁十日辍职。越二日来寮检取衣被，恋恋不忍去。适有佛事，须人助治，仍暂止焉。留滞数日，未尝言对。十六日午，捧面器入余室，着新絮袍，冠履襟带，仪观至伟。相顾而喜，且谓不复去矣。后闻人言，阿林于是夕归家，宿疾转剧。二月初七晨，属人瀹汤，自濯巾沐浴已，卧床念佛，泊然而化，阅世三十有一。

"赞曰：阿林治庖城寮，先后二年，非勤修净行者。然观其生死之际，脱焉无所累。人谓阿林愚，是其所以不可及也夫。"

【按】城下寮本名庆福寺，在温州永嘉县大南门外。（录自《微妙声》月刊）

一九二三年（民国十二年癸亥）　四十四岁

　　是年二月，自温州至上海，临别与其徒和寺主摄影留念。① 在沪与尤惜阴居士合撰《印造佛像之功德》一文，由师示纲，尤惜阴演绎，举十大利益普劝群生（见《印光法师文钞》卷四附录）。然据师致俗侄李圣章书，则此文为师自撰，而托名与尤居士合撰者。② 师持戒精严，凡属常住公物，虽一毫不敢占用。是年自温至杭，曾借庆福寺碗筷一副。抵杭后，即托林赞华居士带还庆福寺常住。③ 四月，居上海太平寺亲近印光法师。题元魏昙鸾《往生论注》，并录补陀印光法语于卷端。④ 时遇江谦（易园）居士于沪上，劝其读《灵峰宗论》，江氏自云受益无穷。⑤ 六月，为杭州西泠印社书《阿弥陀经》一卷，该社为刻于石幢，以为纪念。⑥ 夏至灵隐寺，听慧明法师（受戒时大师父）讲《楞严经》，见他发白齿落，为之泪落不止。⑦ 九月，重至衢州，仍居莲华寺。因冯明之居士之介，识隐士汪澄衷，为撰《汪居士传》。⑧ 十月，撰《绍兴开元寺募建殿堂疏》。⑨ 腊月，作《大中祥符朗月照禅师塔铭》。⑩

　　是年师与印光法师通信颇多，其原函虽不得见，但自印光法师之复书观之，师此时所致力之功夫，仍以掩关并刺血写经为主。而印光法师则劝其先专志修念佛三昧，然后再事写经。大师发愿刻期掩关，誓证念佛三昧，并请印光法师作"最后训言"。印光法师逊谢，略谓"朋友往还，贫富各尽其分"。劝他关中用功，当以不二为主。不可以妄躁心先求感通。心未一而切求感通，乃是修道第一大障。⑪ 他第二次衢州之行，留下许多墨迹，并以《续藏经》等赠与衢州祥符寺，又石刻一诗赠汪梦松。⑫

注　释

　　① 因弘《送别恩师摄影题记》："岁次癸亥二月廿四日，恩师弘一比丘将赴沪上，因弘名字沙弥剃发出家，谨请寺主寂山老和尚，合摄此影于南城外庆福禅寺以留纪念。"

　　② 致俗侄李圣章书："……附赍《印光法师文钞》一部。（是为第四次新

版，卷首有余题词，附载《印造经像文》亦余所撰述。）……论月。"

③ 丁鸿图《庆福戒香记》："师持斋严净，不用公共碗筷。民国十二年赴杭州，借庆福寺碗筷一副；抵杭后，即托交林赞华居士带还庆福常住。（碗筷虽云微物，既属常住，一芥不容侵损，师持戒之精微类此。）"

④ 题元魏昙鸾《往生论注》："癸亥四月，居上海太平寺，依北京新刊补陀印光法师校定本标写，今复录补陀法语三节于卷端。时在癸亥岁将暮，晚晴沙门昙昉书。"

【按】补陀即普陀山略称。印光法师居普陀，故称其法语为《补陀法语》。

⑤ 江谦《寿弘一大师六十周甲》诗：

　　细读灵峰宗论教，别来旦夕未能忘。

　　千年儒佛相攻案，至是铿锵会一堂。

癸亥遇师沪上，教读《灵峰宗论》，受益无穷。

⑥ 西泠印社弥陀经塔题记："佛历二千九百五十年，岁次癸亥六月，西泠印社请弘一音师写，山阴吴熊舍资造，仁和叶为铭监造，俞庭辅、吴福生、王宗濂、赵永泉镌刻。"（此经塔现存杭州西泠印社——著者）

⑦《我在西湖出家的经过》："……曾记得在民国十二年的夏天，我到过杭州。那时慧明法师，正在灵隐讲《楞严经》。开讲的一天，我去听法。因为好几年没有看见他了，觉得他已老了不少。头发已经斑白，牙齿也大半脱落。我当时大为感怆。于拜他的时候为之泪落不止。听说没有几年功夫，慧明法师就圆寂了。"

【按】慧明法师，名圆照，汀州温氏子。早岁出家。年十九，于天台国清寺受具，其后历参金山、宝华、九华、天童诸山宗匠，精研教理，熟习瑜伽梵呗水陆仪轨，诸方推为老参饱学。中年置一寮于回龙真寂寺，屡应请出外讲经及充戒期教授等职。晚年应请主杭州灵隐法席，兴修殿宇不遗余力。灵隐自洪杨劫后，至师始有中兴之象。一九三○年二月廿三日寂于灵隐丈室，享年七十一岁。寂后太虚法师为撰行述，称师"志行纯备，宗说兼通，不愧为一代高德"。（见太虚《灵隐慧明照和尚行述》）

⑧《汪居士传》："……越三年癸亥九月，余以业缘，重来莲华。未数日，居士与冯君明之、胡子嘉有过余精舍。"

【按】《汪居士传》，曾藏于一九二四年《海潮音》第五卷第五期。其手迹编入《晚晴剩语》，见《弘一法师》（纪念集）图版第二十。

⑨《绍兴开元寺募建殿堂疏》："绍兴开元寺建于梁天监中，当昔全盛之时，金刹梵宇，峻极云表，实为爽垲栖心之所。开堂接众，数逾千百，道风蔚盛，冠于东浙。郡邑士夫，祝釐肆礼，诵宣诏敕，亦聚于是。二千年来，兴衰之迹，记载阙佚，未由详考。今所存者，有乾隆四十五年宋明府拨田开元常住碑记，寻绎词旨，粗可悉其概末焉。清季以来，浸以零落，殿梁摧朽。金像颠覆（罗汉堂中五百罗汉大半残阙），池桥之胜，崩榛引塞。（普渡桥、万工池皆为昔放生之所，今惟存基地）岁月鹜过，芳流歇绝，不其惜乎？比者，闻愿法师，卓锡是间，将集善侣，重建殿堂，乃制缘册，倡募资财。余以凤庆，至德同时，预奉余论，顶戴踊跃。辄述缘起，为弁册首。建立佛塔僧坊，福德之殊胜者，冀诸善侣，铭佩仁诱，共加宏赞也。于时岁在昭阳报沙月，释昙昉书于西安莲华寺。"

【按】太岁在癸曰"昭阳"，此为癸亥；"报沙月"为印度古历十月之称。西安，衢州古名。

⑩《大中符朗月照禅师塔铭》："吴嘉禾间，将军郑平舍宅，建大中祥符禅寺，胜境标绝，为三衢诸刹之冠。绵世浸远，盛衰之迹，靡得详考。清道光中叶，住持僧某，重葺梵宇，敷扬洪业。兴继之美，见述后代。百年以来，玄风坠替，金刹废圮。其有嗣徽绪于往哲，穆道俗以归怀，崇振颓流，阐固法道，若朗月照禅师者，诚末化之芬陁，昏途之宝炬矣。师讳能照，字朗月，一字天心。家浙江江山，族周氏。髫龀之岁，投诣祥符，出家披剃，长禀具足于钱塘昭庆律寺。二十三，任副寺，作务劼勤，行业贞简。后十五年，嗣法住持，严勒清规，增置寺田，缮治祖堂丈室十数楹。自奉俭约，未尝虚糜僧物。性耽寂静，晨灯夕香，晏坐斗室，披寻群典，以自娱适。老儒吴子弓、汪鞠如辈，时扣禅寮。师便延召，披襟致契，谈笑竟夕。宰官搢绅，数数参访者，辄屏不纳。抗行峻节，与世寡和，有古德之道风焉。宣统二年，僧众集会兴学，延师长其事，固辞不就；而楷定章则，求觅典籍，悉力任之。上海赈济会，募资于衢，师为倡缘；不足，自捐巨金实其数。爱人之周，皆类此也。师于徒众，督课勤肃。再传弟子永祚，根性聪利，师尝器许。提奖道趣，接诱无倦。寺役龚叟，人至朴质，侍师日久，尝教念佛，注心西极，今犹传诵遗德，称道不衰。凤志参学，寺务羁制，未遂其愿。今岁三月，师寿五十，屏除庆祝之文，先期子身如钱塘，将欲舣舟天目，以盗乱未宁，旋归三衢。五月四日，示微疾，自知不起。诏命弟子，承嗣寺业。弥留之夕，神

志清澈。遗嘱修葺大殿，改建斋厨。乃吉祥卧，泊然迁化。时十二年岁在癸亥七月十八日也。师住世时，博览内外玄籍，于大慧《禅林宝训》，尤所心折。病卧之暇，披检研味，常不释卷。既而龛殓，乃举《宝训》，供置灵右，慰其幽魄焉。世寿五十，法腊十有二年。弟子妙玄，再传永祚、永仁等。是岁十一月十二日，严霜之晨，葬于鹿鸣山登高亭下。余以宿缘，承侍窆礼。睇朝阳之颓景，悼至人之殂化。辄从眷徒，略承遗德。深心追往，寄怀毫素。乃为铭曰：'住持之道，《宝训》其资。亦既末运，圣教陵迟。至人示生，继承法位。不务荣名，不干时贵。卓哉师德，季叶之贤。淳心独得，唯宗是篇。标举一行，以该万德。旌彼幽光，百世昭式。'大慈沙门昙昉撰并书。"

【按】朗月照禅师塔，在衢县祥符寺，大师曾挂锡于此。三衢，山名，即浙江衢州，传昔有洪水暴涨，派此山为三道，故称三衢。芬陀，梵语，具称芬陀利，译为白莲华，或人中好华等。在莲华青黄赤白四种之中，最为高尚。《观无量寿经》称誉念佛者为人中芬陀利华。

⑪ 印光复大师言之一："座下勇猛精进，为人所难能。又欲刺血写经，可谓重法轻身，必得大遂所愿矣。虽然，光愿座下先专志修念佛三昧，待其有得，然后行此法事。倘最初即行此行，或恐血亏神弱，难为追趋耳。入道多门，惟人志趣，了无一定之法。其一定者曰诚，曰恭敬。此二事虽尽未来际，诸佛出世，皆不能易也。而吾人以博地凡夫，欲顿消业累，速证无生，不致力于此，譬如木无根而欲茂，鸟无翼而欲飞，其可得乎？（中示刺血写经之利弊方法及前人经验，且略。）又写经不同写字屏，取其神趣，不必工整。若写经，宜如进士写策，一笔不容苟简，其体必须依正式体。若座下书札体格，断不可用。……"

【按】博地一作薄地。薄者逼也，为诸苦所逼之地位，谓凡夫境界。《净土戒观》下曰："薄地凡夫，臭身鄙陋，果报卑劣。"（《摩诃止观》作博地）一说为通数十地之第五地——薄地。凡夫，圣者之对，谓智慧浅薄愚钝的众生。

其二："接手书，见其字体工整，可依此写经，夫书经乃欲以凡夫心识，转为如来智慧。比新进士下殿试场，尚须严恭寅畏，无稍怠忽。能如是者，必能即业识心，成如来藏。于选佛场中可得状元。今人书经，任意潦草，非为书经，特藉此以习字，兼欲留其笔迹于后世耳。如此书经，非全无益，亦不过为未来得度之因。……刺血写经一事，且作缓图，当先以一心念佛为要。

恐血耗神衰，反为障碍矣。"

【按】迷界的真如名"如来藏"，谓众生藏有如来性德，故名"如来藏"。

其三："接手书，知发大菩萨心，誓证念佛三昧，刻期掩关，以期遂此大愿。闻之，不胜欢喜。所谓最后训言，光何敢当？然可不尽我之愚诚以奉之乎？虽固知座下用此种络索不着，而朋友往还，贫富各尽其分，则智愚何独不然。但尽愚诚即已，不计人之用得着与否耳。窃谓座下此心，实属不可思议；然于关中用功，当以不二为主。心果得一，自有不可思议感通。于未一之前，切不可以妄躁心，先求感通。一心之后，定有感通。感通，则心更精一。所谓明镜当台，遇影斯映，纭纭自彼，与我何涉？心未一而切求感通，即此求感通之心，便是修道第一大障。况以躁妄格外希望，或致起诸魔事，破坏净心。……敢为座下陈之。"

其四："讲《起信论》，虽不必定宗《裂网疏》，然绝不谓裂网为非，此决定不易之法也。灵峰著述，千古少有。彼等正眼未开，不知其要，故辄吠影，以惑初学。果真具正知见者闻之，则彼之心腹彻底了知矣。灵峰老人，乃末法绝无而仅有者。其言句理多具足，利益叵测，随人分量，各受其益。"

⑫ 王月娥《弘一法师在衢州》："一九二三年八月至一九二四年四月，弘一法师先居莲花寺治律，后又居衢州城东四十里的三藏寺及城里的祥符寺等。他还将诵习的诸经及全部藏经和《续藏经》捐赠给祥符寺看经会，以广流传。……

"弘一法师在衢州活动期间，曾留下许多珍贵实物，尤其是墨迹。但历经几次运动，损失很多。幸存下来的，民间发现有'南无阿弥陀佛'。（主轴，题为'岁在昭阳小雪后，昙昉居西安莲花'）另有被衢州市博物馆收藏的几件：《大佛顶如来密因修证了义诸菩萨万行首楞严经合辙》十卷，为明代二楞庵僧人通润所撰，明天启元年木刻本，有通润自序一篇。经书第一册封面上有弘一法师一九二三年亲笔题字及朱印：'旧藏银洞接引庵。癸亥九月，恩师以付演音。是岁十月记于莲花。'石头一块，是一九二三年冬弘一法师赠送给梦松的。上有弘一法师亲笔题诗一首：'千峰顶上一间屋，老僧半间云半间。昨夜云随风雨去，到头不似老僧闲。'……"

一九二四年（民国十三年甲子）　　四十五岁

　　是年春，居衢州莲华寺。因前年南京内学院王恩洋居士撰《大乘起信论料简》，谓《起信论》之作，出于梁陈小儿，无知偏计，引起国内佛教学者争论。常惺法师撰《大乘起信论料简驳议》驳之。大师深为激赏。致书蔡丏因，称其文甚精，并乞详览。①二月致书王心湛居士，盛赞印光法师之盛德，谓于当代善知识中，最服膺者惟印光法师。称他"折摄皆具慈悲，语默无非教化，三百年来一人而已。"及再三恳求列为弟子经过。②三月，移居三藏寺③于三藏寺辑《毗尼劝持录》。④四月以东瀛古版《行事钞》，供施江山图书馆。⑤又书《华严净行品偈》一卷，以答谢之。⑥

　　【按】是年春夏之交，初版《年谱》误记大师驻锡永嘉。其后发现大师与俗侄李圣章几通书信，始知他春间尚在衢州，有"居衢以来，忽忽半载"之语。且确知其离衢赴温之时日，故本年若干记事，须移后改写。

　　四月，向衢州莲华寺主借得旅费三十元。⑦十九日自衢州起行，取道松阳、青田。廿五日回至温州，继续掩室。旅费则请俗侄李圣章偿还。⑧五月，手书《佛说八大人觉经》，以赠陈伯衡居士，居士为影印流通。⑨同月前往普陀山，参礼印光法师于后寺（法雨寺）。居七日，观察印光法师一切生活情况，至为景仰。⑩⑫时遇王大同居士亦同庑止，赋诗为赠。⑪五月，撰《有部毗柰耶犯相摘记》。⑫在衢州时，晤南社旧侣吴江尤墨君玄父居士。回温州后，即录近作五篇，写成手卷奉赠。尤氏为编《论月集》，后陆续发表于杭州《越风》半月刊第十七、十九、廿一期。⑬八月手书《四分律比丘戒相表记》脱稿。穆藕初居士为施资影印。⑭是时并立"遗嘱"：谓本衲身后，无庸建塔，祇乞募资，重印此书，以广流传。《遗嘱》由弟子刘质平保存。⑮回温州后，续撰《根本说一切有部毗柰耶自行钞》⑯，更辑《学根本说一切有部律入门次第记》⑰《四分律比丘戒相表记》石印后，寄赠蔡丏因与李圆净二居士各一册，并致书蔡丏因云："出家比丘之戒律，在家人不宜阅览……，开卷之时，不须研味其文义，唯赏玩其书法，则无过矣。"⑱八月，欲往杭州，抵海门，闻杭州发生变乱（是秋江苏齐燮元与浙江卢永祥开战，所谓"齐卢之战"——著者），因往绍兴访诸门人。此事因据蔡冠洛《廓尔亡言的弘一大师》一文所记，初版年谱误系于民国十二年（一九二三）条。⑲今据李鸿梁文，改正为十三年。⑳九月，为友人崔鸿祥撰《崔母往生传》。㉑冬至后，友人惠施《华严疏钞》，师以卷帙繁多，致书蔡冠洛，愿与轮流共阅，俾施主功德弥胜。㉒仲冬，手书《梵网经》成，马一浮居士为题一诗。㉓十二月，以杨仁山居士刻经，多不刻科文；徐蔚如刻经，亦复如是，致书蔡冠洛述其利害，深为慨然。㉔是年撰《校刻佛说优婆塞五戒相经笺要序》，于归戒功德，受戒应于出家五众边受，及今人乞师证明受归依者，辄称归依某师，俗例相承，颇有未安。因于《例言》，详为阐述，反复启导，至于千言㉕，最后又为此经补释三章㉖。

注　释

①　致蔡丏因书："丏因居士：前奉手书，具悉一一。孙居士精进修习，欢赞无量。承寄《净土十要》等五册，今日已受收，晤时乞为致意。别邮《崔母传赞录》一册，敬赠仁者，使存此一册，未能遍赠道俗为憾。常惺法师之文（《起信论料简驳议》）甚精，乞详览。昙昉，二月二日。"

②　致王心湛书："心湛居士道席：损书，承悉一一。小印仓卒镌就，附邮奉慧览。刻具久已抛弃，假铁锥为之。石质柔脆，若佩带者，宜以棉围衬，否则印文不久即磨灭矣。朽人于当代善知识中，最服膺者惟光法师。前年尝致书陈情，愿厕弟子之列，法师未许；去岁阿弥陀佛诞，于佛前燃臂香，乞三宝慈力加被，复上书陈请，师又逊谢。逮及岁晚，乃再竭诚哀恳，方承慈悲摄受，欢喜庆幸，得未曾有矣。法师之本，吾人宁可测度？且约迹论，永嘉周孟由尝云：法雨老人，禀善导专修之旨，阐永明料简之微。中正似莲池，善巧如云谷，宪章灵峰（明蕅益大师），步武资福（清彻悟禅师），宏扬净土，密护诸宗。明昌佛法，潜挽世风，折摄皆具慈悲，语默无非教化，二百年来一人而已，诚不刊之定论也。孟由又属朽人当来探询法师生平事迹，撰述传文，以示后世，亦已承诺。他年参礼普陀时，必期成就此愿也。率以裁复，未能悉宣。二月四日，昙昉疏答。"

③　致李圣章书："圣章居士丈室：惠书诵悉，感慰无已。今犹有余资，他日须者，当以奉闻。比移居三藏寺暂住，今后来信，希邮致衢州东乡全旺镇懋泰南货号转交三藏寺内朽人手收。率复，不尽一一。昙昉疏，三月十一

日。"（一九二四年）

④《毗尼劝持录·自注》："依南山《戒本疏》《羯磨疏》《行事钞》，并灵芝《行宗记》《济缘记》《资持记》节录。甲子三月廿二日始，廿五日写竟。沙门昙昉并记于西安三藏寺。"

【按】西安古为县名，晋称信安，唐改曰西安，明清皆为衢州府治。民国废府，改西安曰衢县。一般习称为衢州。三藏寺在衢州东乡岩头村。

⑤《比丘律藏》函题词："律云：毗尼藏者，佛法寿命。毗尼住世，佛法方住。毗尼此译为律。末世僧众，罔谙律检，佛法衰灭，有由来矣。余剃染而后，偏攻此部。虽未贯彻，微窥其指。今将掩室，念佛待死，以旧藏比丘律藏二函，付江山图书馆。数年心力，悉在于是。后之学者，当尊重珍敬焉。"

【按】大师圈点《南山钞记跋》："剃染后二年庚申，请奉东瀛古版《行事钞记》，未遑详研；甲子四月，供施江山。"所记，当与《比丘律藏》之赠送为一事。

⑥《书华严经净行品偈后记》："上海黄涵之居士，以影印扶桑本《续藏经》，施三衢佛学会，卷帙之富，仞房盈阁。见者闻者，靡不欢喜踊跃，叹为希有。余以凤辛，叨预劝请之末，为写《华严净行品偈》一卷，并节录清凉疏文，以奉居士，而报德焉。……改元后十三年岁在阏逢沙门昙昉撰。"

又据大师致黄涵之居士书云："附奉陈者，前承惠施《续藏经》，暂存上海立达学园。此次返杭之后，立达主任夏、丰二居士，即来杭晤谈。谆谆恳请，以此《续藏经》，永存立达学园。……因察其情意诚挚，不忍违拂，已允其请，并由彼致函与衢州汪居士，说明此意。请汪居士欢赞其事。照此情形，是经存置立达，似颇允妥。……附陈梗概，并鸣谢忱。"

【按】此藏经其后下落如何，今无由悉。此信载于一九二六年四月，上海《净业月刊》。

⑦ 致李圣章书："居衢以来，忽忽半载。温州诸人士屡来函，敦促朽人返彼继续掩室，情谊殷挚，未可固辞；不久即拟启程。行旅之费，已向莲华寺住持借用三十元，尊处如便，希为代偿。……此次赴温，由衢经松阳、青田，较绕道杭沪稍近，约七日可达。率复不具。昙昉答　四月十七日。"

⑧ 致李圣章书："圣章居士丈室：昨承来旨，委悉一一。荷施资致返莲华，感谢无尽。四月初，衢州建普利道场，朽人入城随喜。以居室不洁，感受潮秽之气，因发寒热，缠绵未已，……然绝无大碍。朽人于四月十九日自

衢州起行，廿五日达温。比拟继续掩室，一以从事休养，一以假此谢客养疴。……昙昉疏答 六月廿一日。"

⑨ 手书《佛说八大人觉经》题记："十三年岁在甲子五月，沙门昙昉写。"陈伯衡（锡钧）跋云："民国纪元第一甲子夏五月，弘裔（昙昉）禅师写经寄我，因付影印，以广流传；并愿以此微因，回向先父先母往生佛国，早证菩提。淮阴陈锡钧敬题。"

⑩ 致李圣章书："圣章居士丈室：五月往普陀，参礼印光法师。六月返温，八月将如钱塘；抵海门，乃知变乱复作，因留滞上虞、绍兴者月余。本月初旬，归卧永宁，仍止庆福。居上虞绍兴时，与同学旧侣晤谈者甚众，为写佛号六百余叶，普结善缘，亦希有之胜行也。

"老友丏尊，曾撰《序子恺漫画集》文，刊入《文学周报》，略记朽人近状，附邮以奉慧览。又佛号数叶，亦并邮呈。此未委具。十月廿三日 昙昉疏。"

Ⓧ《略述印光大师之盛德》："大师一生，于惜福一事最为注意。衣食住等，皆极简单粗劣，力斥精美。民国十三年，余至普陀山，居七日。每日自晨至夕，皆在师房内观察师一切行为。师每日晨食，仅粥一大碗，无菜。师自云：'初至普陀时，晨食有咸菜，因北方人吃不惯，故改为仅食白粥，已三十余年矣。'"

⑪ 王大同《挽弘一上人》："十余年前，余与徐伟居士游南海普陀，顶礼于后寺印光老法师。适弘一上人亦由瓯江行锡至山，晤谈两日，畅聆法言。更蒙上人惠赠精书佛语一幅，至今留存行箧，作时时展诵也。'儒门逃出学参禅，面壁功夫胜十年。记得印公有一语，上人行德迈前贤。'"

⑫《有部毗柰耶犯相摘记》题记："附录《南海寄归内法传》数节。又记云：'案：以上所录，悉属有部之说，他部译本，或与是殊。'南山诸师撰述，亦多与此歧异。须知各有所长，未可是丹非素。而南山一派，尤深契此土机宜，慎勿固执有部之说，妄生疑谤也。岁次玄枵木槿荣月于西安莲华寺。"

【按】玄枵为子年，即甲子年（一九二四），"木槿荣月"即五月。木槿，花名，五月始开，《逸周月令》云："仲夏之月，木槿荣是也。"

⑬ 尤墨君《论月集》题记："岁在甲子，讲学三衢，会弘一法师亦莅斯土，相与晤对，如平生欢，盖法师与不材同隶南社也。寻法师返瓯，以近作录成手卷见赠，都文五。兹先录寄萍荪先生，以实《越风》，并以示世之爱读

法师文字者。尚有简札跋语,当再续寄。'论月'者,法师号也。丙子夏,东吴尤墨君谨识。

"手卷通体作小行楷,古媚之气,盎然纸上,盖法师书法原从张猛龙碑阴出。卷末附以短跋,字小如蝇头,凄婉可诵。跋云:'岁阳阏逢,冉冉春暮,将退隐林邱,埋名长遁。手写近作,以付玄父居士。'按:太岁在甲曰阏逢,是年甲子为建国十三年。玄父即为不材别篆。犹忆今春晤陈伯衡先生于古越,以所藏法师各种手迹示之,先生叹为至宝。题《佛说八种长养功德经跋》,称法师书法,可俯视隋唐,洵非过誉。手卷亦正在倩先生加题中。法师尚有致俗宗兄绍莲居士书,拟附《论月集》后。又有《晚晴呓语》及题跋简札,当陆续钞付《越风》发刊,以飨读者。二十五年岁阳柔兆孟秋之月,东吴尤墨君再识。"(以上《越风》第十九期)

【按】《越风》为战前之《杭州文史半月刊》,社长兼主编黄萍荪,撰稿者多一时名流,如夏丏尊、经亨颐、姜丹书、郁达夫、弘一、马一浮、尤墨君等。

⑭《四分律比丘戒相表记·自序》:"余于戊午七月出家落发,其年九月受比丘戒。……是冬获观《毗尼珍敬录》……未能贯通。庚申之夏,居新城贝山,假得《弘教律藏》三帙,……将掩室山中,穷研律学,乃以障缘,未遂其愿。明年正月,归卧钱塘,披寻《四分律》,并览此土诸师之作。以戒相繁杂,记诵非易,思撮其要,列表志之。辄以私意,编录数章,颇喜其明晰,便于初学。三月来永宁,居城下寮,读律之暇,时缀毫露,逮至六月,草本始讫。题曰'四分律比丘戒相表记'。……尔后时复检校,小有改定。惟条理错杂,如治棼绪。舛驳之失,所未能免。幸冀后贤,亮其不逮,刊之从正焉。时后十三年岁在甲子八月,大慈后学演音敬书。"

⑮致刘质平《遗嘱》:"余命终后,凡追悼会、建塔,及其他纪念之事,皆不可做。因此种事,与余无益,反失福也。倘欲做一事业与余为纪念者,乞将《四分律比丘戒相表记》,印二千册。(以一千册交佛学书局流通,以五百册赠与上海内山书店存贮,以后随意赠与日本诸居士,以五百册分赠同人)此书可为余出家以后最大之著作,故宜流通,以为纪念也。弘一书。"(见《弘一法师》图版六一号墨迹)

⑯《根本说一切有部毗奈耶自行抄》题记:"岁次北陆歌栗底迦月,于永宁晚晴重治校讫。"

【按】说一切有部，小乘二十部之一，又称"根本说一切有部"，略称"有部"。此部主张"我空法有"，在小乘二十部中最有势力。《大毗婆娑论》《六足论》《发智论》等，为此部所奉教义。"北陆"为子年，即甲子年（一九二四）。"歌栗底迦月"为印度历八月。永宁，县名，汉晋隋改为永嘉，即今浙江温州。

⑰《学根本说一切有部律入门次第记》云："昔义净三藏法师，学于西域二十五年，该通三藏，而偏精律部。翻出有部律文十九部，百九十八卷。又别撰《内法传》等四部七卷。译缀之暇，曲授学徒。凡所行事，皆尚急护，漉囊涤秽，特异常伦。学侣传行，遍于京洛。泥洹而后，斯宗遂衰，妙典无传，琅函久锢，不其惜欤？余以凤幸，尝预钻仰。忧其失坠，矢愿宏布。既集《犯相摘记》一卷，《自行抄》一卷，并述斯文，录于卷本。冀初心者，始涉有津。敢以暗短，光显法门；振其绝绪，当复俟诸后贤矣。"

⑱致蔡冠洛书："拙述《四分律比丘戒相表记》，今已石印流布。是书都百余大页，费五年之力编辑，并自书写细楷。是属出家比丘之戒律，在家人不宜阅览，但亦拟赠仁者及李居士各一册，以志纪念。开卷之时，不须研味其文义，唯赏玩其书法，则无过矣。"

⑲蔡冠洛《廓尔亡言的弘一大师》："我和弘一法师见面，是在他将赴新登贝山掩关的一年（民国九年）。……大约是第三年吧（应是民国十三年），我在绍兴第五师范教书。弘一法师从白马湖到绍兴来，同事李鸿梁、孙选青是他在杭州第一师范的学生，邀我一道到船埠去接他。船到了，一一见了面。……他这回到绍兴，在城南的一角田野里叫做草子田头的普庆庵住了半个月。每于假日，与师泛若耶、游云门显圣寺，及禹陵那些名胜地，他很觉快乐。……临别，写佛号千纸分赠善友，下题：'愿共诸众生，往生极乐国'，因署其室曰'千佛名室'。并贻孙选青、蔡冠洛以手书篆字佛号，并录灵峰、莲池、印光诸师法语，随机开导，因病与药。下题：'岁在星纪初霜，游方会稽'，晤丏因居士，为书此纸，以志遗念。晚晴沙门论月。"

⑳李鸿梁《我的老师弘一法师李叔同》"三次绍兴之行"："弘一法师莅绍兴，先后共计三次。第一次是在一九二四年秋天。按林子青编《弘一大师年谱》中引蔡冠洛的《廓尔亡言的弘一大师》中说：'我和弘一法师见面是在他将赴新登贝山掩关的一年（民国九年），大约是在第三年吧（民国十二年），我在绍兴第五师范教书……'，这是不对的。因为十二年春我还在厦门集美学

校教书，在那年秋季，才应绍兴五中、五师之聘。翌年秋，才兼长县女师职。所以法师第一次莅绍是在民国十三年（一九二四），这是不会错的。并且我还记得，师在若耶溪上赞美过红叶，所以是在秋天无疑。"

【按】本文作于一九六二年八月，发表于一九八三年十一月的《浙江文史资料选辑》第二十六辑。一九八八年天津古籍出版社出版的《李叔同——弘一法师》转载。

㉑《崔母往生传》："十三年岁次玄枵，九月二十二日。崔母殁世，子祥鸿述其遗行，乞文传焉。母为南皖太平孙君德甫长女，适同邑崔处士注川。处士少而穷悴，同光之际，徙居芜湖，设肆贸易，乃渐饶盛。崔母治家勤苦，一粟一缕无虚糜。处士尝曰：吾家致富，实于内助也。……去八年，从禹王明禅师谊秉戒法，蔬食念佛，精进之力，轶于常伦。今岁正月，神心瞢闷，殆及于危。命迎尼众，念佛一七日，小得康损。……九月二十日，复示微疾，持诵佛号，安详平坐，奄然从化。……春秋七十有九。子三，祥鸿、祥鹍、祥鸿。……永宁晚晴院沙门论月撰。"

㉒ 致蔡冠洛书："尔有友人惠施《华严疏钞》一部，如仁者暂不请购，可先与朽人轮换共阅此一部。因朽人所阅者仅数册，余悉束置高阁。若与仁者共阅，俾令施主功德弥胜。昙昉疏白，冬至后二日。"蔡冠洛按："师由是常分部寄来，阅竣寄还；又寄其余部分。其意实缘疏钞繁重，多则生怠倦心，故分部寄阅，轮换研究。善巧诱掖，于此可见。"

㉓ 马一浮题大师手书《梵网经》诗："要识如来种，应观孝顺心。拨炉知有火，废井乃无禽。教陵惟扶律，情亡在钦针。毫端留舍利，万本示丛林。弘伞大士出音上人写《梵网经》属题，率缀短句，甲子仲冬，湛翁。"

㉔ 致蔡丙因书："丙因居士丈室………《华严经疏科文》十卷，未有刻本。日本《续藏经》第八套第一册、二册，有此科文。他日希仁者至戒珠寺检阅。疏、钞、科三者如鼎足，不可阙一。杨（仁山）居士刻经疏，每不刻科文，厌其繁琐，盖未尝详细研审也。今屏去科文而读疏钞，必至茫无头绪。北京徐（蔚如）居士刻经，悉依杨居士之成规，亦不刻科。所刻南山律宗三大部，为近百册之巨著，亦悉删其科文。朽人尝致书苦劝，彼竟固执旧见，未肯变易，可痛慨也。十二月初三日，昙昉白。"

㉕《校刻佛说优婆塞五戒相经笺要序》："《五戒相经笺要》，今有二本。金陵新刻，校点疏略，文字句读，并多讹舛。旧刻莫审所出，较前为善，而

流布者希，觅求非易。今检《丽藏》古书，旁考大律，详校经文，小有改订，并分章节，指序条贯。虽于文义不无割裂，取便初学，非无益矣。别述补释三章，录于卷末。敢以浅学，响附前规。明哲傥览，幸为研尽，备其未详也。是岁后十三年岁次颛顼之虚。"

附：《例言》

一、五戒八戒，当分属于小乘。然欲秉受戒品，应发大菩提心，未可独善一身，偏趣寂灭。虽开遮持犯，不异声闻，而发心起行，宜同大士。菩提心义，委如附录灵峰文中广明。

二、归戒功德，经论广赞。泛言果报，局在人天。故须勤修净行，期生弥陀净土。宋灵芝元照律师所云：一者入道须有始，二者期心必有终。言有始者，即须受戒，峗志奉持。今于一切时中，对诸尘境，常忆受体。着衣吃饭，行住坐卧，语默动静，不可暂忘也。言其终者，谓归心净土，决誓往生也。以五浊恶世，末法之时，惑业深缠，惯习难断，自无道力，何由修证？故释迦出世五十余年，说无量法，应可度者，皆悉已度。其未度者，亦皆已作得度因缘。因缘虽多，难为造入，唯净土法门，是修行径路。故诸经论，偏赞净土。佛法灭尽，唯《无量寿佛经》百年在世，十方劝赞，信不徒然。

三、受归戒者，应于出家五众边受。（出家五众者，苾刍、苾刍尼、式叉摩那、沙弥、沙弥尼）。然以从大僧受者（大僧者，苾刍、苾刍尼）为通途常例。必无其人，乃依他众。若佛前自誓受戒者，惟菩萨戒。《梵网》《地持》具有明文。三归五戒，应依师受。《梵网经》云："于佛菩萨形像前自誓受戒，当以七日佛前忏悔，得见好相便得戒。若不得好相，虽佛像前受戒，不名得戒。"《瑜伽师地论·羯磨文》云：若不会遇，具足功德，补特伽罗，尔时应对如来像前自受菩萨净戒律仪。

四、受归戒者，若依律制，应于师前，一一别受。其有多众并合一时，受者盖为难缘，非是通途之制。《有部毗奈耶杂事》云：如来大师将入涅槃，五百壮士，愿受归戒。时阿难陀——学处文，准斯明文，若无难缘，未可承用。小注：

（依《成实论》及《大智度论》，皆开自受八戒。灵芝《济缘记》云：成智二论，并开自受。文约无师，义兼缘碍。）

五、《优婆塞戒经》云：准斯而论，今人欲受戒者，当自量度。必谓力弱心怯，不堪致远，未妨先受一分乃至四分。若不尔者，应具受持，乃可名为戒学。岂宜畏难，失其胜益也。

六、今人乞师证明受归依者，辄称归依某师。俗例相承，沿效莫返，循名核实，颇有未妥。以所归依者为僧伽，非唯归依某师一人故。灵峰云：归依僧者——可云归依僧也与哉？故已受归依者，于一切僧众，若贤若愚，皆当尊礼为师，自称弟子，未可骄慢，妄事分别。

七、今人受五戒已，辄尔披五条衣，手持坐具，坏滥制仪，获罪巨测。依佛律制，必出家落发已，乃授缦条衣。若五条衣，唯有大僧方许披服。今以白衣滥同大僧，深为未可。（《方等陀罗尼经》云：在家二众入坛行道，着无缝三衣。无缝，即是缦条，非五衣也。又《成实论》云：听畜一礼忏衣，名曰钵吒，即缦条也。）若坐具者，梵言尼师但那，旧译作泥师坛，此云坐具，亦云卧具。唯大僧用，以衬毡席，防其污秽。此土敷以礼拜，盖出讹传。大僧持之，犹乖圣救，况在俗众，悖乱甚矣。（义净三藏云：尼——馀用·敷地——罪。又云床上礼拜——安可？）

八、既受戒已，若犯上品重罪，即不可忏。若犯中品下品轻罪，悉属可忏。宜依律制，向僧众前，发露说罪，罪乃可灭。岂可妄谈实相，轻视作法。灵峰云：说——乘道（文）。今于篇末，依有部律，酌定说罪之文。若承用时，未可铺缀仪章，增减字句，是为圣制，不须僭易。

九、是编宗《五戒相经笺要》纂辑。（《五戒相经笺要》一卷，明灵峰蕅益大师述）学者宜先披寻《笺要》，精研其义。后取是编，对阅详审，乃可识其源流，贯其条理。（《五戒相经笺要》，收入在家律要中，南京苏州皆有刻本）根本有部律文，（具云根本说一切有部，唐义净三藏法师留学印度二十余年，专攻此部。归国已来，译传此部律文，凡廿部，二百一卷）精确详明，世称"新律"。故今旁参以补订之。至其全律，大僧乃可肄习。在家二众，毋宜辄览。

一〇、是编以辨明持犯戒相为主。故于异熟果报，不及忏入。欲广览者，宜别披寻大小乘经律论，委悉其因果报应之差别。苦乐简者，可检《梵网合注》杀等戒法中第六异熟果报门，所引《华严》《十善业道》《大乘理趣六波罗密》诸经之文，亦可识其概略。

一一、近世以来，受归戒者，多宗华山《三归五戒正范》，曲逗时机，是彼所长；惜其仪文，颇伤繁缛。今于篇末，依有部律录其受法，简捷明了，不逾数行。西土相传，并依此法，匪曰泥古，且示一例。可用与否？愿任后贤。

一二、此土自唐以后，门户之见，日益深固。是此非彼，贤者未免。且如灵芝照律师承南山家业，昌明律学，功在万世。惟宗《四分》《成实》，而于《有部》《俱舍》，诋毁屏斥，不遗余力，窃惜其言之过失。如来在昔，常预记曰——解脱。又《文殊师利问经》，佛告文殊师利，未来我弟子。——未来起，明弘赞律师释云如斯——胜益（文）。是编纂辑，多宗有部，世有习闻灵芝之说而滞情未融者，或致疑惑。故缀述圣典，以标证焉。

【按】《五戒相经笺要序》及《例言》十二条，系据李编《弘一大师文钞》录出，中多误字，或断句失当，无他书可校，仅能明其大意，读者谅之。

㉖《补释》三章：

一、引律释文。二、立表辨相。三、别录旁义。初引律者，凡经文脱略，译言未融，支举其要，引大律文以为补释，使昭然易喻，寻览无惑。二、立表者，犯相境想开缘，经文笺要，并有阙略。后学迟疑，莫知所拟，故缀集增补，别为图表。初心之侣，傥有微益。三、别录者，或引前识，或率私臆，略补其遗，趣使易了，岂曰能尽。持犯之概，差可见耳。又撰新集三皈五戒八戒法戒，自订凡例十条，悉承有部纠俗之讹，同为一集。次年十月，夏鉴均施资印行。

一九二五年（民国十四年乙丑） 四十六岁

正月，拟移居山中（茶山宝严寺——庆福寺下院）。以须修葺始能居住，致书俗侄李圣章，请斟酌资助。圣章施金三十元，师奉函致谢。① 春间自温至甬，挂褡七塔寺，旧友夏丏尊访之，延至上虞白马湖"春社"暂住，姜丹书于《小传》曾略记其为人与清苦生活。② 夏丏尊亦于《子恺漫画序》记他们最近小聚因缘，发表于郑振铎主编之《文学周报》，青年们始知弘一法师其人。③ 时温州邓寒香老居士先后致书，询大小乘修持及断除我执、得戒、失戒诸问题，师作书答之，引《中峰和尚语录》及诸经论详为开示。④⑤⑥ 此三封信最能代表大师生平的佛教思想与见解。四月，欲前往茶山，因感潮湿，背生癣疥，未能决定。上书寂山和尚，自谓"弟子在家时实是一个'书呆子'，未曾用意于世故人情，故一言一动与常人大异，请格外体谅"。又因寂公有"勿用师弟称呼"之论，乃婉转陈情，恳求慈悲摄受，允列门墙。⑦

【按】此信初版年谱，原系于一九二四年，以信中有"弟子以师礼事慈座已将三载，何可忽尔变易？"之语，故应改为一九二五年方合。

五月以手书《晚晴剩语》十余篇，寄赠俗侄李圣章，并自题记以为纪念⑧附。

【按】此《晚晴剩语》经四十年后，由李圣章赠予著者，已制版刊于《弘一法师》纪念集中。

师闭关城下寮时，温州道尹林鹍翔、章宗祥，前后慕名来访，师均称病，未予接见。⑨ 十月间，夜梦在白马湖春社晤颐渊居士，见几上有白玉镜，将镌字其上，曰"石禅□□碑"，惟中二字，阙而不具，师以"皈佛"二字补之。醒后作《石禅皈佛碑》赠之。⑩ 十一月至杭州，小住虎跑，谢客静养。⑪ 时虎跑交通不便，通信均由杭州市内延定巷五号丁居士代收。以当时马一浮埋名遁世，不欲人知，故致函蔡冠洛致意。⑫ 是年为希伦居士撰《魏译无量寿经序》，阐述前后五译之特色。⑬ 冬月，归温州，仍居庆福寺，手装《普贤行愿品别行本》赠蔡冠洛，并附题记。⑭

注　释

① 致李圣章书："近以迁徙事，颇有所须，希仁者斟酌资助为感。正月廿八日昙昉。"

② 姜丹书《弘一律师小传》："上人入山后，律己至严，治学至勤，操行至苦。云游四方，恒跣足芒鞋，孑然一担。民国十四五年间，曾过甬市，挂褡七塔寺，杂游方僧队伍。其挚友夏丏尊请至上虞白马湖暂住。初固辞，强而后行。时丏尊任教于'春晖中学'，傍湖而居，见其启担，一敝席，草已稀疏零落，欲为易之，不可；一敝巾，本白而变灰，欲为易之，亦不可。且曰：其色虽不白，而无害于洁也，尚可用几许年月焉。说罢便至湖边洗冷水面。夏君心焉恤之，而无如何也。供张素食，累用香菰，却之。用豆腐，亦且却之。依其意，只许白水煮青菜，用盐不用油耳。夏君心欲厚之，而无如何也。作客犹然，其平日之茹苦，可想而知矣。"

③ 夏丏尊《子恺漫画序》："新近因了某种因缘，和方外友弘一和尚聚居了好几日。和尚未出家时，曾是国内艺术界的前辈。披剃以后，专心念佛，见人也但劝念佛。……他这次从温州来宁波，原预备到了南京，再往安徽九华山去的。因为江浙开战，交通有阻，就在宁波暂止，挂褡于七塔寺。我得知就去望他。云水堂中见了我笑容招呼，和我在板凳上坐了说：'到宁波三日了，前两日是住在某某旅馆（小旅馆）里的。''那家旅馆不十分清爽吧？'我说。'很好，臭虫也不多，不过两三只。主人待我非常客气呢！'……我惘然了。继而邀他明日同往白马湖去小住几日，他初说再看机会。及我坚请，他也就忻然答应了。行李很简单，铺盖竟是用粉破的席子包的。到了白马湖后，在'春社'里替他打扫了房间，他就自己打开铺盖，先把那粉破的席子丁宁珍重地铺在床上，摊开了被，再把衣服卷了几件作枕。拿出黑而且破得不堪的毛巾走到湖边洗面去。……他是过午不食了的，第二日未到午，我送饭和两碗素菜去（他坚说只要一碗的，我勉强再加了一碗），在旁坐着陪他。……我家和他寄寓的'春社'相隔有一段路。第三日，他说饭不必送去，可以自己来吃，且笑说乞食是出家人的本份的话。……一九二五年十月二十八日夜，夏丏尊在奉化江畔曙钟声中。"

④ 复邓寒香书（一）："数日前得本月初五日书，即复一片，邮寄西门，想不得达。顷乃获诵六月抄书，欣悉一一。所论甚是，至可感佩。大乘之人，

须发菩提心。（心佛众生，三无差别）依是自利利他，直至成佛，圆满菩提，乃可谓大乘人。至发心之后，处众处独，皆无不可。《天目中峰和尚语录》中，曾详言之。录其文如下：'或问古人得旨之后，或孤峰独宿，或垂手入廛，或兼擅化权，或单提正令，或子筹盈室，或不遇一人，或泯绝无闻，或声喧宇宙，或亲婴世难，或身染沉疴，虽同少室之门，而各蹈世间之路者，何也？幻曰（中峰和尚，名明本，元代高僧，以曾住湖州幻住庵，自称幻住道人。"幻曰"，即幻住所言。——著者）：言乎同者，同悟达摩直指之真实自心也。言乎异者，异于各禀三世之幻缘业也。以报观之，非乐寂而孤峰独宿也，非爱闹而入廛垂手也。擅化权而非涉异也，提正令而非专门也。虽弟子满门，非苟合也；虽形影相吊，非绝物也。其毕世无闻，非尚隐也。其声喧宇宙，非构显也。至若荣枯祸福，一本乎报缘。以金刚正眼视之，特不翅飞埃过目耳，安能动其爱憎取舍之念哉？所以龙门谓报缘虚幻，岂可强为？演祖谓〔万般存此道，一味信前缘。〕苟不有至理鉴之，则不能无惑于世相之浮沉也。《华严普贤行愿品》卷二十二，善财童子，参德生童子、有德童女，问菩萨云何学菩萨行，修菩萨道？童子童女乃广赞亲近善知识之利益。善财童子又问：云何能于诸善知识法之中，速得圆满，速得清净，得不退失？答，须持菩萨戒及别解脱戒。若圆满头陀功德，能使二戒悉得清净，不失善法。继乃广赞十二头陀之行。其圆满阿兰若一段，请仁者检阅之。夫位近等觉，尚须乐于独处，住阿兰若。何可谓山居办道者为小乘人？近来屡闻世人有此谬论，可痛慨也。至语小乘之人，决不说法利他者，亦非通论。小乘律本关（拣别之说）法有十条（拣别如法不如法）。又佛称弟子声闻众中，能教化有情令得圣果者，推迦留陀夷第一。律中具载彼度生之事有十三事。此外关于说法度生之事，小乘律中，屡屡见之。（比丘每日须入城市乞食。施者如请说法，随缘教化。）兹不具引。小乘所以异于大乘者，在发心趣偏真之涅槃耳，岂有他哉！永嘉禅师谓上乘之人，行上而修中下。二乘何咎而欲不修？宁知见爱尚存，去上乘而甚远。三受之状固然，称位乃侔菩萨。大乘之所不修，而复讥于小学。'以上摘录原文。在《永嘉集》第七章。又《万善同归集》，亦引此文。吾人既归信佛法，皆应发大乘心，而随分随力专学大乘，或兼学三乘，皆无不可。不必执定己之所修为是，而强人人必从。以根器各异，缘业不同，万难强令一致也。"

　　⑤ 复邓寒香书（二）："前日获手书，回环披诵，至为欣慰。承询我执之

义，略述如下：所谓我执者，即《圆觉》所云，妄认四大为有身相，六尘缘影为自心相是也。《识论》卷一，言之甚详。请披寻《唯识心要》卷一第十七页至廿八页止。廿八页中灵峰述辞，至为精确，幸详味之。又依《大乘止观》中所云：'若断我执，须分别性中，止行成就。'请检《大乘止观释要》卷五第五六七页阅之。而《占察义疏》卷六第十七、十八页灵峰疏文，即依《大乘止观》会合。希彼此互参研寻，最易了解。此外如《灵峰宗论》第二册中，亦常常言之。并望披览。窃谓吾人办道，能伏我执，已甚不易，何况断除。故莲池大师云：'当今之世，未有能证初果者。夫初果，仅能断见惑，已不可得，遑论其他。'彻悟禅师云：'但断见惑，如断四十里流，况思惑乎。故竖出三界，甚难甚难。若持名念佛，横出三界，校之竖出者，不亦省力乎。'蕅益大师亦云：'无始妄认有己，何尝实有己哉。或未顿悟，亦不必作意求悟。但专持净戒，求生净土，功深力到，现前当来，必悟无己之体。悟无己，即见佛，即成佛矣。'又云：'倘不能真心信入，亦不必别起疑情。更不必错了承当。只深信持戒念佛，自然蓦地信去。'由是观之，吾人专修净业者，不必如彼禅教中人，专恃己力，作意求破我执。若一心念佛，获证三昧，我执自尔消除。较彼禅教中人专恃己力竖出三界者，其难易奚啻天渊耶？若现身三昧未成，生品不高，当来见佛闻法时，见惑即断。但得见弥陀，何愁不开悟。《无量寿经》四十八愿中有云：'设我得佛，国中天人，若起想念贪计身者，不取正觉。'诚言如此，所宜深信。但众生根器不一，有宜一门深入者，有应兼修他行者，所宜各自量度，未可妄效他人。随分随力，因病下药，庶乎其不差耳。余比来久疏教典，未暇一一检寻详委奉答，姑即所见，略述如是。"

⑥ 致邓寒香书（三）："前承询已得菩萨戒之人，转变余生，忘失本念而破重戒者，为失戒否？今检《羯磨文》释云：无作戒体，一发之后（无作释义，见《梵网经释义》，第三十五、三十六页），永为佛种。纵令转生忘失，然既无退心犯重二缘，当知戒体仍在。文准此义而推之，应失戒也。（或退菩

二执
　我执——界内——分段生死——惑——藏初果、通见地、别初住、圆初信；藏四果、通已办、别七住、圆七信——断尽
　法执——界外——变易生死——尘沙、无明——以下略

提心，或犯重，有一即失戒。）宋以前律宗诸师之著述，未有只字言及持咒者，后世律学衰灭，而《毗尼日用》之书乃出。时人不察，竟以是为律学之纲维，何异执瓦砾为珠玉也？逮及我灵峰大师，穷研律学，深谙时弊，力斥用偈咒者为非律学，并谓正法渐衰，末运不振，实基于此，其说甚当。无如当时学者，皆昧于律学，固守旧见，仍复以讹传讹。迄于今日，此风不息，是至可为痛心者也。灵峰之文，前曾呈奉仁者，乞为因弘略言其义。今值讲授《毗尼日用》之时，再检奉览。希与因弘详言之，俾他日不至随波逐流，为世俗知见所淆惑也。又沙弥戒法中一则，亦同此义，并以奉览。

乙丑闰四月廿二日　演音"

【按】以上三信，为大师生平论学之代表作品。邓寒香，一说即温州周孟由居士化名。

⑦ 上寂山和尚书："师父大人慈座：顷奉　法谕，敬悉一一。尊恙已大瘥否？为念。弟子近因感受潮湿，背间生癣疥，幸用西药擦抹，今已渐减退矣。宝严办道果相宜否？现在颇难决断，且候将来再详为斟酌也。（或不久须迁移他处，亦未可知也）弟子到此以来，承唯善师兄诸事照拂，慈悲摄护，感激无既。以后恩师与唯善师兄晤面时，乞常常随时为之谆托一切，至为深感。又弟子在家时，实是一个书呆子，未曾用意于世故人情，故一言一动与常人大异。此事亦乞恩师婉告唯善师兄，请其格外体谅而曲为之原宥也。弟子以师礼事慈座，已将三载，何可忽尔变易，伏乞慈悲摄受，允列门墙，至用感祷。承命因弘与弟子同居，护侍一切，铭感尤深。此复，祈叩慈安。弟子演音稽首，四月初九日。"

⑧ 致李圣章书："尔有友人约偕往普陀，附寄（挂号）写稿（《晚晴剩语》）并书籍一包，希收入。……五月七日，昙昉白。"

【附】《晚晴剩语》题记："岁在星纪（丑年，即一九二五年）木槿荣月（即五月）将入深山，埋名遁世，检集笺稿得十数首，始于癸亥岁晚，迄于乙丑夏首，题曰《晚晴剩语》，写付家仲兄子圣章居士，聊记遗念。永宁晚晴院沙门昙昉。"

⑨ 丁鸿图《庆福戒香记》："师闭关（城下寮）时，温州道尹林鹍翔来谒三四次，均以病辞不见。后温州道尹张宗祥只身来谒，寂公以地方长官，不敢遽辞，乃持张名片至师关房一语以故，及张某来谒。师闻言，两颊泛赤，如有愠色，继忽合掌连声念'阿弥陀佛'（如觉悟在师父前不应现愠色，故合

掌念佛忏悔）垂泪曰：师父慈悲，师父慈悲，弟子出家，非谋衣食，纯为了生死大事，妻子亦均抛弃，况朋友乎？乞婉言告以抱病不见客可也。张终未获一面而去。师居庆福寺，凡家书来，辄托人于信封后批：'该本人业已他往'，均原封退还。询以何不一为拆阅，即不回信也无妨，何苦均行退还？师答云：既经出家，便应作已死想；倘为拆阅，见家中有吉庆事，恐萌爱心；有不祥事，易引挂怀，不若退还为得也。……"

⑩《石禅皈佛碑》题记："岁在星纪（即一九二五年）十月十六日后夜，晨钟既鸣，余复假寐。梦在白马湖'春社'，晤颐渊居士。几上有白玉镜，高二寸余，晶莹光洁，上右棱少圆，他悉方角。居士谓将镌字其上，曰'石禅□□碑'，隶书直写，体近宝子（即《爨宝子碑》，近代云南出土晋碑——著者）；惟中二字，阙而不具。种种拟议，讫未适当。余乃劝以'皈佛'补之。居士问其义，余为释曰：皈与归同，回向之义。昔学孔老，今归佛法。（按：居士昔之学，非专崇孔老者，此据梦中之言记之。）犹面东者，转而西向。余复转旋其身，示彼形状。居士见之，踊跃称善。余梦遂醒，钟声犹未绝也。朝曦既上，追忆梦中形状、语言、濡笔记之。并图镜形，以奉居士。梦中言状，一切如实，未增减，冀以存其真也。"

【按】此文作者未署名。石禅为经亨颐别号，一九三八年秋逝世。

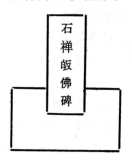

⑪ 与蔡冠洛书："惠书诵悉。朽人今岁云游南北，身心疲劳殊甚。于数日前归卧虎跑，谢客静养。仁者年前来杭，未能晤谈，至为怅然。以后惠书，寄杭州延定巷五号马一浮居士转交，因虎跑在深山中，不通邮便也。李居士乞代达。天寒手僵，草草书此。月臂 十一月初五日。"

⑫ 致蔡冠洛书："前邮明信，想达慧览。今后通问，希寄杭州延定巷五号丁居士代收，存交朽人至善。乞勿写马居士名，彼埋名避世，不欲人知。……朽人尔来谢客静养，每一二月入城一次，便道过延定巷息足，并领取信物，

以是复函每致迟迟耳，诸希谅之。明春或返温州，为长期之掩室，冀早生安养。月臂疏　十一月十一日。"

⑬《魏译无量寿经序》："是经先后五译，辞理小殊。以梵文非一，亦译者意也。明代以来，云栖专弘魏译，灵峰独尚唐宝积本，盖是一往之论。宋译简约而诣达；汉吴二译，各有其美，宁可偏废。若夫南宋而后，迄于清季，会译重治者，如王氏《大阿弥陀经》、彭氏《无量寿经》节本、魏氏《摩诃阿弥陀经》（旧称'无量寿经'，后易今名），虽曰遣烦，实芜正典。明识之众，并致攻难，斯固无足述矣。尔者希伦居士写魏译经二卷，璧华居士倡缘弘布。预闻盛德，不胜欢赞。惧初心者，或执一非余，又昧于朱紫。因其请序，聊复示之。岁次星纪晚晴院沙门昙昉撰。"

⑭ 手装《普贤行愿品别行本》赠蔡冠洛。蔡氏介绍题记："前后副叶细楷，节录《清凉疏》《莲池记》《蕅益偈》《印光序》。题云：'太岁在析木永宁晚晴院沙门昙昉——敬录，以贻丙因居士，愿同生西方，早成佛道，普利含识。'书面题：乙丑小寒日黄昏，昙昉敬题于华藏室。"

一九二六年（民国十五年丙寅）　　四十七岁

　　三月初六日自温至杭，寓招贤寺，与诸师友时有晤谈。①② 以五月将赴庐山，参加金光明法会，愿朱书经文结缘，函请丰子恺集道侣数人，合赠英国制水彩颜料数瓶，俾多人得布施之福德。② 时弘伞法师发愿，重厘会、修补与校点《华严疏钞》，由师一身任三务，期以二十年卒业。师谓"朽人老矣，当来恐须乞仁者赓续其业，乃可完成"③。师自二月在温，即患感冒咳嗽，经医诊视，谓感冒已久，湿滞不解。故至杭后，暂居招贤寺调养。但沪上旧友闻风访谒者多，师颇感难于应付之苦。④ 五月，手书佛号赠夏丏尊。⑤ 夏与弘伞法师至江西庐山，参加金光明法会。道出沪上，与丰子恺同访旧居城南草堂，并参观江湾立达学园⑥，应请至闸北世界佛教居士林，开示《在家律要》，由尤惜阴居士笔记⑦。至庐山，初居牯岭大林寺。八月移居五老峰后之青莲寺。⑧ 九月写《华严经十回向品·初回向章》寄上海蔡丏因居士，属其付印流通。自许此经是他此生最精工之作。⑨ 时又手书佛号赠日本竹内居士，并为题记。⑩⑪ 十月中旬自庐山回杭。⑫ 十一月大雪节后，致书巴黎俗侄李麟玉，报告今年行踪，并约他明年回国时，到杭晤谈。⑬ 腊月，写赠蔡冠洛《华严经》礼诵日课一幅，教他礼诵华严方法，定为日课，至为亲切丁宁，并劝他于二月十五日佛涅槃日作为始课，冀其绍隆佛种，担荷大法，具见师之悲心深切。⑭

注　释

　　① 致蔡冠洛书："初六日来杭，寓招贤寺。数日以来，与诸师友时有晤谈。自廿五日（立夏日）始，方便掩室，不见宾客。〔华严〕疏钞二十九册、印一方，乞收入。……昙昉疏　三月廿二日。"

　　② 致汪梦空明片："书悉。在招贤见客之事，甚不愿破其例。拟于后天即初九日午前九点钟，在西泠印社（潜泉附近）晤谈。如初九日临时大雨，乞改初十日（亦九点钟，若小雨不改）。此次晤谈事，乞勿告他人至要。五月初七晨，昙昉白。"（见一九九〇年八月十二日《黄山日报·汪仁斋·弘一法

师的两帧墨迹》）

【按】师到杭小住虎跑寺系一九二五年冬月。五月未见有到杭记载。有之系一九二六年春夏之间，且居里湖招贤寺，故有"在招贤见客"之语。此明片暂附于此。

② 丰子恺《法味》："暮春的有一天，弘一师从杭州招贤寺寄来了一张邮片说：'近从温州来杭，承招贤老人殷勤相留，年内或不复他适。'……过了几天，弘一师又从杭州来信，大略说：'音出月拟赴江西庐山金光明会参与道场，愿手写经文三百叶分送各施主。经文须用朱书，旧有朱色不敷应用，愿仁者集道侣数人，合赠英国制水彩颜料 Vermilion 数瓶。'末又云：'欲数人合赠者，俾多人得布施之福德也。'"

③ 致蔡冠洛书："……近与伞法师发愿重厘会修补（妙明会本后有人删节，甚至上下文义不相衔接。《龙藏》仍其误，今流通本又仍《龙藏》之误。以上据徐蔚如居士考订之说。）校点《华严疏钞》。伞法师愿任外护，并排版流布之事。朽人一身任'厘会''修补''校点'诸务，期以二十年卒业。先科文十卷，次悬谈，次疏钞正文。朽人老矣，当来恐须乞仁者赓续其业，乃可完成也。此事须秋暮自庐山返杭后，再与伞师详酌；若决定编印，尚须约仁者来杭面谈一切。"

④ 致蔡冠洛书："两获手书，欢慰无尽。二月下旬在温州时，患感冒咳嗽，至今未能复元。前日乞周子叙居士诊视，彼云感冒已久，湿滞不解；又以咳久伤肺损脾云云。今拟暂居招贤调养。弘伞师照护一切，甚为周到。不久当可痊愈，希释怀念。草略奉复，不具。四月初七，昙昉。"

又云："上月廿五日始，本已谢客，因为旧友自沪上专诚访谒者，弘伞师不忍谢绝，特为商酌，晤谈一次。其后有人闻风访谒者，亦悉接见。近颇苦于繁琐，拟不日仍申旧例，一概不见。昔在温时，固如是也。尊处如有人欲来杭访问者，乞为婉词致意。若有要事，可以通信，与面谈无以异也。（附白）"

⑤ 书赠夏丏尊佛号题记："岁在丙寅木槿荣月，时居西湖招贤华严阁，晚晴沙门昙昉书。"

⑥ 丰子恺《法味》："有一天早晨，忽然一个住在隔壁的学生张皇地上楼来，说'门外有两个和尚在寻丰先生，其一个样子好像是照相上见过的李叔同先生'。我下楼一看，果然是弘一、弘伞两法师立在门口。就迎他们上楼。……问得他们是前天到上海的，现寓大南门灵山寺，要等江西来信，然后决定动

身赴庐山的日期。……这一次他（弘一法师）来上海，因为江西的信没有到，客居无事；灵山寺地点又在小南门，离金洞桥很近；还有，他晚得大南门有一处讲经念佛的地方叫做超尘精舍，也想去看看，就于来访我的前一天步行到大南门一带去寻访。跑了许久，总找不到超尘精舍。他只得改道访城南草堂去。那里晓得，城南草堂的门外，就挂着超尘精舍的匾额，而所谓超尘精舍，正设在城南草堂里面！进内一看，装修一如旧时。……从前他母亲所居的房间，现在已供着佛像，有僧人在那里做课了。……弘一师讲到这时候，好像兴奋得很说：'真是奇缘，那时候我真有无穷的感触啊！'

"这下午谈到四点钟，我们引他们去参观（立达）学园，又看了他所赠的《续藏经》。五点钟送他们上车返灵山寺，又约定明晨由我们去访，同去看城南草堂。

"翌晨九点钟模样，我偕 W 君、C 君同到灵山寺见弘一师。……他就换上草鞋，一手挟了照例一个灰色的小手巾包，一手拿了一顶两只角已经脱落的蝙蝠伞，陪我们看城南草堂去。走到了那地方，他一一指示我们。那里是滨，那里是桥、树，那里是他当时进出惯走的路。……这一天我看了城南草堂，感到人生的无常的悲哀与缘法的不可思议。"

⑦《在家律要》："凡初发心人，既受三皈依，应续受五戒。倘自审一时不能全受者，即先受四戒三戒，乃至仅受一二戒，都可。在家居士，既闻法有素，知自行检点，严自约束，不蹈非礼，不敢轻率妄行，则杀生、邪淫、大妄语、饮酒之四戒，或不可犯。惟有在社会上办事之人，欲不破盗戒，为最不容易事。例如与人合买地皮房产，与人合做生意，报税纳捐时，未免有以多数报少数之事。因数人合伙，欲实报，则人以为愚，或为股东所反对者有之。又不知而犯，与明知违背法律而故犯之事，如信中夹附钞票，与手写函件取巧掩藏，当印刷物寄，均犯盗税之罪。凡非与而取，及法律所不许，而取巧不纳，皆有盗取之心迹，及盗取之行为，皆结盗罪。非但银钱出入上，当严净其心，即微而至于一草一木，寸纸尺线，必须先向物主明白请求，得彼允许，而后可以使用。不待许可而取用，不曾问明而擅动，皆有'不与而取'之心迹，皆犯盗取盗用之行为，皆结盗罪。"（庞契诚居士启请，无相速记。）（文载一九二七年四月出版之《世界佛教居士林林刊》第十七期）

【按】尤惜阴居士，时号"无相学人"。

⑧ 致蔡冠洛书："……复函乞寄牯岭青莲寺，昨日移居于此。八月十日，

月臂。"

⑨ 蔡冠洛《廓尔亡言的弘一大师》："法师书法极有工力，上规秦汉篆隶，而天发神谶、张猛龙、龙门二十品诸碑，更是法乳所在。但出家以后，渐渐脱去模拟形迹，也不写别的文字，只写佛经、佛号、法语。晚年把《华严经》的偈句，集成楹联三百。有人请他写字，总是写着这些联语和偈句的。用笔更来得自然，于南派为近。但以前学北碑的功夫，终不可掩，因之愈增其美了。据他自己说：生平写经写得最精工的，要算十五年在庐山牯岭青莲寺所写的《华严经十回向品·初回向章》，含宏敦厚，饶有道气，比之黄庭。太虚法师也推为近数十年来僧人写经之冠。法师寄来时也极珍重，信上说：'此经如石印时，乞敦嘱石印局万不可将原稿污损，须格外留意，其签条乞仁者书写。'后来《华严集联三百》印成，来信又说：——'迩来目力大衰，近书《华严集联》，体兼行楷，未能工整。昔为仁者所书《华严·初回向章》，应是此生最精工之作，其后无能为矣。'"

⑩ 手书《地藏经见阐利益品》跋："岁次析木江州匡山寺沙门月臂书。"

⑪ 手书佛号赠日本竹内居士题记（计两纸）："岁在析木寒露后八日微雪，修葺华严堂成，研朱书佛名并写经偈，江州匡山寺沙门月臂。又一纸题曰：'丙寅九月二十日，书《大方广佛华严经十回向品·初回向章》竟，寒夜籇灯，并写此纸。'"

⑫ 致蔡丐因函中有"十七、八日下山返杭"之语——十月十四日。

⑬ 致巴黎俗侄李麟玉书（明信片）："自巴黎发来之函，前日披诵，欣悉一一。夏间寄至温州之函，因辗转邮递，已过时日，故未奉复。朽人今年三月至杭州，六月往江西牯岭，本月初旬乃返杭州，现居虎跑过冬。明年往何处尚未定。仁者于明年到上海时，乞向江湾立达学园丰子恺君处，询问朽人之居址至妥。倘朽人其时谢客，亦可在他处约谈。当于明年三月写一信预存丰君处。仁者至彼处，即可索阅也，倘丰君不在校，乞问其他职员亦可。以后通信，乞寄杭州延定巷五号马一浮居士转交至妥。天寒手僵，草草书此。十一月初五日，旧大雪节后一日，演音。"

【按】李麟玉为李圣章之名。原信寄至法国巴黎，后转至里昂中法研究院。

⑭ 致蔡丐因书："示悉。华严经礼诵日课一幅，寄蔡冠洛。中朱书篆字两行'大方广佛华严经，华严海会佛菩萨'十四字。两旁小楷为香赞、三皈依、赞佛偈诵，别行普贤行愿品、诵经文及随州遂法师礼诵回向偈。又函云：

每日读华严一卷之外，并可以己意别选数品深契己机者，作为常课，常常读诵。朽人读华严日课一卷以外，又奉行愿品别行一卷为日课，依此发愿，又别写录净行品、十愿品、十回向品初回向及第十回向章，作为常课。每三四日或五六日，轮诵一遍，附记其法，以备参考。又云：仁者礼诵华严，于明年二月十五日，即释迦牟尼佛涅槃日始课，最为适宜。……自是日始课者，绍隆佛种，担荷大法义也。仁者勉旃！月臂疏，十二月十一日。"

一九二七年（民国十六年丁卯）　四十八岁

　　是年春，闭关杭州云居山常寂光寺（寺为近代禅宗老宿微军和尚所创建。微军潮州人，曾任扬州高旻寺首座）。二月，陈嘉庚胞弟陈敬贤居士过谈，请求开示，所言皆禅理。^①时北伐初成，政局未定，青年用事，唱灭佛之议，且有驱僧之说。师乃函告友人堵申甫居士，谓："余为护持三宝，定明日出关。"嘱为照所附致之名单，先为约定往寺会谈。其名中所列者，即为当日主政之最剧烈者若干人。师先备墨妙若干纸，人赠一纸。各自默视其所交之字条，静默不言，中有甚至惭汗溢于面部者，师亦终席不发一言，因此灭佛之议遂寝。^②三月十七日，致书浙省当局旧师蔡子民（元培）、旧友经子渊（亨颐）、马夷初（叙伦）、朱少卿（兆莘，时任浙江教育厅长），贡献整顿佛教意见，并推荐太虚、弘伞二法师为委员，参加整顿佛教。此书可代表他对当时佛教新旧二派之主张。^③春间在常寂光寺编录《梵网经古迹记科表》。^④是年师在俗所作歌曲十余种，由裘梦痕、丰子恺编入《中文名歌五十曲》。计有朝阳、忆儿时、月、送别、落花、幽居、天风、早秋、春游、西湖、梦、悲秋、晚钟等，由上海开明书店出版，丰子恺作序。^⑤三月，俗侄李圣章（麟玉）自法回国，拟赴杭奉访，师致书详告到常寂光寺交通住宿事项，至为亲切。^⑥四月，李圣章谒师于常寂光寺，住九日，于西泠印社小龙泓洞合影而别。^⑦同月下旬，致书弘伞法师，以今春以来，老病缠绵，身心衰弱，日恒思眠，有如八九十老翁。论读《华严》方法，谓《华严疏钞》法法具足，如一部"佛学大辞典"，若能精研此书，于各宗奥义皆能通达。^⑧七月，移居灵隐寺后之本来寺，李石曾（煜瀛）往访，为跋其手书《梵网经》：谓"余不曾学佛，然于其教理则敬慕久矣"^⑨。秋八月，仲兄李文熙桐冈六十华甲之庆，师欲返津祝寿；至沪后，因津浦铁路发生战事，未果行。^⑩八月二十日，其仲兄桐冈致书，殷勤劝师回津一行，与亲友相聚，并汇金百元以为旅费。^⑪返津未成，暂居江湾学生丰子恺家。丰氏因与夏丏尊、内山完造（日本书商）、叶绍钧（圣陶）、周予同、李石岑等，宴请大师于功德林素食馆。饭后并随师同访印光法师于太平寺。

后来叶绍钧写了一篇《两法师》，就是描述这一次宴请弘一法师及同访印光法师的情况。⑫十月一日，早年天涯四友重聚于沪上，因重写影留念，由师亲自题记。⑬同月书佛眼远禅师禅偈赠夏丏尊。⑭是年属李鸿梁绘普贤、文殊二菩萨像，并属姜丹书布彩，自题菩萨名号，由上海佛学书局影印流通。蔡丏因附记。⑮

注　释

①《记陈敬贤居士轶事》："十六年丁卯二月，余在杭州云居山（一称吴山）常寂光寺，敬贤居士过谈，所言皆禅理。余劝以净土法门，未能契也。"

②姜丹书《弘一律师小传》："民国十六年春，杭州政局初变，青年用事，锐气甚盛，已唱灭佛之议，欲毁其像，收其宇，勒令僧尼相配。是时，上人适卓锡于吴山常寂光寺，倩居士堵申甫转邀青年主政之剧烈者若干人，往寺会谈。谈言微中，默化潜移；先备劝诫墨妙若干纸，人赠一纸，来人未足豫约之数，而纸数适符，若有前知者。此数子中，固有旧日门生，其最剧烈某君，出寺门而叹曰：今方重袭御寒，何来浃背之汗耶？因此，灭佛之议遂寝。"

③致浙省当局蔡子民等函："旧师子民、旧友子渊、夷初、少卿诸居士同鉴：昨有友人来，谓仁等已至杭州建设一切，至为欢慰。又闻子师在青年会演说，对于出家僧众，有未能满意之处。但仁等于出家人中之情形，恐有隔膜。将来整顿之时，或未能一一允当。鄙拟请仁等另请僧众二人为委员，专任整顿僧众之事。凡一切规划，皆与仁等商酌而行，似较妥善。此委员二人，据鄙意愿推荐太虚法师及弘伞法师任之。此二人皆英年有为，胆识过人，前年曾往日本考察一切，富于新思想，久负改革僧制之宏愿，故任彼二人为委员，最为适当也。至将来如何办法，统乞仁等与彼协商。对于服务社会之一派，如何尽力提倡（此是新派）；对于山林办道之一派，应如何尽力保护（此是旧派，但此派必不可废）；对于既不能服务社会，又不能办道山林之一流僧众，应如何处置；对于应赴一派（即专作经忏者），应如何处置；对于受戒之时，应如何严加限制？如是等种种问题，皆乞仁等仔细斟酌，妥为办理。俾佛门兴盛，佛法昌明，则幸甚矣。此事先由浙江一省办起，然后遍及全国，谨陈拙见，诸乞垂察。不具。弘一，三月十七日。"

④《梵网经古迹记科表》题记："十六年丁卯春，住杭州云居山常寂光寺编录。二十二年癸酉九月手装，时住晋水尊胜禅院，甲戌九月补题，弘一。"

⑤ 丰子恺《中文名歌五十曲序》："我们把平时所讽咏而憧憬的歌曲，纂集起来，成这册子。这册子里所收的曲，大半是西洋的 Most Popular 的名曲。曲上的歌，主要的是李叔同先生——即现在杭州大慈山僧弘一法师——所作或配的。我们选歌曲的标准，对于曲要求其旋律的正大与美丽；对于歌要求诗歌与音乐的融合，西洋名曲之传诵于全世界者，都有那样好的旋律。李先生有深大的心灵，又兼备文才与乐才。据我们所知，中国作曲作歌的只有李先生一人。……一九二七年绿阴时节，梦痕、子恺合识于立达学园。"

⑥ 与俗侄李圣章书："圣章居士：前获来书，具悉一一。朽人现住杭州清波门内四宜亭常寂光寺。如乘火车抵杭州，天尚未黄昏者，乞唤人力车至清波门内四宜亭（车价至多小洋三角）。如抵杭州已黄昏者，乞在旅馆一宿，明日唤车来此。将来到杭州时，以住常寂光寺为宜。一者费用少，二者清洁寂静，可以安眠也。余面谈。弘一，旧三月廿八日。"

⑦ 与圣章居士合影题词："岁在大辰四月，仲兄子圣章居士来钱塘，同摄此影。沙门胜臂记。"

⑧ 与弘伞法师论华严书："伞师慈鉴：惠书敬悉。去冬本有撰述歌谱之愿，乃今春以来，老病缠绵，身心衰弱，手颤眼花，臂痛不易举，日恒思眠，有如八九十老翁，故此事只可从缓。承惠日书三册，其中《赞歌》二册敬受，且俟他年恢复康健时，当试为之。《薄伽梵歌》，无有需用，谨寄返。又新刻《华严经传记》一册，"校勘表"四分，并奉上，乞收入。重编《华严疏钞》，已由徐蔚如着手，计科文十卷，先刊经疏百二十卷。（疏钞别行钞）九十卷，经科数卷（专由疏中摘出判经之科），《别行疏》二卷（即行愿末卷去钞存疏）。新编之书，以清凉一人之撰述为限，刊资久已集就。此事决定可以实行。仁者闻之，当甚赞喜。音近来备受痛苦，而道念亦因之增进。佛称八苦为八师，诚确论也。不久拟闭关用功，谢绝一切缘务。以后如有缁素诸友询问音之近况者，乞以'虽存若殁'四字答之，不再通信及晤面矣。音近数年来颇致力于《华严疏钞》，此书法法具足，如一部佛学大辞典。若能精研此书，于各宗奥义皆能通达，（凡小乘论、律、三论、法相、天台、禅、净土等，无不具足）仁者暇时，幸悉心而玩索焉。谨复，顺颂
法安。音和南，四月廿八日。

"徐（蔚如）居士说读《华严经》法，读唐译至五十九卷《离世间品》毕，应接读贞元译《行愿品》四十卷，共九十九卷。

"应日诵者为《净行品》《问明品》《贤首品》《初发心功德品》《如来出现品》及《行愿品》末卷。又《十行品·十回向》初十之二章。又及。"

⑨ 李石曾弘一法师手书《梵网经》题记："弘一法师，别来十余年。数访于玉泉、招贤两寺不遇。本月九日得弘伞法师陪往见于本来寺畅谈，并得两师赠以佛学书多种。余不曾学佛，然于其教理则敬慕久矣。……今承弘伞上人出此嘱题，敬志数语如此。民国十六年七月十一日石曾李煜瀛。"

⑩ 致蔡冠洛书："初三日赴沪，即往天津一行，不久拟再返温州。……胜臂疏，八月三十日。"（按：俗兄桐冈，长师十二岁，故是年为华甲。忆姜丹书曾撰文发表于《觉有情》，回忆是年之事，谓师至沪后，友人曾宴请于上海寿圣庵，后以津浦路发生战事，未果行。——著者）

⑪ 天津仲兄李桐冈家书："三弟如晤：获读手书，得悉弟有意返津，欣慰之至。兹特邮汇去大洋壹佰元，望查收后，趁此天气平和，交通无阻，即刻起身回家，不必游移，是为至要。至居住日期及衣服，谢绝亲友等项事，悉听弟便。再赴津船名，起身前务必先来信为要。专此即问近好。兄桐冈手肃，八月二十日。

"再彼时收弟信时，适麟玺（即李晋章）儿、叔谦女在座。余云：'汝叔有意回家，事极可快，惜需款甚巨，余一时手头拮据，奈何奈何！家中经准侄喜事，已借贷千余元尚未弥补，一时无款。'麟玺一闻而雀跃曰：'儿愿筹此款！'四姑（即叔谦）亦赞成，拟凑百元。惟未知由杭至津二人旅费足用否？遂与麟玉儿去信，回信云二人旅费，由杭至津七十元已足用，百元尚有余。伊亦愿加入拼凑等语。此等小事，本不必令弟知之。但儿女辈体亲之心，盼叔返津相见之切，聊表孝心，亦可爱也。录之以博一粲。万望俯念其诚，勿负其意是盼，又及。"

【按】此信系夹在寄存于蔡丏因嘉兴濮院可园的经籍中。发信地点为"天津河东山西会馆南李缄"，收信人为"杭州招贤寺弘伞大师转交"，据蔡丏因手稿录出，原函未见。

李筱楼有三子，长子早逝。桐冈排行第二，大师为第三，故信中称"三弟"。准侄即李准，为大师在俗长子。麟玺即李晋章，为桐冈之次子，四姑名叔谦，桐冈之女。麟玉即李圣章，桐冈长子。

⑫ 叶绍钧《两法师》："……在到功德林去会见弘一法师的路上，怀着似乎从来不曾有过的洁净的心情；也可以说带着渴望，不过与希冀看一出著名

的电影剧等的渴望并不一样。……走上功德林的扶梯……丏尊先生给我介绍之后，教我坐在弘一法师侧边。……晴秋的午前的时光在恬然静默中经过，觉得有难言之美……

"饭后，他说约定了去见印光法师，谁愿意去可同去。印光法师这名字知道得很久了。并且见过他的文钞，是现代净土宗的大师，自然也想见一见。同去者七八人。……到新闸路太平寺……弘一法师从包袱里取出一件大袖的僧衣来，恭而敬之地穿上，眉宇间异常地静默。……弘一法师头一个跨进去时，便对这（印光）和尚屈膝拜伏，动作严谨且安详。……于是弘一法师又屈膝拜伏，辞别。……弘一法师就要回到江湾子恺先生的家里。石岑先生，予同先生和我便向他告别。……一九二七年十月八日作毕。"（原载李石岑主编之《民铎杂志》，曹聚仁编入《散文甲选》，一九三五年叶氏编入《未厌居习作》，并选为开明书店"活叶文选"。）

⑬《天涯四友写影题记》："余来沪上，明年岁在庚子，共宝山蔡小香、袁仲濂、江阴张小楼、云间许幻园诸子，结为天涯五友，并于宝记像室写影一帧。尔来二十有八年矣。重游申渎，小居江湾缘缘堂。蔡子时已殂化，惟袁、张、许子犹数过谈，乐说往事。乃复相偕写影于宝记像室。是时改元后十六年丁卯十月一日。

"袁子年五十四，张子年五十一，许子五十，余四十八。写影自右，依齿序焉。无着道人。"

【按】此写影，袁仲濂曾宣布为交际博士黄警顽借去遗失（见初版年谱一九二八年条）。一九四八年，余因大师旧友毛子坚居士之介绍，于上海南市救火会张国梁先生处见之，因急将题记录存。该写影今则不知仍在人间否耶？

⑭ 手书禅偈赠夏丏尊题记："聋人也唱胡笳曲，好恶高低自不闻。佛眼远禅师句。岁次大辰十月，丏尊居士嘱书，智幢。"

【按】佛眼禅师为宋五祖法演门下三佛（佛果克勤、佛鉴惠勤、佛眼清远）之一，亦称龙门清远。

⑮ 蔡丏因附记："是年嘱李鸿梁绘普贤、文殊二菩萨像，并嘱姜丹书布彩，师自题菩萨名号，由上海佛学书局影印流通。"

一九二八年（民国十七年戊辰）　　四十九岁

正月在温州，致书蔡丏因论《往生论注》及《华严疏钞》，引杨仁山居士谓修净业者须穷研"三经一论"，论即《往生论》也。鸾法师注至为精妙。又谓"若欲穷研华严，于《清凉疏钞》外，复应读唐智俨《搜玄记》及贤首《探玄记》"①。闰二月，复致书蔡丏因，谓"尔将移居大罗山，明岁若往嘉杭，当与仁者晤谈"②。五月于大罗山，诛茆宴坐，马一浮居士致书道念，托林同庄奉赠嘉兴无病居士遗书——《清凉疏钞》一部，并问其何时复还锡杭州。③秋自温至沪，与丰子恺、李圆净商《护生画集》编辑工作。④九月居江湾丰子恺家，二十日为师寿辰，丰君请说皈依，遂于楼下披霞娜（Piano）旁皈依佛法，取法名婴行。⑤闻黄幼希居士校定《华严疏钞》，致书赞叹，自谓亦久有此志，但衰老日甚，无能为力耳。⑥在沪时曾与蒋竹庄（维乔）居士同听应慈法师讲《华严经》于清凉寺。⑦冬月，旧友尤惜阴与谢国梁（寂云）二居士发愿相约赴暹罗（泰国）弘法。大师访于客寓，忽动远游之念，因同船南行。⑧船到厦门，受到陈敬贤居士招待，并介绍他到南普陀寺去住，认识了性愿老法师及芝峰、大醒法师等，留他小住，尤、谢二居士旋乘原船赴暹，师即至南安小雪峰寺度岁。⑨是冬刘质平、夏丏尊、经亨颐、丰子恺诸友生，以是时政府有毁寺之议，乃醵资为筑常住之所于上虞白马湖，颜曰："晚晴山房"⑩。师在南安雪峰寺时，虽在客中，亦不忘律仪之整肃。曾书"座右铭"四句以自勖。⑪

注　释

①　致蔡丏因书："丏因居士丈室：两书诵悉。《悬谈》八册，昨夕亦赍至。今邮奉疏钞十一册，又《往生论注》一册，亦并假与仁者研寻。杨仁山居士谓修净业者须穷研三经一论，论即《往生论》也。鸾法师注至为精妙。杨居士谓支那莲宗著述，以是为巨擘矣。附奉上《行愿品》一册，敬赠与仁者读诵，并希检受。《华严悬谈》，文字古拙，颇有未易了解处，宜参阅宋鲜演《华严玄谈供择》（共六卷，初卷佚失，今存五卷，收入《续藏经》中）及元普瑞

《华严悬谈会玄记》（四十卷，常州刻经处刊行，共十册）反复研味，乃能明了。仁者若欲穷研华严，于《清凉疏钞》外，复应读唐智俨《搜玄记》（共五卷，每卷分本末，第四卷之中已佚失，此残本，今收入《续藏经》中）及贤首《探玄记》（二十卷，金陵刻经处刊行，共三十册。徐蔚如厘会）《清凉疏钞》多宗贤首遗轨，贤首复承智俨之学脉，师资绵续，先后一揆。三师撰述，并传世间，各有所长，宁可偏废。乃或故为轩轾，谓其青出于蓝。寻绎斯言，盖非通论。前贤创作者难，后贤依据成章，发挥光大，亦惟是缵其遗绪耳，岂果有逾于前贤者耶？至若《慧苑刊定记》（共十五卷，第六第七佚失，此残本今收入《续藏经》中）反庚师承，别辟径路，贤宗诸德并致攻难。然亦未妨虚怀玩索，异义互陈，并资显发，岂必深恶而痛绝耶？春寒甚厉，手僵墨凝，言岂尽意？昙昉疏答。正月十四日。今后邮寄书籍，乞包以坚固之纸数层，外以坚固之麻绳束缚稳牢。因由绍至温，须数易舟车，包纸易致破碎，麻绳亦易磨断。附白。"

②　致蔡丏因书："丏因居士丈室：昔奉惠书，忻悉一一。今乞孙居士赍拙书石印本数种，希受。尔将移居大罗山。明岁若往嘉杭，当与仁者晤谈。不具一一。闰二月二十一日，演音疏。"

【按】师同日致书孙选青云："今日下午，移居大罗山伏虎庵。以后惠函，仍寄庆福寺……。演音疏，闰月二十一日。"

③　马一浮致弘一法师书："别遂经岁，俗中扰扰不可言。伏维道体安隐，少病少恼。前累蒙惠寄法书，时出展对，如仰身云，暂可慰念。去月李荣祥居士见寄尊撰《五戒相经笺要》三十部，已分赠所知，并感垂诿之切，敬谢无量。曩时奉对，曾谓欲得《清凉疏钞》一部，今嘉兴陆序兹愿以其父无病居士遗书奉赠，谨托同庄为致之，至时希命侍者赐答。有人言：师近入大罗山，诛茆宴坐，未审然否？何时复还锡杭州，兼望示及，不具。论月大师座下，马浮和南，戊辰五月十日。"

【按】大罗山在温州东南，一名泉山，有庵曰伏虎庵。其一支脉曰茶山，有寺曰宝严寺。

④　马一浮《护生画集序》："月臂大师与丰君子恺、李君圆净，并深解艺术，知画是心，因有《护生画集》之制。子恺制画，圆净撰集，而月臂为之书。三人者盖夙同誓愿，假善巧以寄其恻怛；将凭兹慈力，消彼犷心，可谓缘起无碍，以画说法者矣。……月臂书来，属缀一言，遂不辞葛藤而为之识。

戊辰秋七月 龎叟书。"

⑤ 丰子恺致弘一法师书："弘一法师座下：今日为法师六十寿辰，弟子敬绘《续护生画集》一册，计六十幅，于今日起草完竣。……忆十余年前在江湾寓楼，得侍左右，欣逢法师寿辰，越六日为弟子生日，于楼下披霞娜（Piano）旁皈依佛法，多蒙开示，情景憬然在目。……民国廿八年古历九月二十日。弟子丰婴行顶礼。"

⑥ 致黄幼希书："不晤倏已十载。近闻仁者校定《华严疏钞》，至用欢赞。朽人亦久有此志，但衰老日甚，无能为力耳。前所校点《玄谈》，亦仅自备披览，中多讹阙，且未及与《大正藏》本对校，简陋殊无足观，故不奉寄。……蒋竹庄居士，乞代致候。十年前，曾在清凉寺同听华严经，想尚忆记否？谨陈不宣。……廿七年除夕前二日弘一。"

⑦ 蒋竹庄《晚晴老人遗牍集序》："弘一法师，以名士出家，钻研律部，间有著述，发挥南山奥义，精博绝伦，海内宗之。……回忆戊辰己巳间，上海清凉寺请应慈老法师宣讲华严经，余恒往列席。某日有一山僧翩然戾止，体貌清癯，风神朗逸，余心异之；但在法筵，未便通话。归而默念，莫非弘一法师乎？既而会中有认识法师者，告我曰是也。余拟于散会时邀之谈话，而法师已飘然长往矣。……"

⑧ 陈海量《记寂云禅师兼怀晚晴老人》："寂云禅师，俗姓谢，名国梁，号仁斋。早岁留学日本，习法政，返国后，服官东三省。……一日，遇异僧于途。僧告之曰：我与尔前生是道友，特来度尔。……师大骇，即日茹素，从弘一大师学。……雪行居士号惜阴，无锡人。著有《谈因》《法味》等书。……居士与寂云师殊投契。同愿赴暹，在沪候轮。适弘一大师行脚经沪，晤于客寓。大师曰：'两居士收拾行李到何处去？'二人谨答：'弟子等到暹罗教化去，明天动身。'大师欣然曰：'好得很，明天我也同你们去。'翌日，遂下轮，结伴南行。同行者尚有一居士，时民国十七年戊辰冬日也。"

【按】寂云为浙江天台谢国梁居士出家后法名，号瑞幢，一九三〇年在厦礼转逢和尚为师。一九三一年求戒南京宝华山，与巨赞、奥僧照空同戒。抗战前结茅终南山，抗日军兴，乃携钵入川。居乐山，改名了心，号农禅，农园自给。时与马一浮、杨樵谷为友。著有《农禅诗钞》。一九五六年致书巨赞法师，欲往北京参学未果。

尤惜阴，名秉彝，字雪行，别号皈僧，或作无相道人，江苏无锡人。早岁与师同事于上海《太平洋报》，中年至杭州虎跑寺皈依三宝，法名演本，号弘如。晚年至南洋从德玉上人披剃。弘法马来西亚，卓锡金马仑三宝寺，一九五七年示寂，寿八十五。

⑨《南闽十年之梦影》："我第一回到闽南来，是在民国十七年十一月的时候，起初我是从温州来上海的。因为我以前一向在温州，在那边也住得很久，差不多也有十年的光景。这一回由温州到上海，是为着甚么事情呢？因为关于编辑《护生画集》的事，所以到上海来商量一切。到了十一月底，《护生画集》已编辑好了。那时我有一位旧时很要好的朋友，名尤惜阴居士，听说他也在上海，于是我很想去看他一看。有一天的下午，我去看尤惜阴居士了。居士说起他要到暹罗国去，于第二天的早晨即要动身的。我听到之后，登时觉得很欢喜，于是也想和他一同去。……要到暹罗国去，中间是须经过厦门的。所以我们得到厦门来，是无意中来的。于十二月初，即到厦门了。那时我们得着陈敬贤居士的招待，也曾在他们的楼上吃过午饭。

"以后陈敬贤居士就介绍我们到南普陀寺来。……到了南普陀寺后，即在方丈楼上住了几天。那时常来谈谈的有性愿老法师、芝峰法师，及大醒法师等。……住了几天之后，我即到小雪峰那边去过年。"（一九三七年《佛教公论》九月号）

⑩ 刘质平等《为弘一法师筑居募款启》：

弘一法师，以世家门第，绝世才华，发心出家，已十余年。披剃以来，刻意苦修，不就安养；云水行脚，迄无定居；卓志净行，缁素叹仰。同人等于师素有师友之雅，常以俗眼，愍其辛劳。屡思共集资材，筑室迎养；终以未得师之允诺而止。师今年五十矣，近以因缘，乐应前请。爰拟遵循师意，就浙江上虞白马湖觅地数弓，结庐三椽，为师栖息净修之所，并供养其终身。事关福缘，法应广施。裒赖腋集，端资众擎。世不乏善男信女，及与师有缘之人。如蒙喜舍净财，共成斯善，功德无量。

刘质平　经亨颐　周承德　夏丏尊　穆藕初　朱稣典　丰子恺同启　中华民国十七年岁次戊辰十一月。

⑪ 手书"座右铭"："正衣冠　尊瞻视　寡言辞　慎行动。　戊辰十二月居泉州雪峰寺敬书。昙昉。"

一九二九年（民国十八年己巳）　　五十岁

　　是年正月自南安小雪峰返厦门南普陀寺，居闽南佛学院约三个月。[①] 去冬在厦购得晋索靖书《出沙颂》，今春将回温州，题记留念。[②] 三月将离厦赴温州，致书蔡丐因，谓拟于秋凉迁入白马湖新居。[③] 四月，由苏慧纯居士陪同，离厦取道泉州赴温州。[④][②] 道经福州，游鼓山涌泉寺，于藏经楼览彼所雕《法华》《楞严》方册，精妙绝伦；又发见清初道霈禅师所著《华严经疏论纂要》刻本，叹为近代所稀见。[⑤] 因倡缘印布二十五部，并以十数部赠予扶桑诸古寺及佛教各大学。[⑥] 五月至温。六月至白马湖，致书九华山佛学院寄尘法师，谓秋凉后将与苏居士偕往鼓山印经，并介绍他披阅《云栖法汇》。谓其中《缁门崇行录》《僧训日记》《禅关策进》三种，尤为切要。[⑦] 时印西上座以所藏师之影像，请马一浮居士题偈。[⑧] 七月，选录明薛文清《读书录》有关戒除习气者百余则，以备寻览。[⑨] 同月，又录清三韩梁瀛侯《日省录》，有关警策身心之言为一卷，并为题记。[⑩] 九月二十日，为大师五十诞辰，在上虞白马湖，小住晚晴山房。书唐李义山"天意怜幽草，人间爱晚晴"一联，赠夏丐尊居士。自题："己巳九月昙昉，时年五十。"又书"具足大悲心"篆书五字，并自题记。[⑪] 同月廿三日，与绍兴徐仲荪、刘质平居士等至白马湖放生。撰有《白马湖放生记》。[⑫] 是年，夏丐尊以所藏大师在俗所临各种碑帖出版，名"李息翁临古法书"，由上海开明书店发行，师自为序。[⑬] 旋返温州城下寮，撰联赞叹地藏菩萨，并自题记。[⑭] 九月，将赴闽中，欲以晚晴山房所藏晋唐译《华严经贤首探玄记》、大本《起信论疏解汇集》等共十三包，寄存蔡冠洛嘉兴濮院可园，函询蔡氏是否同意？[⑮] 旋又移居江心寺，方便闭关，谢绝师友访问与通信。江心寺为温州名刹，宋代被列为"五山十刹"之一。著名禅僧真歇清了曾居于此。师在江心寺与李圆净、丰子恺计划编辑《护生画集》，本拟居住两年，以交通通信不便（由岸至江心寺，须乘船过江），遂改变计划。[⑯] 十月，重至厦门南普陀，以寺中有水陆法事，暂时移居太平岩（明末郑成功读书处）。[⑰] 是月，为闽南佛学院同学撰"悲智"训语，并手书以赠。[⑱] 同时为太虚大师所撰

《三宝歌》作曲。⑲十二月，太虚大师于闽院讲《瑜伽真实义品》，由学僧默如笔记，师逐日亲临听讲。⑳腊月，李慧勋等以师五旬初度欲为祝寿，师以校刻《梵网经菩萨戒疏》为嘱。㉑除夕移居雪峰寺。㉒太虚大师亦同莅寺度岁，作偈赠之。㉓是年，在俗仲兄李文熙桐冈逝世，年六十二。

注　释

①《南闽十年之梦影》："在厦门住了几天，又到小雪峰那边去过年。一直到（十八年）正月半以后才回到厦门，住在闽南佛学院的小楼上，约莫住了三个月工夫。……一直住到四月间，怕将来的天气更会热起来，于是又回到温州去。"

② 晋索靖书《出沙颂》复印件题记："戊辰十二月来思明，购得此册。尔后留滞南安雪峰者月余。近将归卧永宁，重展斯册，聊为题记。明年己巳正月廿三日，月臂。"

③ 致蔡冠洛书："去冬至沪，继游南北闽诸胜境。前日乃返温州，仍居城下寮。秋凉即迁入白马湖新居。三月廿三日，演音疏。"

④《南闽十年之梦影》："……正月半后才回到厦门……一直住到四月间……于是又回到温州去。"

Ⓧ 与寄尘法师书："尘法师：惠书诵悉，欢慰无尽。……苏居士偕返温州，秋凉后将与居士往鼓山，印刷经典，或在鼓山过冬。……演音和南，旧六月十六日。"

【按】苏慧纯居士，福建泉州晋江人，早年信佛。曾经商南洋，亲近转道和尚。回国后，又亲近太虚、弘一诸大师。战时曾侍转逢和尚漫游云南、印度。晚年在沪经营大法轮书店，出版《觉有情》杂志，宣扬佛法，不遗余力。

⑤《福州鼓山庋藏经板目录序》："昔年余游鼓山，览彼所雕《法华》《楞严》《永嘉集》等楷字方册，精妙绝伦。……又复检彼巨帙，有清初刊《华严经》及《华严疏论纂要》《憨山梦游集》等，而《华严疏论纂要》为近代所稀见者。余因倡缘印布，并以十数部赠予扶桑诸寺。"

【按】《华严经疏论纂要》为清初鼓山道霈禅师所纂。禅师号为霖，为永觉元贤法嗣，同被称为清初鼓山二高僧。道霈德学兼备，著作等身。其尤著者为《禅海十珍》一卷、《佛祖三经指南》三卷、《餐香录》二卷、《秉拂录》二卷、《还山录》四卷、《旅泊庵稿》四卷等。

⑥ 内山完造《弘一律师》："这时律师说：'还有一种叫《华严经疏论纂要》的书，正在印刷中。这书只印二十五部，想把十二部送给日本方面。将来出书以后，也送到尊处。'……据说，律师曾在福建鼓山发见这古刻的板子。这板子在现存的经典中，是很古的东西。日本的《大正大藏经》里也没有收入的。由此可见这经典的珍贵了。"

⑦ 与寄尘法师书："……座下天性仁厚，待人接物，与古德云栖莲池大师最为相近。窃谓今后能于《云楼法汇》，常常披阅，则学问当更有进。集中《缁门崇行录》《僧训日记》《禅关策进》三种，尤为切要，不慧披剃以来，奉此以为圭臬。滥厕僧伦，尚能鲜大过者，悉得力于此书也。愿与仁者共勉之。……演音和南，旧六月十六日。"

【按】寄尘法师，安徽合肥人，出家合肥明教寺。早年毕业于武昌佛学院，与大醒、芝峰、亦幻等同学。历任闽南佛学院、九华佛学院、岭东佛学院等教师。曾撰《法味》一文，介绍弘一大师初到厦门的情形。（见一九三〇年《海潮音》第十一卷第三期）又大师致刘质平信第二七通，亦曾提及此文。（见《弘一法师书信》一〇一页）

⑧ 马一浮题大师影像偈："看取眉毛拖地，何妨鼻孔撩天。一任诸方撒（？）邈，还他法尔依然。如来巨见色相，普贤偏出身云。若问观音正面，更无一物呈君。"

⑨ 明·薛文清公《读书录选》题记："《读书录》十卷、《续录》十二卷，明名臣薛文清（瑄）公撰。其中就性理者，颇近佛法。惜模糊影响，似是而非，故无足取。但其习气之言，皆精湛切实，可资吾人省惕，故择录百余则，以备寻览焉。己巳七月贤瓶道人书。"

⑩ 清·三韩梁瀛侯《日省录选》题记："余既选录《读书录》一卷，今复披阅三韩梁氏《日省录》。其中警策身心之言，颇为精切。皆多年阅历有得而后笔之于书者，故亦选录一卷，奉于座右，以资修省。梁氏之书，为编集前贤嘉言而成，非一家之言也。"

【按】贤瓶亦称善瓶、功德瓶等，为梵语本那伽咤之意译。贤者善之义，以瓶中能出心所欲求之物，引喻能生善福，故曰"贤瓶"。

⑪ 手书"具足大悲心"题记："此古法卷纸也。藏于钱塘定慧寺者百年后，归于余又十数年。尔将远行，写华严经句，以付后人，共珍奉焉。晚晴院沙门论月时年五十。"

⑫《白马湖放生记》："白马湖在越东驿亭乡，旧名泛浦。放生之事，前年间也。己巳秋晚，徐居士仲荪过谈，欲买鱼介放生马湖，余为赞喜，并乞刘居士质平助之。放生既讫，质平记其梗概，余书写二纸。一赠仲荪，一与质平，以示来贤焉。时分：十八年九月廿三日五更，自驿亭步行十数里到鱼市（在百官镇），东方未明。……放生之时，岸上簇立而观者甚众，皆大欢喜，叹未曾有。是岁嘉平无缚书，时居晋江南普陀禅林，读诵《华严经清凉疏钞》。"

⑬《李息翁临古法书序》："居俗之日，尝好临写碑帖，积久盈尺，藏于丏尊居士小梅花屋，十数年矣。尔者居士选辑一帙，将以锓版示诸学者，请余为文冠之卷首。夫耽乐书术，增长放逸，佛所深诫。然研习之者能尽其美，以是书写佛典，流传于世，令诸众生欢喜受持，自利利他，同趋佛道，非无益矣。冀后之览者，咸会斯旨，乃不负居士倡布之善意耳。岁躔鹑尾，如眼书。"（按：鹑尾为巳年，即一九二九年——著者）

⑭ 撰联赞地藏菩萨并记："多劫荷慈恩，今居永宁，得侍十年香火；尽形修忏法，愿生极乐，早成无上菩提。辛酉三月，余来永宁，居庆福寺，亲得瞻仰礼教，承事供养地藏菩萨摩诃萨，并修《占察忏仪》。明岁庚午，首涉十载。自幸余生，获逢圣教，岂无庆跃，碎身莫酬；揽笔成词，辄申赞愿。惟冀见闻随喜，同证菩提。己巳十月，时年五十，弘一。"——（因弘《恩师弘一音公驻锡永嘉行略》）

⑮ 致蔡冠洛书："寄存之书共十三包。其中大部之书有晋唐译华严经《贤首探玄记》（此书极精要）、大本《起信论疏解汇集》等。是等诸书，朽人他日倘有用时，当斟酌取返数种；若命终者，则以此书尽赠与仁者，以志遗念。……拟托春晖中学杨君暂为收贮。将来觅便，赍奉仁者，未审可否？乞裁酌之。若可行者，希即致函杨君来此领取。朽人十日后即往闽中，衰老日甚，相见无期。……演音，九月七日。"

⑯ 致李圆净书："朽人现拟移居，以后寄信件等，乞写'温州麻行门外江心寺弘一收'为宜。……又朽人在江心寺，系方便闭关。一概僧俗诸师友，皆不晤谈。又各地常时通信之处，亦已大半写明信片，通告一切：'谓以后两年三个月之内，若有来信，未能答复。又写字、作文等事，皆未能应命云云。'……再者，由他处寄至江心寺之函件，须存放某豆腐店，待工人等买豆腐时领取。豆腐店中人及工人等，皆知识简单，少分别心。虽有双挂号之函件，彼等亦漠然视之，不加注意。以是之故，虽双挂号，或亦不免遗失。因

邮局之责任，仅送至豆腐店为止，以后即不管也。……九月廿四日，演音上。"

⑰《南闽十年之梦影》："第二回到闽南，是民国十八年十月，起初先到南普陀寺住了几天，以后因为寺里要做'水陆'，所以搬到太平岩去住。等到水陆圆满，又回到南普陀，而在前面的老功德楼上住着。……不久我又到小雪峰去过年。"

⑱ 赠闽南佛学院同学"悲智"训语："己巳十月，重游思明，书奉闽南佛学院同学诸仁者'悲智'：'有悲无智，是曰凡夫。悲智具足，乃名菩萨。我观仁等，悲心深切。当更精进，勤求智慧。智慧之基，曰戒曰定。如是三学，次第应修。先持净戒，并习禅定。乃得真实，甚深智慧。依此智慧，方能利生。犹如莲华，不着于水。断诸分别，拾诸执着。如实观察，一切诸法。心意柔软，言音净妙。以无碍眼，等视众生。具修一切，难行苦行。是为成就，菩萨之道。我与仁等，多生同行。今得集会，生大欢喜。不揆肤受，辄述所见。倘契幽怀，愿垂玄察。大华严寺沙门慧幢撰。'"

【按】据当时闽院教务主任芝峰法师言："太虚法师作歌，弘一法师作曲之《三宝歌》曲谱，即在是时所作。"

⑲ 印顺著《太虚大师年谱》一九二九年十二月一日条："（太虚）大师作三宝歌，时弘一住南寺，为之作谱，其歌曲颇为流行。"

⑳ 默如《七十自述》："……他如（太虚）大师（一九二九年十二月在闽院）讲《瑜伽真实义品》时，弘一大师逐日无间，亲临听讲，余亦记集成册。"（见一九七五年香港《内明》杂志第四十一期）

㉑ 李慧勋《梵网经·跋》："右唐法铣撰《梵网经菩萨戒疏》原本两卷，中土久佚。比年得自东瀛，仍缺下卷；然唐人疏文，一字一句，皆堪宝贵。此疏虽缺下卷，亦足以资探究。弘一法师精究律藏，尤穷心于一切有部。岁在己巳，为师五旬初度，同人欲为师寿。师驰书力辞，而以校刻是疏为嘱。爰为付之剞劂，以副师'扶律谈常'之愿。异时倘获下卷续刻，以成完书，则尤法门幸事矣。己巳腊月优婆塞李慧勋附识。"

【按】"扶律谈常"，即"扶持戒律，谈佛性常住之理"的教法。天台宗指《涅槃经》的教说。释尊因末世有恶比丘，破戒律，不信如来常住之理，因而产生邪见，故为诫之而说此经。

㉒ 致蔡冠洛书："交邮明信，想达慧览。除夕移居雪峰，甚安。……元旦后一日，在邮局书，演音。"

㉓　太虚法师赠偈并跋："圣教照心，佛律严身。内外清净，菩提之因。十九年在泉州小雪峰度岁，曾拈此偈，赠弘一律师；今值六旬诞生，书以为祝。太虚，廿九，十一，十二。"

【按】据芝峰法师言：十八年冬，他与苏慧纯居士，随太虚法师入泉弘法，除夕同至南安小雪峰寺度岁。时寺主转逢和尚年届五十，与弘一法师同年。故太虚法师有"今夕可为二老合做百岁寿"之语云。

一九三〇年（民国十九年庚午）　　五十一岁

　　是年正月，自南安雪峰寺至泉州承天寺。适性愿法师创办月台佛学研究社，师随喜赞叹，曾为青年学僧演讲写字方法二次，并为承天寺整理所藏古版藏经，编成目录。^①又书"以戒为师"一小幅，赠与月台佛学社庚午冬考试品行最优者。^②学律高足性常，是年方识师于承天寺。^③是时印月长老将归厦门虎溪岩，师以其法号"会泉"二字，撰冠头联并手书赠之。^④四月初离闽，至上虞白马湖晚晴山房。是月十四日，夏丏尊四十五生辰，约经亨颐与师共饭蔬食。经氏作画以祝。师写《仁王般若经偈》贻之。^⑤五月至宁波白衣寺，夏丏尊与显念居士（钱均夫）访之，师闻显念已皈依三宝，甚为欢喜。劝他应到观宗寺听谛闲法师讲经和天宁寺参谒虚云老法师。^⑥白衣寺主安心头陀以虚云、弘一二老聚会，胜缘难遇，就寺设斋供养并欢迎摄影，以留纪念。^⑦六月居晚晴山房，据东瀛古版《行事钞》校阅天津新刊，改正讹误。^⑧时刘质平重到晚晴山房，商榷《清凉歌》，因集华严偈句书联贻之。^⑨秋自白马湖法界寺至白湖金仙寺访亦幻法师。十月十五日在寺听静权法师讲《地藏经》及《弥陀要解》。即于经期中，为幻师等五人偏房讲自著《五戒相经笺要》。讽诵之余，致力《华严》之研究，并缀成《华严集联三百》。次年由上海开明书店出版。^⑩十一月下旬，经期圆满，即离白湖金仙寺至温州城下寮度岁。时性愿法师驻锡厦门云顶岩，师致书贺之。^⑪

注　释

　　①《南闽十年之梦影》："第二回到闽南，是民国十八年十月。起初先到南普陀寺住了几天，……不久又到小雪峰去过年。到了（十九年）正月半才到承天寺来。那时性愿老法师亦在承天寺，他正在写着章程想要办什么研究社。不久，研究社成立之后，气象可以说是十分好的。……当时我也在那边教了两回关于写字的方法。此外在有闲空的时候，曾把寺里那些古版的藏经整理过一番，后来还编成目录，至今还留在那边。我在承天寺约住了三个月，

到四月的时候，恐怕天气要热了，于是又回到温州去。"

②昙昕《音公本师见闻琐记》："十九年我在月台佛学社考试后，法师给我一张'以戒为师'四个字的字幅，傍注'敬赠晋江月台佛学社庚午冬季考试品行最优者惠存，以为纪念。一音'。"

③性常《亲近弘一大师之回忆》："民国庚午年，余始拜识大师于承天月台佛学社。时承大师亲赠《李息翁临古法书》一册，并墨宝数种为纪念。"

④撰联赠印月法师并跋："'会心当处即是，泉水在山乃清。'印月法师归卧虎溪，书此呈之。后学月臂，时庚午居丰州。"

【按】印月名明性，字会泉，以字行，印月为其别号，是厦门南普陀寺第一任十方选贤丛林住持，时已退居。虎溪，即厦门虎溪岩。丰州即泉州南安县古称。

⑤《题经亨颐赠夏丏尊画记》："庚午五月十四日，丏尊居士四十五生辰，约石禅及余至小梅花屋共饭蔬食，石禅以酒浇愁。酒既酣，为述昔年三人同居钱塘时，良辰美景，赏心乐事，今已不可复得。余乃潸然泪下，写《仁王般若经》苦空二偈贻之：

生老病死，轮转无际。事与愿违，忧悲为害。
欲深祸重，疮疣无外。三界皆苦，国有何赖？
有本自无，因缘成诸。盛者必衰，实者必虚。
众生蠢蠢，都如幻居。声响皆空，国土亦如。
永宁沙门亡言，时居上虞白马湖晚晴山房。"

【按】经亨颐，字子渊，亦称颐渊，别号石禅，浙江上虞人。少时留学日本，毕业东京高等师范。归国后入教育界，先后任杭州浙江第一师范及上虞白马湖春晖中学校长。其题画云："'清风长寿，淡泊神仙'，十九年六月，丏尊老兄四十五生辰，颐渊写此为祝。"

⑥显念居士《悼弘一师》："余于民国十九年春间于役甬江，遇友人夏丏尊于甬江旅舍。丏尊告以汝常念师，今游踪所至，适驻锡城内白衣寺，如欲参谒者，可于翌晨同往晋见。次日偕往，则见阔别将近二十年之老友，已非昔日风度翩翩之李叔同，而俨为人天师矣。斯时春寒未消，余尚服薄棉，师则衣短褐，赤足纳草履。一见即向余谓：'闻君已皈依三宝，走入光明之路，很好很好。今在甬埠，有两事必须做到：一、谛老法师适在观宗寺讲经，应抽暇至少须往参听一座，以结善缘。二、应到天宁寺参谒由滇省来游之虚云

老法师。此老法师入定可到二十一日之久，为目前海内所不易遇见者。'"

【按】钱均夫，名家治，"显念"为他皈依谛闲法师的法名。据钱学敏《日月璧合·风雨同舟》（记钱学森夫妇）说："钱学森的父亲钱均夫，是吴越钱武肃王（八九三）的后代。浙江杭州人，博学多才。早年东渡日本学习教育、历史、地理，回国后，就职于当时北京的教育部。由于他的教育思想比较进步，文笔超凡逸俗，尤喜古典文学、诗书、字画，因而颇得鲁迅的赏识，彼此视为知己。至今在鲁迅的日记中，仍可见当时他俩友好交往的多次记载。"（见一九九二年四月二日《人民日报·海外版》；钱学森于一九九一年十月被授予"国家杰出贡献科学家"的荣誉称号。）

* 钱均夫后来任教浙江第一师范时，与师同事。这条记事，作者原写明"民国十九年春（一九三〇）于役甬江"与夏丏尊同谒大师；但说"斯时春寒未全消，余尚服薄棉，师则衣短褐，赤足纳草履"当系回忆之误。

我以师此次至甬已在仲夏，故疑为二十年（一九三一）之误，初版年谱改置于二十年条。后见一九三一年《海潮音》月刊十二卷十二期图版"宁波白衣寺欢迎虚云、弘一二大师"合影，有"时在庚午仲夏"年月记载，加以师有劝显念居士"应到天宁寺参谒由滇省来游之虚云老法师"之语，故应还原于十九年（一九三〇）条。

⑦ 虚云、弘一二法师摄影题记："宁波白衣寺欢迎虚云老和尚暨弘一法师摄影，以志纪念，时在庚午仲夏。"合影者有虚云、弘一、文质（天童寺退居）、安心头陀（白衣寺主）、黄寄慈（大师学生）等。（见一九三一年《海潮音》十二卷十二期图版）

⑧《圈点〈南山钞记〉自跋》："剃染后二年庚申，请奉东瀛古版《行事钞记》，未遑详研。甲子四月，供施江山。逮于庚午六月居晚晴山房，乃检天津新刊，详阅圈点，并抄写科文，改正讹误。"

⑨ 集华严偈句书赠刘质平题记："获根本智，灭除众苦；证无上法，究竟清凉。庚午六月，质平居士重来白马湖晚晴山房，商榷《清凉歌》，因为撰辑第一集，都凡十首，并集《大方广佛华严经》偈句，书联贻之，以为著述之纪念。法界寺沙门亡言，时年五十又一。"

⑩ 亦幻《弘一法师在白湖》："弘一法师在白湖前后共住四次，时隔十载，正确的日期我一时已记不起来。大概第一次是在十九年的孟秋，以后的来去，亦多在春秋佳节。……是年十月十五日，天台静权法师来金仙寺宣讲《地藏

经》和《弥陀要解》。弘一法师参加听法，两个月没有缺过一座。权法师从经义演绎到孝思在中国伦理学上之重要的时候，一师当着大众哽咽，涕泣如雨，全体听众无不愕然惊惧，座上讲师亦弄得目瞪口呆，不敢讲下去。……因他确实感动极了。当时自己就写了一张座右铭：'内不见有我，则我无能。外不见有人，则人无过。一味痴呆，深自惭愧；劣智慢心，痛自改革。'附上的按语是：'庚午十月居金仙，侍权法师讲席，听《地藏菩萨本愿经》，深自悲痛惭愧，誓改过自新。敬书灵峰法训，以铭座右。'……弘一法师在白湖讲过两次律学。初次就在十九年经期中，所讲三皈与五戒，课本是用他自著之《五戒相经笺要》，讲座就设在我让给他住的丈室。他曾给它起名为'华藏'，书写篆文横额。下面附著按语：'庚午秋晚，玄入晏坐此室，读诵华严经，题此以志遗念。'因为偏房说法的缘故，只有桂芳、华云、显真、惠知和我（亦幻）五人听讲。静权法师很恳切地要求参加，被他拒绝了。我现在毕竟记不清楚了，《清凉歌》与《华严集联三百》，是哪一本先在白湖脱稿的。……弘一法师此时（十九年秋）其余的工作，我记得好像是为天津佛经流通处校勘一部《华严注疏》，一部灵芝《羯磨疏济缘记》。同时他在白湖所研究的佛学，是华严宗诸疏。每日饭后，必朗诵《普贤行愿品》数卷，回向四恩三有，作为助生净土的资粮。法师是敬仰灵芝、莲池、蕅益诸大师的，我揣想他的佛学体系是以华严为境，四分戒律为行，导归净土为果的。……

"静权法师经筵于十一月二十日解散，时已雨雪霏霏，朔风刺骨地生寒。弘一法师体质素弱，只好离开白湖，仍归永嘉的城下寮去。我送他坐上乌篷船过姚江，师情道谊，有不禁黯然的感伤。"

⑪致性愿法师书："性老法师慈鉴：……在金仙寺听经月余，近已圆满。拟于明日往温州度岁。承示法座驻锡云顶，至用欢忭。明岁当来厦亲近座下，以慰渴念。……末学演音稽首（一九三〇）十一月廿六日。"

【按】性愿老法师为师入闽以后挚友。他早年出家，饱参饱学，故师尊为前辈。在闽住处，多由他介绍。云顶即云顶岩，为厦门八景之一——所谓"云顶观日"是也。

* 太虚法师有《游云顶岩登厦岛最高峰》诗云："损腰未倦登山兴，得得扶筇造极来。路畔澄潭明镜映，岩前丛树翠屏开。寒生六月留云洞，高越群峰观日台。一览厦门全境尽，海天空阔此蓬莱。"（《海潮音》第十一卷第三期）

是年，上海佛学书局出版《大般若经知津》，师编录《大般若经易检表》

共六版，附刊于《大般若经知津》之后。此事系由美国妙因法师函告，特此致谢。惜该表至今未见。越年九月，师自金仙寺致芝峰法师书云："末学近拟读《大般若经》。曩承虚大师谆谆慈训，深为感荷。他日通信之时，乞代为问安。……音和南，九月廿五日。"

一九三一年（民国二十年辛未）　　五十二岁

　　是年春，在温患疟甚剧，虔诵《行愿品偈赞》，遂觉清凉。① 师致芝峰之书亦云："今春以来，疾病缠绵，至今尚未复元。"② 时将赴上虞法界寺，函告蔡冠洛居士，愿以自圈点之《圆觉经大疏》并节录钞文赠之。③ 二月，居法界寺，于佛前发专学南山律誓愿。④ 三月为法界寺书《华严集联》，以为纪念。⑤ 四月，立"遗嘱"一纸，谓谢世后凡存法界寺之佛典及佛像，皆赠予徐安夫居士。⑥ 是时传师为某僧劫持入陕，在甬已上船，为学生刘质平夺回。师云传言失实，并非"劫持"。⑦ 旋离白马湖至慈溪鸣鹤场金仙寺。拟著《灵峰大师年谱》未果，因撷取《灵峰宗论》中的名言，成《寒笳集》。⑧ 又撰《华严经读诵研习入门次第》⑨，并手书《华严集联三百》在沪付印，师自为序⑩，弟子刘质平加跋⑪。其后数年名家经亨颐⑫、马一浮先后为之跋，至为推重⑬。五月，白湖金仙寺主亦幻法师发起创办"南山律学院"，请师主持弘律，遂于五月移居五磊寺。师允任课三年。后因与寺主意见未洽，飘然离去。⑭ 师居五磊寺时，撰《南山律苑杂录·征辨学律义》八则，对近代传戒不如法情况，以问答体裁，辨明传戒本义，并引蕅益大师之言，寄慨遥深。⑮ 六月初五日，胜月居士（胡宅梵）三十初度，适金陵刻经处寄到《阿弥陀经疏钞》，即以此书赠之而为纪念。⑯ 九月，在白湖金仙寺撰《清凉歌集》，因歌词之义深奥，非常人所能了解，因函请闽南佛学院芝峰法师代撰歌词注释（《清凉歌集达旨》）。⑰ 同月得复书允代撰释文，师致书申谢。学僧密俺近阅禅宗语录，师劝彼应先于"法相""三论"痛下一番功夫，然后再阅禅宗之书，乃为稳妥。⑱ 是时厦门广洽法师函邀赴闽，即自温州动身前往。至沪后因时局不宁，经友人劝阻未果行。⑲ 九月中旬到杭州，小住虎跑寺，适圆照禅师往生，请安心头陀封龛说法。茶毗时，师与道俗助念佛号，并合影留念。⑳ 十月，由杭州渡江至绍兴，卓锡戒珠讲寺，蔡冠洛与鸿道人（李鸿梁）为之写像，并以纂述年谱请。师以为无过人行，逊谢未遑。但所谈极关重要，于其生平事迹及出家后修持境界，可得仿佛。㉑ 住数日，游览若耶溪、显圣寺绍兴诸名胜，复回宁波。

因栖莲和尚之恳求，重至五磊寺，与该寺约法十章，旋又他去。㉒腊月，至镇北龙山伏龙寺度岁。㉓是年为蔡冠洛撰其父《渊泉居士墓碣》。㉔又撰《永嘉庆福寺缘册题词》。㉕并发明"听钟念佛法"，撰稿刊布，而不署名。㉖

注　释

①蔡冠洛《戒珠讲苑一夕谈》："（师言）予今春病疟，热如火焚，虔诵《行愿品偈赞》，略无间断，遂觉清凉。一心生西，境界廓然，正不知有山河大地，有物我也。"

【按】蔡氏《一夕谈》作于一九三一年十一月，时师卓锡绍兴戒珠讲苑，将去苑之前夕。

②致芝峰法师书："音今春以来，疾病缠绵，至今尚未复元，故掩室之事不得不暂从缓。前日到金仙寺访幻法师，藉闻座下近况，至为欣慰。……演音和南，九月四日。"（见澳门《觉音月刊·弘一大师六十大寿纪念号》）

③致蔡冠洛书："朽人近年已来，两游闽南各地，并吾浙、甬、绍、温诸邑，法缘甚盛，堪慰慈念。惟以居处无定，故久未致书问讯耳。去年夏间，曾立'遗嘱'，愿于当来命终之后，所有书籍悉以奉赠于仁者。是遗嘱当来由夏（丏尊）居士受收耳。数日后即返法界寺，秋凉仍往闽南。以后惠书，希寄'绍兴转百官横塘庙镇寿春堂药房转交法界寺弘一收'。又《圆觉大疏》一部，前在闽时以数月之力圈点，并节录钞文，乞仁者检出（按：此书原寄存嘉兴可园蔡冠洛处），觅暇读之，当法喜充满也。附白。旧正月十一日演音疏。"

④《圈点南山钞记自跋》："辛未二月居法界寺，于佛前发专学南山律誓愿。"

⑤手书华严集联题记："如来境界无有边际，普贤身相犹如虚空。岁在辛未三月居兰阜，敬书晋译《大方广佛华严经》偈颂集句：世间净眼品第一，卢舍那佛品第二。明州大誓愿庄严院沙门亡言。"

【按】兰阜即上虞法界寺山名。

⑥《遗嘱》之一："弘一谢世后，凡寄存法界寺之佛典及佛像，皆赠予徐安夫居士：其余之物皆交法界寺库房。辛未四月，弘一书。"

⑦致蔡冠洛书："惠书诵悉，感谢无量，传言失实，非劫持也。（传大师为某法师强迫入陕，已在鄞下船矣，为刘质平所夺回。余以书讯之，师回示谓'传言失实'。冠洛注。）今居法界寺尚安。近岁疾病，精神大衰，畏寒尤

甚，秋凉仍往闽南耳。尔来法缘殊胜，上海佛学书局发愿印拙书佛经及屏联近二十种，广为流通。《华严集联》已将写就，刘居士影印。近又发心编辑，《南山三大部》纲要、表记，约六七载，乃可圆满，顺达不宣。音疏，旧四月六日。"

【按】姜丹书《弘一律师小传》："谓师至甬上，有某僧以筹济陕灾请至长安，上人不欲拂其意，许随行。已上船，刘质平突入舱，负之返岸"云云；此事原系于一九二九年，应改移本年为是。

⑧ 亦幻《弘一法师在白湖》："此别至明年（二十年）春光明媚的三月，他始由瓯江返抵白马湖的法界寺中和晚晴山房两处小住。旋来白湖，赠我绍兴中学旧门人李鸿梁他们替他摄的照片与小影多帧。那时他的著作是《灵峰大师年谱》。后来他在《现代僧伽》杂志上看到闽院学生灯霞，发表一篇《现代僧青年的模范大师》，就是捧出一位蕅益大师的道德学问，足为现代青年僧的模范。他对此文认为满意，因此那篇《年谱》便未写完。后来编撰蕅益大师的嘉言成一册《寒笳集》，或许就是这工作的变相了。"

⑨ 《华严经读诵研习入门次第》："读诵研习，宜并行之。今依文便，分为二章。每章之中，先略后广。学者根器不同，好乐殊致，应自量力，各适其宜可耳。龙集辛未首夏沙门亡言述。"

⑩ 《华严集联三百序》："割裂经文，集为联句，本非所宜。今徇道侣之请，勉以缀辑。其中不失经文原意者虽亦有之，而因二句集合，遂致变易经意颇复不鲜。战兢悚惕，一言三复。竭其驽力，冀以无大过耳。兹事险难，害多利少。寄语后贤，毋再赓续。偶一不慎，便成谤法之重咎矣。

"华严全经有两译：一晋译有六十卷三十四品，二唐译有八十卷三十九品。若其支流一品别译者，凡三十余部。惟唐贞元译《普贤行愿品》四十卷传诵最广，盖是晋唐译全经中入法界品别译本也。今所集者，都三百联。自晋译华严经偈颂中集辑百联（附录四联，原文连续非是集缀），自唐译经偈颂中集辑百联（附录集句二十五联，为前百联之余，又附八联，原文连续，非是集缀），自唐贞元译《华严经普贤行愿品》偈颂中集辑百联（附录二联，原文连续非是集缀）。后贤书写者，于联句旁，或题曰'某译华严经偈颂集句'，或题曰'某译大方广佛华严经偈颂集句'，或题曰'某译大方广佛华严经某品某品偈颂集句'。'集'字勿冠经名之上，昭其敬重耳。辑录联文，悉依上句而为次第。惟唐贞元译七言八言第一，重如字，以义各异，姑附存之。

"只句片言，文义不具，但睹集联，宁识经旨。故于卷末别述《华严经读颂研习入门次第》一卷。惟愿后贤见集联者，更复发心，读颂研习华严大典。以兹集联为因，得入毗卢渊府，是尤余所希冀者焉。于时岁次鹑首四月二十一日大回向院胜髻书。"

【按】鹑首为辛未年，即民国二十年，核以《华严经读颂研习入门次第》叙末所记"辛未首夏"恰符。四月二十一日为大师亡母之诞辰，师常写经以资回向。

⑪ 刘质平《华严集联三百跋》："吾师叔同李先生，生有凤根，耽奇服异，弱冠驰骋词场，雅负三绝之誉。……岁之四月，为太师母七十冥辰，我师缅怀罔极，追念所生，发宏誓愿，从事律学撰述，并以余力集华严偈缀为联语，手录成册。冀以善巧方便，导俗利生。质平偶因请业，获睹宏裁，鸿朗庄严，叹为稀有。亟请于师付诸影印，庶几广般若之宣流，永孝思于不匮。世界有情，共顶礼之。庚午年二月望日弟子刘质平敬跋。"

⑫ 经亨颐《华严集联三百跋》："弘一上人俗姓李，名息，字叔同，别号息霜，本天津望族。余曩任浙师范于民国元年，聘上人掌音乐图画，教有特契。艺术之交，亦性理之交也。刘子质平，习于斯凡五年，音乐具凤睿，上人尽授之。今以斯立于世，上人之赐也。上人性本澹泊，却他处厚聘，乐居杭。'一半勾留是此湖'；而其出家之想，亦一半是此湖也。迨七年秋，毅然入山剃度，身外物尽俾各友，余亦得画一帧，永为纪念。旋余亦离杭，自此与上人相见遂不易。计自出家，忽忽已十四载。其间二次晤于白马湖。上人以此处堪长在，爱上人者为筑'晚晴山房'于山之麓。余亦居于长松下，颜曰'长松山房'，上人曾纳斋于其中。余适以爨碑古诗联遣兴，上人见而称可。今上人于诵经之余，亦集联成巨册，质平宝之，嘱题以永藏弆，并志余与上人质平三人之缘如此。二十一年九月颐渊居士识于沪滨。"

⑬ 马一浮《华严集联三百跋》："丁丑冬十一月，避寇桐庐北郊，因丰子恺得遇刘质平居士。出弘一大师手书真迹属题，患难中一段奇事也。大师未出家时，教授浙中，丰、刘皆出其门，于艺术并有深造，子恺尤好佛法。质平得大师片纸只字，皆珍若拱璧。积册至多，装褙精绝。余为题曰：'音公杂宝。'此为《华严集联》，亦大师欲以文字因缘方便说法之一。非质平善根深厚，何以独见付嘱郑重如是耶？

"大师书法，得力于'张猛龙碑'，晚岁离尘，刊落锋颖，乃一味恬静，在书家当为逸品。尝谓华亭（董其昌）于书颇得禅悦，如读王右丞诗。今观大师书，精严净妙，乃似宣律师文字。盖大师深究律学，于南山、灵芝撰述，皆有阐明。内熏之力自然流露，非具眼者，未足以知之也。肇公云：'三灾弥纶，而行业湛然。'道人墨宝所在，宜足以消除兵劫矣。蠲戏老人识。"

⑭致蔡冠洛书："五磊寺主等发起南山律学院，余已允任课三年（每年七个月，旧历二月十五日至九月十五日，余时他往）。明春始业，经费等皆已就绪。自今以后，预备功课，甚为忙碌。半月之后，即往温州过冬。住址未定，俟后奉闻。……音启。十月十二日。"

⑮《征辨学律义》附录问答：

问："百丈清规，颇与戒律相似，今学律者，亦宜参阅否？"

答："百丈于唐时编纂此书，其后屡经他人增删，至元朝改变尤多，本来面目，殆不可见。故莲池、蕅益诸大师力诋斥之。莲池大师之说，今未及检录，唯录蕅益大师之说如下文云：'正法灭坏，全由律学不明。百丈清规久失原作本意，并是元朝流俗僧官住持，杜撰增饰，文理不通。今人有奉行者，皆因未谙律学故也。'"

问："今世传戒，皆聚集数百人，并以一月为期，是佛制否？"

答："佛世，凡受戒者，由剃发和尚为请九僧，即可授之，是一人别受也。此土唐代虽有多人共受者，亦止一、二十人耳。至于近代，唯欲热闹门庭，遂乃聚集多众。故蕅益大师尝斥之云：'随时皆可入道，何须腊八及四月八？难缘方许三人，岂容多众至百千众也。'至于受戒之时，不足半日即可授了，何须多日。且近代一月聚集多众者，祇亦令受戒者，助作水陆经忏及其他佛事等，终日忙迫，罕有余暇。受戒之事，了无关系，斯更不忍言矣。故受戒不须多日，所最要者，和尚于受前受后应负教导之责耳……"

【按】《南山律苑杂录》，已编入《弘一大师律学著作三十三篇》。

⑯《阿弥陀经疏钞·题记》："逊国后二十年岁次辛未六月初五日，胡胜月宅梵居士三十初度。是日又值先吏部公百十九岁冥诞。是晨适由金陵邮寄《阿弥陀经疏钞》一部并《缁门崇行录》十五部达五磊。时节因缘，巧为偶合，不可思议也。谨以《疏钞》奉居士而为三十纪念。一音。"

⑰致芝峰法师书（一）："音因刘质平居士谆谆劝请，为撰《清凉歌集》第一辑。歌词五首，附录奉上，乞教正。歌词文义深奥，非常人所能了解，须撰浅显之注释，详解其义。音多病，精神衰颓，万难执笔构思，且白话文

字亦非音之所长。拟恳座下慈悲，为音代撰歌词注释，至用感祷。演音和南，九月四日。"

⑱ 致芝峰法师书（二）："惠书敬悉。承诺代撰释文，感谢无尽。居金仙已两旬余，承幻和尚优遇甚至；自惟德薄能鲜，时用怀悚耳。授华云师习字已半月，颇有进步，亦尝与密唵师晤谈。彼近阅禅宗语录，鄙意劝彼应先于'法相''三论'痛下一番功夫，然后再阅禅宗之书，乃为稳妥，未审尊见以为如何？末学近拟读《大般若经》，曩承虚大师谆谆慈训，深为感荷。他日通信之时，乞代为问安。音和南，九月二十五日。"（见澳门《觉音月刊·弘一大师六十大寿纪念号》）

⑲《南闽十年之梦影》："到了民国二十年九月的时候，广洽法师写信来，他说很盼望我到厦门。当时我即从温州动身到上海，预备再到厦门来；但因为一班朋友的功阻，以为时事不大安定，不要远离好，于是就仍回到温州去。"

⑳ 虎跑圆照禅师圆寂摄影题记："辛未九月十八日，虎跑定慧寺圆照禅师往生极乐。十九日请安心头陀封龛。说法既竟，与沙门栖莲、弘伞、弘一，居士徐仲荪合摄此影，以志遗念。演音。"

㉑ 蔡冠洛《闽行前一夕谈》："十月五日弘一法师赴闽未果，由杭渡江至绍兴，卓锡戒珠讲苑。四日将行，余与鸿道人既为之写像，复以纂述年谱请。谓'法师当代龙象，应化事迹，极为显著，宜于生前自定年谱，以示后人'。法师答云：'平生无过人行，甚惭愧。有所记忆，他日当为仁等言之。'至二十岁前，陈元芳居士已得其略。年七八岁，即有无常、苦、空之感，乳母每教诫之，以为非童年所宜。庚子三月，初居沪渎小南门城南草堂，乙巳东渡。母殁（母殁在前，东渡在后——著者），益觉四大非我，身为苦本。其后出家虎跑，全仗宿因，时若非即披剃不可，亦不知其所以然也。一切无他顾虑，惟以妻子不许为忧，竟亦一叹置之，安然离俗。学律求反南山之初宗，与今金山、常州（天宁寺）异科。念佛虔诵《华严经》，而《普贤行愿品》一卷，尤为一经之关键，深文奥义，简明易诵。古德谓：'《普贤行愿赞》为略《华严经》，《华严经》为广《普贤行愿赞》，洵不虚也。是品可赞可传，可行可宝，实修行之机枢。今春病疟，热如火焚，连诵《普贤行愿品偈赞》，略无间断，一心生西，境界廓然。正不知有山河大地，有物我也。与灵岩老人亦稍有不同。……'言已，以《寒笳集》贻余，鼓山《金刚经》贻鸿道人（鸿道人即李鸿梁），时印西、普行二上人并在座云。"

【按】灵岩老人指印光法师。以老人晚年居苏州灵岩山，故尊称之。鸿道人即李鸿梁。

㉒　岫庐《南山律学院昙花一现记》：

栖莲和尚见事情弄糟，情急智生，又往宁波白衣寺恳求法师。果然……欲到厦门去过冬的法师，在上海住了一星期，又只身回五磊寺来了。他大概是想到：既不能从心办学，不免对不起良心和素志，徒然拘束，不如走回来与栖莲和尚作彻底的解决。这意思我们不难于他们所定的十项契约中看出。兹并附录在后面：

（一）于五磊寺团结僧伽，恭请弘一法师演讲毗尼，不立律学院名目。

（二）造出僧材之后，任彼等分方说法，建立道场，以弘法为宗旨。

（三）暂结律团，在法师讲律期内，无有院长、院董名称。

（四）大约几年可以造出讲律僧材，随法师自为斟酌。

（五）倘法师告假出外者，任法师自由。

（六）一旦造出讲律僧材之后，任法师远往他方，随处自在，并与律学院一切事务脱离关系，不闻不问。

（七）凡在学期内大小一切事务，总任法师设法布置，听师指挥，无不承顺。

（八）凡在学期内，倘有与法师不如意之处，任法师随时自由辞职，绝不挽留。

（九）以上所定各条件，完全出于栖莲本意，绝无法师意见；倘以后于以上条件有一件不能遵守时，任法师自由辞职，绝不挽留。

（十）聘请律师二人，担保以上各条件，各不负约。

民国二十年十一月十九日五磊寺住持栖莲

见证人亦幻、永睿

原作者按："此契约之发生，系由法师提出口头问话后，栖莲和尚根据自己之答复草成。法师说：'我从出家以来，对于佛教向来没有做过甚么事情。这回使我能有弘律的因缘，心头委实是很欢喜的。不料第一次便受了这样的打击。一月未睡，精神上受了很大的不安，看经念佛，都是不能。照这情形看来，恐非静养一二年不可。虽然，从今以后，我的一切都可以放下，而对于讲律之事，当复益精进，尽形寿不退。'"（见二十一年四月十日厦门《现代佛教》第五卷第四期）

㉓ 亦幻《弘一法师在白湖》：“弘一法师移住龙山，这时系属第二次，他与龙山伏龙寺的监院诚一师认识，为我所介绍。初次去时，记由胡宅梵居士送去的。……弘一法师在白湖讲过两次律学，初次就在十九年经期中，……第二次是在廿一年的春天，他突然从镇北的龙山回到白湖，说要发心教人南山律。”

㉔ 清故渊泉居士墓碣文：“渊泉居士姓蔡，讳宗沈，诸暨月陇村人。累世力田，勤苦自给。居士生有异禀，从塾师读三四年，已能为帖括文。逮入邑庠，遂厌弃之。率意怀素狂草，颇得错综变化之妙。精篆刻，偶作小印，识者珍焉。顾性傲岸，未肯下人，荐绅咸畏惮，不获于世，坎壈而终。维时逊国后三年，岁次甲寅，春秋六十有八。先娶斯孺人，继配金孺人，生子冠洛。十载孺人殉，由是不再娶。破屋瓦灶，一灯荧荧。养媳稚儿幼女，蓬发跣足其侧。居士手持《金刚般若波罗蜜多经》为之讲说曰：圣道在是矣。今岁五月，冠洛书来陈述轶事。以彼父母，悉积善业，世称其德，久而勿衰。近将合葬濮院之原，愿乞题碣，亦犹亡亲得闻难闻法也。冠洛字丏因，博学能文，笃信佛乘，为余善友，重题其意，略记遗行。附以偈曰：‘金刚般若，是最上乘，圆顿极谈，实相正印。居士往昔，植般若因，故于今生，获逢妙典。愿当来世，更值胜缘，得闻净土，归元捷径。般若开解，净土导行。解行相资，犹如目足。命终见佛，华敷上品，早成正觉，广利含识。今依圣教，聊述津要。惟冀见闻，同证菩提。岁次辛未，沙门演音书。’”

㉕ 《题永嘉庆福寺缘册》：“庆福之名，志乘不载。今所传者，嘉道间事耳。逮乎清季，寂山上人驻锡是间，整顿清规，增筑精舍。勤修净业，广行众善。又复建莲池会，劝导缁素，一心念佛，往生西方。远绍庐山之遗轨，近媲法雨之高躅。胜名留传，遍及中国。承其劝导，临终正念，示现瑞相往生莲邦者，时有所闻。懿欤盛哉！上人光显法门，阐扬佛化，功在万世矣。余于辛酉，参学永嘉，依止上人，同住十载。尔者城垣渐废，观瞻不尊。寺主因弘贤首与上人谋，将欲重建殿宇，易其方位，以协形相。为立缘册，集募资财。凡诸善信，当必生欢喜心，随力而助。所获功德，无量无边矣。”

㉖ 《听钟念佛法》：

以时钟行动时，作丁当丁当之响。即以丁当丁当四音，假作“阿弥陀佛”四字，或每一音作二字。欲念六字佛者，或以先二音各作一字，后二音各作二字。或以先二音假作二字，后二音各作一字，如下表：

普通四字佛丁当丁当，六字佛　丁—丁　当　丁当

念法：　　阿弥陀佛　　　　　南无阿弥陀佛

迟缓：　　丁当丁当丁当 / 丁当丁当当 / 丁当丁当丁当当

念法：四字佛·阿弥陀佛 六字佛·南无阿弥陀佛

　　　　阿弥陀佛　　　　—丁—丁当—丁当 / 丁当丁当丁当

　　初学念佛，若不持念珠记数，最易懈怠间断。若以时钟时常随身，倘有间断，一闻钟响，即可警觉也。又在家念佛者，居室附近，不免喧闹，摄心念佛，殊为不易。今以时钟置于身旁，用耳专听钟响，其他喧闹之声，自可不扰其耳也。又听钟工夫纯熟，则丁当丁当之响，即是阿弥陀佛之声，无二无别。常响则佛声常现矣。

　　【按】此《听钟念佛法》，系蔡丏因居士所抄示，特此志谢。

一九三二年（民国二十一年壬申） 五十三岁

是年正月，住镇北龙山伏龙寺。① 二月在寺书《佛说五大施经》四幅。② 闻刘质平始学《大悲陀罗尼》《般若心经》，即书《华严行愿品偈句》一卷，以志随喜。③ 旋自龙山赴白湖金仙寺，自动发心要讲南山律。后以因缘，未遂其愿，又返龙山。④ 五月赴永嘉，居城下寮结夏。应赵伯颎居士之请，为其大母苏氏书《华严经·十地品·离垢地》，以为回向。⑤ 不久又还龙山。六月五日为其先父百二十龄诞辰，在龙山敬书《佛说阿弥陀经》十六大幅，以为回向。⑥ 刘质平亲自磨墨牵纸，观其书写。又书其父遗作一联赠刘质平。⑦ 时夏丏尊哲嗣龙文来书，云将筑室杨溪，埋名遁世，书古德法语勖之。⑧ 八月至上虞法界寺，患伤寒病颇重，幸获旧存之药，卧床一周，断食一日即早痊。曾致书夏丏尊乞至法界寺与住持预商后事。⑨ 一说是时旧生印西自西湖步行至法界寺，侍奉汤药，经二月馀，疾苦始间。⑩ 秋至绍兴，居戒珠寺一周，大写佛号结缘。⑪ 九月居峙山，因李圆净有编《九华山志》之意，师为辑录《地藏菩萨圣德大观》一卷，以供参考。⑫ 同月致书蔡冠洛、李鸿梁，谓将云游，嘱暂勿通信。⑬ 十月，云游南闽，至厦门由性愿法师介绍至山边岩（万寿岩）安居，并时到妙释寺小住。⑭ 时沪报误传师已圆寂消息，特致书俗侄李晋章辟谣。⑮ 阳历十二月二日，在南普陀寺参加太虚法师主持的常惺法师受请住持典礼欢迎会，并同摄影留念。⑯ 腊月在妙释寺念佛会讲《人生之最后》。撮录古德嘉言，普劝念佛。⑰ 时学律道侣性常，瑞今、广洽时来请益，遂于妙释寺度岁。⑱ 师居万寿岩时，曾为同住了智上人刻李义山诗句"看松月到衣"印章。以为纪念。⑲ 越年广义（即昙昕）撰《"看松月到衣"印章题记》，记此事之因缘。⑳

注　释

① 致李晋章书："久未通信为念。前月托开明书店寄上之书，已收到否？惠复寄'宁波转镇海西门外伏龙寺弘一收'，旧正月三日，音启。"

② 手书《佛说五大施经》题记："岁次壬申二月，大庄严院沙门胜髻敬

书。"

③ 赠刘质平手书《普贤行愿品偈句》题记："壬申二月，质平居士始学《大悲陀罗尼》及《般若心经》，书此以奉，敬志随喜，沙门被甲，时年五十三。"

④ 亦幻《弘一法师在白湖》："第二次到白湖是在二十一年的春天，他突然从镇北的龙山回到白湖，说要发心教人学南山律，问我还有人肯发心吗？我欣悦得手舞足蹈，就以机会难得，规劝雪亮、良定、华云、惠知、崇德、纪源、显真诸师都去参预学习；我自己想做个负责行政的旁听生，好好地来办一次律学教育。有一天上午，弘一法师邀集诸人到他的房内，我们散坐在各把椅子上，他坐在自己睡的床沿上，用谈话方式演讲一会'律学传至中国的盛衰派支状况，及其本人之学律经过'。后来就提出三个问题来考核我们学律的志愿：（一）谁愿学旧律（南山律），（二）谁愿学新律（一切有部律），（三）谁愿学新旧融贯通律（此为虚大师提出，我告诉他的）。要我们填表答复。我与良定填写第三项，雪亮、惠知，填写第二项，都被列入旁听。只有其他三人，因填写第一项，他认为根性可学南山律，满意地录取为正式学生了。……我因主持白湖未久，百务须自经心，没登楼恭闻。听说只讲到四波罗夷，十三僧伽婆尸沙，二不定，就中辍了。时间计共十五日。……这讲座亦曾订过章程，但经弘师半月之内，三改四削，竟至变到函授性质，分设于龙山白湖两地。……崇德、华云二生，奉命移住龙山半月返白湖，云是复有别种原因，弘一法师要走了。"

⑤ 手书《华严经·十地品·离垢地》跋："永嘉赵伯庼居士大母苏氏殁十年，请为写经回向菩提。于时岁次壬申，沙门演音并记。"

【按】据芝峰法师言，是年夏，师返永嘉城下寮，因赵伯庼恳请，为其先祖母书《华严经》一卷，以资回向。

⑥ 手书《阿弥陀经》题记："岁次壬申六月，先进士公百二十龄诞辰，敬书《阿弥陀经》，回向先考，冀往生极乐，早证菩提，并愿以此回向功德，普施法界众生，齐成佛道者。沙门演音，时年五十三。"

【按】据刘质平说明："《佛说阿弥陀经》，屏条式，五尺整张大小，共十六幅。每幅六行，每行二十字，分十六天写成，为先师生平最重要墨宝。余亲自磨墨牵纸，观其书写。先师所写字幅，每幅行数，每行字数，由余预先编排。布局特别留意，上下左右，留空甚多。师常对余言：字之工拙，占十分之四，而布局却占十分之六。写时关门，除余外，不许他人在旁，恐乱神也。大幅先写每行五字，从左至右，如写外国文。余执纸，口报字，师则聚精会神，落笔迟迟，一点一划，均以全力赴之。五尺整幅，须二小时左右方成。"

⑦ 赠刘质平书联题记："事能知足心常惬，人到无求品自高。先进士公六十八岁生余。今夏六月五日为公百二十龄诞辰。公邃于性理之学，身体力行，是联句其遗作也。质平居士请书以为纪念。岁在壬申大华严寺沙门演音，时居箬山。"

【按】箬山即伏龙山。《读史方舆纪要》卷九十二："伏龙山，在（定海）县西北八十里，状如卧龙，屹立水际，为番舶必由之道，一名箬山。"

⑧ 书古德法语赠夏龙文题记："岁次壬申早秋，安居伏龙讲苑。龙文居士书来，云将筑室杨溪，埋名遁世，写此付之，月臂。"

⑨ 致夏丏尊书："朽人于八月十一日患伤寒，发热甚剧，殆不省人事。入夜兼痢疾，延至十四日乃稍愈。至昨日（十八日）已获痊愈，饮食如常，惟力疲耳。此次患病颇重，倘疗养不能如法，可以缠绵数月。幸朽人稍知医理，自己觅旧存之药服之，并断食一日，灭食数日，遂能早痊，实出意料之外耳。……如此之重病，朽人已多年未患，今以五十之年，而患此病，又深感病中起立做事之困难（无有看病之人）。……阳历九月十日以后，仁者或可返里，其时天气已渐凉爽，乞惠临法界寺，与住持预商临终助念及身后之事，至为感企。……八月十九日，演音。"

⑩ 印西《弘一法师》："壬申初秋，师大病，卧越东白马湖之法界寺，浆水不进，弥旬卧床，常呼印西不止。时夏丏尊居士，方亦憩湖上，遽以电告。西自西湖北山灵峰寺，忍炎暑，步行至师前，侍奉汤药，经二月馀，疾苦始间。"（见《弘一大师永怀录》一〇八页）

【按】关于这一年师在法界寺大病一事，我有些疑问，故初版《年谱》未载此事。因师致夏丏尊函，向不记年，至多仅写月日。函中有"如此之重病，朽人已多年未患，今以五十之年而患此病"云云。此信写于"八月十九日"，而《永怀录》中印西所作《弘一法师》一文，谓"壬申初秋，师大病，卧越东白马湖之法界寺，……时夏丏尊居士方亦憩湖上，遽以电告。西自西湖北山灵峰寺，忍炎暑，步行至师前，侍奉汤药，经二月馀，疾苦始间"。但师此次大病，据他致夏丏尊书云："八月十一日患伤寒"，"十八日已获痊愈，饮食如常"，前后不过一周；而印西谓"经二月馀，疾苦始间"，似言过其实。且师致夏函夹注，有"无有看病之人"之语，故印西所记，似可存疑。

⑪ 李鸿梁《我的老师弘一法师李叔同》："师莅绍兴，先后共有三次。第一次是在一九二四年秋天。……第二次是在民国二十年（一九三一）秋。……第三次，大约是在民国廿一年（一九三二）上半年。那年我虽住在女师，但在五师（第五师范）还留有卧室，室在龙山南麓。……尚可住得，故法师初到即住于此。学校离我家不远，饭食由我家送去的。……后因附小学生在下面闹得厉害，所以住了没几天就搬到城东草子田头普庆庵里去了。……师在此住了半个多月，写了三百张佛号，一百张存蔡丐因处，二百张分存孙选青处与我处，嘱分赠有缘者。曾名其室为'千佛名室'。"（见一九八三年十一月《浙江文史资料选辑》）

李鸿梁致蔡丐因书："二十一年秋，重至绍兴，居戒珠寺一周，为其先母题像。又与蔡（丐因）黄（寄慈）三人合摄一影为说法图。"

⑫《地藏菩萨圣德大观序》："后二十一年岁次壬申九月，余居峙山，上海李圆净居士来书，谓将助编《九华山志》，属为供其资料。自惟剃染以来，至心归依地藏菩萨十有五载，受恩最厚。久欲辑录教迹，流传于世，赞扬圣德，而报深恩，今其时矣。后二月，云游南闽，住万寿岩。乃从事辑录，都为一卷，题曰'地藏菩萨圣德大观'。将付书局别以刊布，并贡诸圆净居士备采择焉。"

【按】峙山即慈溪鸣鹤场白湖金仙寺后之山名。

⑬ 致蔡冠洛、李鸿梁书："惠书诵悉，即拟云游。以后通信处，俟他日奉闻，不宣。演音启，九月十日。"

⑭《南闽十年之梦影》："于转年（即民国廿一年）十月，我才又到厦门来，那是我第三回来闽南的时候了。于十月初抵厦门，那时由性愿老法师的介绍，住到山边岩去，但同时亦时常到妙释寺小住。"

⑮ 致李晋章书："惠书诵悉，……数年前上海报纸已载余圆寂之事，今为第二次。记载失实，报中常常有之，无足异也。……星命家言，余之寿命与尊公相似，亦在六十或六十一之数。寿命修短，本不足道，姑妄言之可耳。……旧十一月廿八日，演音启。"

⑯ 常惺法师任南普陀寺住持受请典礼："太虚大师致欢迎词：'今天（一九三二年十二月二日）是南普陀、闽南佛学院，开会欢迎常惺法师和弘一法

师的一天。因太虚此次任本寺本院职务第二届将满，……依照民十三年所定的选举法，选举新住持。当时承大众再三留任，但太虚绝不能再留任，故后来大家一致选常惺法师为本寺新住持。常惺法师从前在此住有很久之时期，大概亦为多数人所知。……他对于佛教教育之提倡，其历史有非常之久远，其为法为人的广大心于现在僧伽中实难多得。……这是今天欢迎常惺法师的意义。

"可是恰巧弘一律师亦到此间。弘一律师在中国僧伽中可说是持戒第一。其道德与品格为全国无论识者和不识者一致钦仰，为现代中国僧伽之模范者，这是我们表示不胜欢迎的。"摄影见《海潮音》第十四卷第五号。（文见一九三三年四月厦门《现代佛教》第五卷第八期，胜济记录）

⑰《人生之最后弁言》："岁次壬申十二月，厦门妙释寺念佛会请余讲演，录写此稿。于时了识律师卧病不起，日夜愁苦。见此讲稿，悲欣交集，遂放下身心，屏弃医药，努力念佛。并扶病起礼大悲忏，吮声唱诵，长跪经时，勇猛精进，超胜常人。见者闻者，靡不为之惊喜赞叹，谓感动之力有如是剧且大耶？余因念此稿虽仅数纸，而皆撮录古今嘉言及自所经验，乐简略者或有所取。乃为治定，付刊流布焉。弘一演音记。"

【按】《人生之最后》共分七章：一绪言，二病重时，三临终时，四命终后一日，五荐亡等事，六劝请发起临终助念会，七结语。

⑱ 性常《亲近弘一大师之回忆》："逮民国壬申年十一月自温莅厦。时余居中山公园妙释寺。适大师独乘人力车到寺，不胜忻踊。遂对寺主建议，将余卧室让大师安宿。大师甚喜，立即手书晋译华严经的'戒是无上菩提本，佛为一切智慧灯'一长联予余。越数日，寺主善契法师对余倡议，恳留大师在寺度岁。余偕契师进大师前拜陈此意，承师喜诺。斯时瑞今法师同广洽法师住在太平岩。洽师与大师早有密切关系，屡屡偕今师前来拜谒。今洽二师于晤谈次，屡劝请大师传授律学。"

⑲ 昙昕《音公本师见闻琐记》："他自削发以来，对于当年雅称三绝之一的雕刻，很少制作。听说他在万寿岩时，曾为了智上人刻一颗'看松日到衣'五个隶字，刀法苍古，极为难得云。"

⑳ 广义《"看松月到衣"印章题记》："此印为民国廿一年壬申春二月，晚晴老人居鹭江禾山万寿岩，刻赠与同住本寺之了智大师者。此中盖有一段因缘在焉。智师闻老人善画，欲请画一弥陀佛像供养。老人谓曰：余自出家

未曾事画，已近廿载。屡请画未应，不得已刻此印以为纪念，此印亦云希有。"

　　【按】此印五字，系唐李义山诗句，其中"月"字，前误为"日"字。盖万寿岩原有古松数株，故"万寿松声"，列为厦门八景之一。智师禅房近古松，故晚晴老人刻李义山此句赠之。了智上人，泉州南安人，为近代闽南尊宿定贤长老之高足。一九二一年曾于厦门南普陀旃檀林从转初法师受业，继参虎溪岩会泉法师。其后参学江浙及南洋各地，曾任职南普陀多年，闽南僧众推为老参。晚年归隐南安涌莲寺而寂。

一九三三年（民国二十二年癸酉）　　五十四岁

正月初八日，自万寿岩移居中山公园妙释寺。就寺为念佛会讲《改过实验谈》。① 是夜梦身为少年，偕儒师行，闻有人诵《华严经》，并见十余长髯老人，结席团坐谈法。师谓为乃在闽弘法之预兆。② 醒后乃将梦中所闻《华严经》偈句，追忆书赠普润（广洽）法师，并加题跋，叙其因缘。③ 正月半后，自编《四分律含注戒本讲义》，准备在妙释寺讲律。④ 开讲时，自述弘律之本愿与失败经过，足以窥见大师在闽弘律之因缘。⑤ 是月，竹园居士虞愚以幼年书法呈阅，师为题二偈，并加题记赠之。⑥ 二月一日致书蔡冠洛，谓在此讲比丘律，法缘甚胜，或即在闽南过夏。请他惠施简要易解的学校用教授法书一部，以备研习教授律学之用。⑦ 同月，为胡宅梵居士作《地藏菩萨本愿经白话解释序》。⑧ 二月八日，重返万寿岩，开讲《随机羯磨》，并自编讲义，至五月八日圆满。⑨ 时听众甚盛，且皆志愿坚固，皆自己发心过午不食。师曾致书芝峰法师，道及此事，深致赞叹。⑩ 四月居万寿岩，重编蕅益大师警训为《寒笳集》。⑪ 五月初三日为蕅益大师圣诞，师亲为诸学者撰《学律发愿文》，同发四弘誓愿，并别发四愿。⑫ 五月初十日，大师应泉州开元寺主转物和尚之请，率学者十余人自厦赴泉，安居于开元寺尊胜院（今为弘一法师纪念馆），专工圈点《南山钞记》，圈毕自记十余年研究《行事钞》始末甚详。⑬ 时又为"南山律苑"撰《南山律苑住众学律发愿文》，署名者除大师外，学律弟子共十一人：性常、广洽、了识、心灿、本妙、瑞今、瑞曦、瑞澄、妙慧、瑞卫、广信。⑭ 是时致书蔡冠洛，谓讲律尚须继续，托他代购水彩画用铅瓶装朱红颜料，以分赠学律诸师圈点律书。⑮ 是年五月，大师居尊胜院讲律时，常定期出题；令学律诸师各写心得，亲为阅卷并加批改。其中以性常所作诸篇，最受大师赏识。现存性常法师遗作十余篇，均有大师批语。⑯ 闰五月为卢世侯居士，题《地藏菩萨九华垂迹图赞》。⑰ 七月十一日在承天寺为幼年学僧讲《常随佛学》之义，广引经律，善巧开导。⑱ 七月底，大师依《瑜伽师地论》录出《自誓受菩萨戒文》，命学律同学随意自于佛前受之。⑲ 八月一日始，续编《戒本羯磨随讲别录》，廿四日始续讲。于讲期中，并编《南山道宣律祖略谱》。㉒八月性愿法师主办月台佛学社，培养幼年僧众，请师代拟教育方法。师致书提了一些具体意见，以备采择，足见其对幼年僧众的教育思想。⑳十月三日，为南山律祖涅槃日。是日大师追忆宣祖晚年手撰《羯磨疏》自终南丰德寺出，爰以"丰德"作为性常别号，使其不忘宣祖之圣躅，具见其摄化之深心。㉑㉒是秋，弟子广洽为大师摄制肖像，请丰子恺题偈，分赠诸友。㉒五月间，师初至泉，即撰一长联，拟悬之尊胜堂前，后因故未果。十月初以此联稿书赠普润法师。㉓小春十月，偶出泉州西门外，在潘山路旁，发见"唐学士韩偓墓道"，登临展谒，至为惊喜。师极佩诗人韩偓的忠烈。因韩偓于唐末避地来闽依王审知。被馆于招贤院，史家称他为唐末完人。遂嘱高文显居士编著《韩偓评传》，自撰《各衾集辨伪》一章，可见其文学意趣仍未丧失。㉔[自师展韩偓墓后，泉州老进士吴增（桂生），即劝华侨黄仲训施资修复]十月下旬，师撰《梵网经菩萨戒本浅释》脱稿。十一月十五日，属瑞今法师往厦妙释寺代座宣讲，性常亦随今师前往听习。㉕同日，大师应石狮草庵庵主之请，由传贯法师陪同莅庵过冬，性常在厦听经后，亦诣庵侍大师度岁。㉖为托高文显编《韩偓评传》，致书上海蔡冠洛代购《韩内翰别集》，以供参考。并谓不久仍往惠安讲经。㉗岁晚至月台随喜佛七法会，受请拟泉州《梵行清信女讲习会规则并序》，谓"南闽无比丘尼，常人谓为憾事。""律谓女人出家，佛本不许。以若度者，正法减半。阿难上请，佛命依'八敬法'，乃许出家。像季以还，尼行八敬法者，殆所罕闻。乖违律制，摧坏大法。南闽无比丘尼，非憾事也。"师为女众定名为"梵行清信女"，并出规则，以资率循。㉘师至草庵，为撰"草庵"冠头联一副；又撰摩尼石像联一副，以为纪念。㉙时蔡冠洛邀师返浙，师以"闽南冬暖夏凉，颇适老病之躯"谢之。㉚是年除夕之夜，大师于意空楼（庵内楼名），登座佛前为传贯与性常二师，选讲灵峰大师《祭颛愚大师爪发衣钵塔文》，寄慨遥深。㉛

注　释

①《改过实验谈》："余于讲说之前有须预陈者，即是以下所引诸书，虽多出于儒书，而实合于佛法。因谈玄说妙修证次第，自以佛书最为详尽。而我等初学人，持躬敦品，处事接物等法，虽佛书中亦有说者，但儒书所说，尤为明白详尽，适于初学，故今多引之。"

【按】改过次第，分为"总论"与"别示"二门。总论分"学""省""改"。

别示举出十条：一、虚心，二、慎独，三、宽厚，四、吃亏，五、寡言，六、不说人过，七、不文己过，八、不覆己过，九、闻谤不辨，十、不瞋。略引古代圣贤名言，以说明自己五十年来之改过实验。（见《晚晴老人讲演集》）

② 性常《亲近弘一大师之回忆》："大师于未应请（传授律学）前，曾于夜中得一奇梦，梦十余长髯老人结席团坐谈法。大师亲求加入席间，坐诵华严经偈一长篇。醒已尚忆，乃篝灯写出，赠洽师以留念。大师是朝谓余云：'余于夜阑，得是奇梦，系居闽宏律之预兆。'乃开始编《四分律含注戒本讲表》。"

③《醒后书"华严经偈"赠普润法师题记》："岁次癸酉正月八日，移居妙释禅寺。是夜余梦身为少年，偕儒师行。闻后有人朗诵华严偈句，审知其为贤首品文。音节激楚，感人甚深，未能舍去。与儒师返，见十数人席地聚坐，中有一人操理丝弦，一长髯老人即是歌者。座前置纸，大字一行，若写华严经名。余乃知彼以歌而说法者，深敬仰之，遂欲入座。因问听众：可有隙地容余等否？彼谓两端悉是虚席。余即脱履，方欲参座，而梦醒矣。回忆《华严贤首品》偈，似为'发心行相五颂'。因于是夜篝灯书之。愿尽未来际，读诵受持，如说修行焉。演音。普润法师供养，后五日并记。偈云：

> 菩萨发意求菩提，非是无因无有缘。
>
> 于佛法僧生净信，以是而生广大心。
>
> 不欲五欲及王位，富饶自乐大名称。
>
> 但为永灭众生苦，利益世间而发心。
>
> 常欲利乐诸众生，庄严国土供养佛。
>
> 受持正法修诸智，证菩提故而发心。
>
> 深心信解常清净，恭敬尊重一切佛。
>
> 于法及僧亦如是，至诚供养而发心。
>
> 深信于佛及佛法，亦信佛子所行道。
>
> 及信无上大菩提，菩萨以是初发心。"

④《南闽十年之梦影》："民国二十二年正月二十一日，我开始在妙释寺讲律。"

⑤ 性常《亲近弘一大师之回忆》："择癸酉正月十六日始讲，至二月七日圆满。大师初开讲（《含注戒本》）时，曾述此次讲律与未来之希望云：——'余于出家受戒之时，未能如法。准以律仪，实未得戒。本不能弘扬比丘戒律，

但因昔时既虚承受戒之名，其后又随力修学，粗知大意，欲以一隙之明，与诸师互相研习，甚愿得有精通律义之比丘五人出现，能令正法住于世间，则余之宏律责任即竟。故余于讲律时，不欲聚集多众，但欲得数人发弘律之大愿，肩荷南山之道统，以此为毕生之事业者，余将尽其绵力，誓舍身命，而启导之。余于前二年（民二十年）既发宏律愿后，五月居某寺（按：慈溪五磊寺），即由寺主发起办律学院，惟与余意见稍有未同。其后寺主亦即退居，此事遂罢。以后有他寺数处，皆约余办律学院，因据以前之经验，知其困难，故未承诺。以后即决定宏律办法，不立名目，不收经费，不集多众，不固定地址等。此次在本寺（厦门妙释寺）讲律，实可谓余宏律第一步也。余业重福轻，断不敢再希望大规模之事业。惟冀诸师奋力兴起，肩荷南山一宗，广传世间，高树律幢，此则余所祝祷者矣。'"

⑥《题竹园居士幼年书法》："文字之相，本不可得。以分别心，云何测度？若风画空，无有能所。如是了知，乃为智者。

"竹园居士，善解般若。余谓书法亦然。今以幼年所作见示，叹为玄妙。即依是义，而说二偈。质诸当代，精鉴赏者。癸酉正月，无碍。"

⑦ 致蔡冠洛书："……音在此讲比丘律学，法缘甚胜。数日后仍续讲，或即在南闽过夏也。学校用教授法书，乞择其简要易解者，惠施一部，以备研习教授律学之用也。卢居士藏东西洋出版佛像画甚多，有日本人编《莲座》一部三册，专述佛菩萨像之莲座种种形式，甚为美备。仁者未能来此观览，至为憾事耳。不宣。演音疏，二月一日。"

⑧《地藏菩萨本愿经白话解释序》："己巳（按：己巳当为庚午之误，因己巳年师尚未至金仙寺，或因追记致误也）九月，余来峿山，居金仙寺。翌日，宅梵居士过谈，赍彼所作五言古诗一卷。余谓其能媲美陶王，求诸当世未之有也。是岁十月，天台静权法师莅寺，讲《地藏菩萨本愿经》义。余以本愿章疏，惟有科注一部，渊文奥理，未契初机。乃劝宅梵撰白话解，而为钤键。逮于明年，全编成就，乞求禾中古农长者以剟正之。迩将付刊，请书叙言。为述昔日斯事因缘，以示后之学者。于时后二十二年岁次癸酉二月贤首院沙门胜臂。"

⑨ 性常《亲近弘一大师之回忆》："二月八日后，诸同学移住万寿岩。大师开始编《随机羯磨讲义》。三月九日始讲《羯磨》，至五月八日圆满。"

⑩ 致芝峰法师书："此次讲律，听众甚盛。寄住寺中者六七人，皆自己

发心过午不食。内有二人，患肺病甚剧，中一人正在呕血不止。卧床不起之时，而立刻停止晚餐，不顾身命，尤令人感佩。现已讲《羯磨》。若欲深造，非有三五年之工夫专心研习不可。听众中有二三人誓愿甚坚固，或可发心专修也。演音和南三月三日。"

⑪《蕅益大师警刻略录序》："壬戌之岁，尝依《灵峰宗论》摭写警训一卷，颜曰'寒笳集'。辛未仲秋，又为核纂，题曰'蕅益大师警训略录'。今复改集，并存二名，挈录之意，惟以自惕，故于嘉言，多有阙遗。后之贤者，幸为增订焉。于时后二十二年岁次癸酉四月，学南山律于禾山万寿岩。晋水璎珞院沙门善臂集。"

⑫ 性常《亲近弘一大师之回忆》："五月初三日，恭值灵峰蕅益大师圣诞。大师是日亲为诸学者撰学律发愿文云：'学律弟子等，敬于诸佛菩萨祖师之前，同发四宏誓愿已。并别发四愿：一愿学律弟子等，生生世世，永为善友，互相提携，常不舍离，同学毗尼，同宣大法，绍隆僧种，普利众生。一愿弟子等学律及以宏律之时，身心安宁，无诸魔障，境缘顺遂，资生充足。一愿当来建立南山律院，普集多众，广为宏传，不为名闻，不求利养。一愿发大菩提心，护持佛法，誓尽心力，宣扬七百余年湮没不传之南山律教，流布世间；冀正法再兴，佛日重耀。并愿以此发宏誓愿，及以别发四愿功德，乃至当来学律一切功德，悉以回向法界众生。惟愿诸众生等，共发大心，速消业障，往生极乐，早证菩提。'"

⑬《圈点南山钞记题记》："剃染后二年庚申，请奉东瀛古版《行事钞记》，未遑详研。甲子四月，供施江山；逮于庚午六月居晚晴山房，乃检天津新刊详阅圈点，并钞写科文改正讹误。迄今三载，始获首尾完竣。是三载中，所至之处，常供养奉持。辛未二月居法界寺，于佛前发专学南山律誓愿。是夏居五磊寺，自誓受菩萨戒，并发宏律誓愿。腊月移居伏龙。壬申九月归卧永宁（温州）。十一月至南闽，讲《含注戒本》于妙释寺，讲《随机羯磨》于万寿岩。癸酉五月居温陵大开元寺。越二月，乃得点录校竟，并为述斯事始末，以示后贤。"

⑭ 手书《南山律苑住众学律发愿文》：

中华民国二十二年，岁次癸酉五月二十六日，即旧历五月初三日，恭值灵峰蕅益大师圣诞，学律弟子等敬于诸佛菩萨祖师之前，同发四宏誓愿。（别发四愿，见本年第⑫条）……

敬祈

南山道宣律师

灵芝元照律师

灵峰蕅益大师，慈念哀愍，证明摄受。

学律弟子：弘一演音　　性常宗凝　　照融广洽

传净了识　　传正心灿　　广演本妙

寂声谁真　　寂明瑞曦　　寂德瑞澄

腾观妙慧　　寂护瑞卫　　广信平愿

【按】性常为学律众中上首，香公深为器重。惜大师寂后一年，彼亦示寂，年仅三十二岁，识者惜其早逝。了识、心灿、本妙三师亦早入寂，大师均为作传（见《弘一法师·疏铭传记》）。谁真即瑞今（谐音），即今菲律宾大乘信愿寺住持。广洽，一号普润，即今新加坡龙山寺住持，今年已九十一岁。

⑮ 致蔡冠洛书："惠书，欣悉——。讲律尚须继续，今岁未能北上，便中乞托人向上海棋盘街艺术社或他处购水彩画用铅瓶装朱红颜料两打。原名 Virmilion，德国 Schoenfeld 公司制。……此物分赠与学律诸师圈点律书及余自用，乞以惠施。俟购后付邮寄下为感。演音疏。"

⑯《性常学律心得》批语："一、《衣药受净篇制听本意》，批云：'明白畅达。'二、《诸说戒法篇之鹄义》，批云：'叙事清楚，起讫尤佳。'三、《诸众安居篇注出本意》，批云：'明显通达。'四、《诸众自恣法篇之要义》，批云：'若网在网，有条不紊。'五、《诸分衣法篇存亡舍施义》，批云：'秩序井然，善能用心。'六、《忏六聚法篇之悔露义》，批云：'罗罗清疏。'（开朗放诞貌，见《世说新语·赏誉》）七、《染法住持篇之概要》，批云：'珠联璧合，如数家珍。'八、《随机羯磨法缘成篇大意》，批云：'清楚明了，有如指掌，足征用心。若依此法，继续研究他篇，则弥善矣。'九、《诸界结解篇之肇缘与方法》，批云：'依文叙述，层次井然，宜与诸同学阅之。'十、《诸戒受法篇之略义》，批云：'依此叙述，有条不紊，结文寄慨遥深。'

"越年五月，大师总结批语云：'统观以前所作诸篇，有美毕臻，精义悉具，实有学律之天才。今后倘能专心继续研习，深入律海，三年小成，十年大成。弘宣毗尼，绍隆僧种，能令正法，再住世间，匪异人任也。勉之！'

甲戌五月十九日，演音批。"

⑰《地藏菩萨九华垂迹图赞》题记："壬申仲冬，余来禾岛，始识世侯居

士，时方集录《地藏菩萨圣德大观》。居士割指沥血，为绘圣像，捧持入山。余感其诚，因请续画'九华垂迹'。尔后世侯往青阳觐礼圣迹，复游钱塘、富春。逮于四月，藻绘已讫，余为忻喜，略缀赞词，并辑一帙。冀以光显往迹，式酬圣德焉耳。于时后二十二年岁次癸酉闰五月，住温陵大开元寺尊胜院结夏安居。大华严寺沙门弘一演音。"

⑱《常随佛学》："《华严经行愿品》末卷所列十种广大行愿中第八曰'常随佛学'。若依《华严经》文所载种种神通妙用，绝非凡夫所能随学。但其中经律等，载佛所行事，有为我等凡夫作模范，无论何人皆可随学者，亦屡见之。今且举七事：

"一、佛自扫地。二、佛自舁弟子及自汲水。三、佛自修房。四、佛自洗病比丘及自看病。五、佛为弟子裁衣。六、佛自为老比丘穿针。七、佛自乞僧举过。"（详见《弘一大师讲演续录》）

⑲ 性常《亲近弘一大师之回忆》："七月三十日，大师依《瑜伽师地论》录出自誓受菩萨戒文，命余等诸同学随意自于佛前受之。"

⑳ 八月一日始，大师续编《戒本揭磨随讲别录》。廿四日始续讲。于讲期内，并编《南山道宣律祖略谱》。十月三日，为南山律祖涅槃日，《戒本羯磨》，初次讲解都讫。时居温陵尊胜院。

⑳ 致性愿法师书：

性老法师慈座，前承询问学社幼年僧众教育方法，谨陈拙见如下，以备采择。

应分三级：

丙级（年不满二十岁者），以学劝善及阐明因果报应之书为主，兼净土宗大意。大约二年学毕。

乙级（二十岁以上），学律为主，兼学浅近易解之经论。大约三年学毕。

甲级，学经论为主（精微之教义）。大约三年学毕。

今且就丙级详记办法如下：

每日五课：（一）读、背经；（二）讲《安士全书》全部；（三）选读四书及讲解；（四）国语（所用材料如《法味》《谈因》《弥陀经白话解》等，即依此练习语言，兼获法益）；（五）习字；又随时于课外演讲因果事迹及格言等。并选《印光法师嘉言录》随时讲之。读经背诵经，所用之经，可以随意酌定。如《地藏经》《普门品》《行愿品》等。《安士全书》，印光法师尽力提倡，未可以其前有阴骘文而轻视之也。

四书中，《论语》全读、先读，其余依次选读之。……

以上之办法，与印老法师之主张多相合。二年之中，如此教授，可以养成世间君子之资格。既有此根基，然后再广学出世之法，则有次第可循矣。

以上所陈拙见，敬乞教正，惟乞勿传示寺外之人。因上所陈者，不敢自谓为尽善。不过姑作此说耳。匾联已写就，先以奉上。

顺颂

法安

　　　　　　　　　　　　　　末学演音稽首　八月十三日午后

【按】此书可能写于一九三三年，时师居泉州开元寺，而性愿法师则在承天寺办"月台佛学社"也。承天寺为泉州三大丛林之一，月台为承天寺别名。

㉑　性常《亲近弘一大师之回忆》："十月三日，为南山律祖涅槃日，戒本羯磨：初次讲解都讫。大师是日追忆宣祖晚年手撰《羯磨疏》，自终南丰德寺出，爰以'丰德'命予别号，使余不忘宣祖之圣躅。"

㉒　《唐新罗国青丘太贤法师偈》题记：

勇士交阵死如归　　　丈夫向道有何辞
初入恒难永无易　　　由难若退何劫成
丈夫欲取三界王　　　当挥智剑斩群魔
吾于苦海誓无畏　　　庄严戒筏摄诸方

二十二年岁次癸酉正月二十一日，开讲《四分律含注戒本》三卷、《戒相表记》一卷、《删补随机羯磨》二卷，迄于十月三日讲竟。是日为

南山道宣律祖涅槃之时，性常律师爰立别字曰丰德。以我律祖晚年居终南山丰德寺，重修随机羯磨，删定僧戒本及重出羯磨疏含注戒本并疏等，皆在此时。律师字曰丰德，将以追随律祖遗嘱，中兴律宗而绍隆光大焉耳。演音书，时年五十有四。

㉒　丰子恺题弘一法师肖像："广大智慧无量德，寄此一躯肉与血。安得千古不坏身，永住世间刹尘劫。广洽法师属题弘一法师肖像。一九三三年秋，丰子恺。"

㉓　《尊胜堂楹联并题记》："南山律教，已七百年湮没无闻，所幸遗编犹存海外；晋水僧园，有十数众弘传不绝，能令正法再住世间。

此联，于今年五月撰就，本拟书写，悬诸尊胜堂前。后因故不果行。爰

以此稿，奉诸普润法师，聊为纪念耳。

是岁十月二日为讲律圆满前一日　演音"

【按】过了九年，师自将上下联各改了几个字。上联的"七百年"改为"八百年"。"无闻"改为"无传"。"所幸"改为"何幸"，"海外"改为"东土"。下联的"弘传"改为"承习"。意义更为明确。上联题"南山律苑联，癸酉夏撰"，下联题"壬午重录，忽忽九载矣。善梦"。大师即于是年入灭，可见他对南山律教如何的关怀了。

㉔ 高文显《弘一大师的生平》：

当癸酉小春的时候，他曾坐车经过西门外，在那潘山的路旁，矗立着晚唐诗人韩偓的墓道，给他看到了。他惊喜欲狂，对着这位忠烈的爱国诗人，便十分注意起来。

他与韩偓很有缘，而且很佩服诗人的忠烈。因为韩偓于唐末避地来闽依王审知，被馆于招贤院中，以终其身。那种遭着亡国的惨痛，耿耿孤忠，可与日月争光。所以唐史称他为唐宋完人。我们的法师，更想要替他立传，以旌其忠烈了。

经过一年后，他搜集了许多的参考资料给我，嘱我为诗人编一部传记。我于是经过二三年的搜集，便于去年（廿六年）把传记完成。不幸于上海战事起时，开明总厂被焚，而正在排印的稿件也毁于火了。

法师说，也许因为对于韩偓赞美太过了，所以遭着不幸哩！因为他在韩偓的传中曾有一章《香奁集辨伪》，用十二分的考古癖，把《香奁集》证明是伪作，而说韩偓绝不是做香奁诗的人。因此把韩偓在文学史上做着唯美派的总代表的地位推翻了。（《觉音月刊·弘一法师六十大寿纪念号》）

【按】高文显所著《韩偓》一书，一九八四年已由台北市新文丰公司出版。

㉕ 性常《亲近弘一大师之回忆》："十月二十八日，大师撰《梵网经菩萨戒本浅释》，至十一月十五日，稿本撰就，属瑞今法师往厦妙释寺代座宣讲。余随今师前往听习。"

㉖ 性常《亲近弘一大师之回忆》："十一月十五日，大师应草庵寺主请，由传贯法师陪大师莅庵过冬。余在厦听经毕，遂诣庵伴大师度岁。"

㉗ 致蔡冠洛书："前复书，想已达到。唐韩偓墓在泉州城外，近托高文显居士编《韩偓评传》一卷刊行。《韩内翰别集》，上海古书店如有存者，乞购一部惠施。此书编辑之旨，在辨明《香奁集》：一非彼所作；一记偓晚年到

闽后诸事。其他仅略记梗概耳。余不久仍往惠安，讲经彼返草庵度岁。……演音启。"

㉘《梵行清信女讲习会规则并序》：

南闽无比丘尼，常人谓为憾事。宁知是固非佛意也。律谓女人出家，佛本不许。以若度者，正法灭半。其后便自剃发，阿难尊者三请。佛令依"八敬法"，乃许出家。像季以还，尼行"八敬法"者殆所罕闻。乖违律制，摧坏大法。南闽无比丘尼，非憾事也。

南闽女众习佛法者，恒受三皈五戒，为清信女。亦有并断正淫者，别居精舍，有如僧寺，俗云菜堂，称女众曰菜姑。其贞节苦行，精勤课诵，视比丘尼殆有过之。所缺陷者，佛法大纲罕能洞解，文字智识犹有未足耳。

昔年性愿老人深鉴于是，颇欲集诸女众，施以诲导。乃助缘不具，卒未成就。癸酉（一九三三）岁晚，余来月台随喜佛七法会，复为大众商榷斯事。承会泉、转尘二长老欢喜赞叹，乐为倡助。并属不慧为出规则，以资率循。爰据所见，粗陈其概，未能详尽耳。

十二月八日，沙门演音书。

一、俗云菜姑，亦云贞女。菜姑之名固有未当。贞女之名，亦滥俗称。据《大智度论》，有五种五戒优婆夷，第五名断淫优婆夷，正属今称清信女。清信女者，优婆夷译意也。然其文字犹非雅驯，号召未便。兹以私意定名曰梵行。梵行者远离淫欲行也。受五戒者唯断邪淫，不名为梵。今正邪皆断，方乃名梵行也。

一、第一次讲习会，期限七日。借承天寺研究社教室讲习。

一、每日授课四时，复讲二时。（俗称讲小座，于已授者，令学者轮流复讲也。）

一、第一次讲习者，为佛法纲要及净土宗大义等。（宜依范古农编《佛教问答》，印光法师《嘉言录》，黄庆澜《初机净业指南》，李圆净编《饬终津梁》等，讲之。）

一、讲授时，宜多用俗语。俾不识文字之人亦可了解。文言及佛学名词，悉应少用。或不得已而用者，宜随加解释。

一、此规则甫撰就时，曾就正某师。某师谓教导女众罕有实益，易致讥谤，劝中止此事。窃尝反复审思。某师之言，固属正见。然若办理如法，十分谨慎，力避嫌疑。例如教师须延老宿，听讲不须对面（学者东西互向，教师一人面佛），课余不许闲谈，寄宿应在寺外。此皆某师所深虑者，今能一一思患预防，格外慎重，庶几可以免讥谤乎？谨述某师忠告，并赘拙见，以俟有道匡正焉。

㉙草庵冠头联："草积不除，唯觉眼前生意满；庵门常掩，勿忘世上苦人多。"

摩尼石像联："石壁光明，相传为文佛现影；史乘载记，于此有名贤读书。"

㉚致蔡冠洛书："惠书诵悉，承护念甚感。讲律未竟，不能返浙。又闽南冬暖夏凉，颇适老病之躯也。……演音疏。"

㉛《祭颛愚大师爪发衣钵塔文》："呜呼！人不难相爱，难于相知，翁真知我者哉。世纵有一二爱且知者，而志操相携（离也）。某虽不敢拟翁泰山之德，幸三事略无违焉。尚质朴，绌虚文，不肯苟合时宜。注经论，赞戒律，不肯悬羊头而卖狗脂。甘淡薄，受枯寂，不肯受丛席桎梏而掣其羁縻。呜呼！以法门耆宿如翁，而旭过蒙知爱，又志操相合如此，其能已于怀也。翁所证深浅，非某能拟，而生平最倾心处，请略纪之：当今知识，罕不以名相牵，利相饵，声势权位相依倚；如翁古道自爱者有几？当今知识，罕不以掠虚伎俩，笼罩浅识，令生惊诧，如翁平实稳当者有几？当今知识，罕不侈服饰，据华堂，恣情适意，如翁破衫草履、茅茨土阶者有几？当今知识，罕不精选侍从，前列后随，如翁躬自作役，不图安享者有几？当今知识，罕不同流合污，自谓善权方便，慈悲调顺，如翁不肯苟殉诸方，甘受担板（具称担板汉，喻人之负板者只见前方，不见后方与左右，谓见闻狭窄也。——著者）之诮者有几？故凡闻翁之风者，顽夫廉而不滥，懦夫立而不倾。伯夷之隘，所以为圣之清也。岂似枉寻直尺诡遇一朝者，身虽存名已先沦也哉。某每悲如来正法，一坏于道听途说、入耳出口之夫。再坏于色厉内荏羊质虎皮之徒。其父报仇，其子必且行劫。尤而效之，何所不逞。翁之爪发衣钵幸存，则翁之道风未灭，必有闻而兴起者，庶共砥狂澜于末叶乎。……"

大师是夕开示此文，寄慨时弊遥深，几于流涕。讲开示毕，赐余一横幅，书"绍隆僧种"；右题"岁次癸酉与丰德法师同住草庵度岁，书此以为遗念。演音，时年五十又四"。

【按】颛愚大师名观衡，霸州赵氏子。十四岁遇五台惠仁老宿得度。参达观、雪浪、云栖诸大师，咸深器重。入曹溪，礼憨山老人。老人曰：此予三十年目所罕见者。师在南岳遇毒，下邵陵就医。复觐老人于衡阳湖东寺，老人赠以法语千言，遂嗣其法。师在邵陵，结庵双清矶后，颜曰五台，不忘本也。丁丑（一六三七）至江西云居，见山水丰厚，峰峦环拱，曰此天下第一大道场也，遂应请，居七年。振扬宗风，顿成净土。旋领青原，继至石城（南京），卓锡城北，颜曰紫竹林，道誉闻于吴楚。丙戌（一七〇六）示寂，弟子方融迎龛，塔于云居。师一生领悟在楞严，时号圆通宗，清苦茹淡，身亲畚插，不事外缘，咸称古佛。常坐禅大伞下，自署伞居和尚。生平言句行状，详见《紫竹林年谱》及塔铭等。（摘录自《云居山志》卷三"住持"）

一九三四年（民国二十三年甲戌）　　五十五岁

是年元旦，在泉州草庵，讲《含注戒本》。①正月晋江梵行清信女讲习会第一期始业，师为题"清高勤苦"以勖励之。②同月厦门妙释寺募资请《宋藏》。有一贫儿舍资一圆随喜，师感其事，为撰《记厦门贫儿舍资请宋藏事》以表彰之。③正月廿一日为蕅益大师忌日，师在草庵为学友性常、传贯等讲《祭颛愚大师爪发衣钵塔文》及《德林座右铭》。先一夕，师恐塔文中文义不易理解，特略注数处以示学友，并另录一纸以寄厦门普润（广洽）法师，可见其垂教学人的殷勤。④（见致广洽法师书附注）

二月，应南普陀住持常惺、退居会泉二法师之请，至厦整顿闽南佛学院僧教育。师至厦后，观察因缘尚未成熟，整顿不易着手，并未到闽院去。⑤同月僧普润割指沥血，师为书《大方广佛华严经》经题多纸，分施有缘。⑥三月受请在南普陀为寺众讲"大盗戒"一座。⑦是月，蔡丏因居士居上虞白马湖晚晴山房，师自厦致书，告以讲律多忙，一时未能返浙，劝彼常居晚晴为宜。⑧同月，为大醒法主撰《地藏菩萨本愿经说要序》。⑨五月，居南普陀后山兜率陀院，撰《随机羯磨疏跋》，盛赞天津徐蔚如居士校刊律典之功德，以为"正古本之歧误，便初学之诵习。弘护律教，功在万世"。⑩是月，书《华严集联》偈句，赠武昌僧忏上人。⑪七月，为佛教养正院拟定《教科用书表》。其所拟教育方法，除授课外，重在教师平时"训话"；对于服劳及僧中威仪等，尤三致意。⑫同月，据敦煌写本《随机羯磨》与天津刊本对校，撰《四分律随机羯磨题记》。⑬八月，披览见月律师《一梦漫言》，并为眉注及考舆图为绘"行脚图表"，别录《行脚略图表》，撰《一梦漫言跋》。⑭㉒是年，应上海佛学书局沈彬翰居士之请，为其母撰《庄闲女士手书法华经序》，全篇四言构成，文字至为优雅。⑮同月，据《续藏》校勘《拾毗尼义钞》并为题记。⑯九月，撰《见月律师年谱摭要并跋》⑰，又撰《一梦漫书序》，并写《随讲别录》一纸竟，卧床追忆见月老人遗事，泪落不止，痛法门之陵夷⑱。同月，陈敬贤居士之子共存访师于兜率陀院，师询敬贤近状，共存告以已遵印光法师教导，专修净业，师为庆悦^⑲，时弟子广洽以大师五十五岁造像，寄赠文学家叶绍钧（圣陶）居士，叶氏为文记其事^⑳。同月自撰弘律长联加跋赠昙昕（广义）法师，自述近年讲律情况^㉑；冬月应请至万寿岩参加念佛堂开堂典礼，为众开示三日。谓近十数年来，闽南佛法日益隆盛，但念佛堂尚未建立，盛赞岩主本妙发愿创建，开闽南风气之先。^㉒十二月，应上海李圆净居士之请，为撰《福州鼓山庋藏经板目录序》^㉓，又致函天津俗侄李晋章，请刻其常用之"亡言""吉目""胜音""无畏""大慈""音""弘一"等印章数方，并索寄四十年前天津名士所书之《昨非录》^㉔。岁晚居万寿岩，以近岁僧众盛倡学问，不尚操履，特选莲池大师《缁门崇行录》四门，以供佛学院作为课本讲解，并撰《缁门崇行录选录序》，以见其志。^㉕是年书前后二月馀行事为《行脚散记》，以赠芳远居士。^㉖

注　释

① 僧睿《弘一大师传略》："甲戌元旦，在草庵讲《含注戒本》。"

【按】草庵在今福建石狮市苏内乡，创于宋代，为现存世界摩尼教唯一遗迹。大师初至草庵，即为所居"意空楼"篆书楼额，上题"岁在甲戌二月"，下署"沙门一音题性愿赠"。庵内前面石柱，师为撰"草庵"二字冠头联云："草积不除，唯觉眼前生意满；庵门常掩，勿忘世上苦人多"。庵内正中，有石造全身放光的"摩尼佛"像。两旁木联，师题句云："石壁光明，相传为文佛现影；史乘载记，于此有名贤读书"。近年草庵已被福建省人民政府立碑，定为省级文物保护单位。一九八九年十一月二十六日，余与圆拙法师、陈珍珍、叶四游、王寒风诸居士等同游，草庵及意空楼已由大师生前学律弟子今居菲岛之传贯大德于一九八六年施资重修，焕然一新；并于庵前新建一大殿名"大华严寺"。四周柱联多刻弘一大师手迹。

② "清高勤苦"题记："甲戌正月，晋江梵行清信女讲习会第一期始业，书此以勖励之。沙门一音。"

③ 《记厦门贫儿舍资请宋藏事》："二十二年夏历六月，厦门妙释寺募资乞请宋《碛砂藏》，既已倡布。于十五日，有贫母携儿诣僧房中，舍资一圆，谓愿以此助请宋藏。问何人施，曰小儿施。问是一圆何因而得？曰曩母常持一钱与儿，自求所须，儿不靡用，乃以聚储。母数数与，绵历岁时，始为一钱，暂盈一圆。久置儿怀，视若球璧。今日侍母诣寺礼佛。闻他人言募请宋

藏，欢喜舞跃，叹为胜缘，遂舍所宝，而随喜焉。儿衣敝衲，赤足无履，未及童年，名武彝也。甲戌正月沙门弘一演音撰。"（见《影印宋碛砂藏经》首册记事）

④《祭颛愚大师爪发衣钵塔文》略注："'枉寻直尺'，孟子云：'枉尺而直寻，宜若可为也。'枉尺直寻者言小屈而大伸也。寻，八尺也。今则反之，故曰'枉寻直尺'。诡随，遇合不以正道也。

"荏，柔也。迋，音痙，走貌。砥狂澜。砥音底，砥柱，山名，在黄河中。今称人独立不挠者，曰'中流砥柱'。穹窿，音穷隆，天之形也，中央高而四周下。古书云：'天穹窿而周乎下'。磋，磨也。甲戌正月廿一日为灵峰蕅益大师涅槃日，敬讲《祭颛愚大师爪发衣钵塔文》及《德林座右铭》二首。先一夕，录此以示学友，沙门演音并记，时居草庵，以奉普润法师慧览。"

⑤《南闽十年之梦影》："民国二十三年二月，又到南普陀寺来。……我这一回的到南普陀寺来，是因为常惺法师约我来整顿僧教育的；但是我观察到佛学院的情形，觉得因缘还没有成熟，要想整顿，一时也无从着手。所以此后并未到闽南佛学院去。"

⑥ 二月，"僧普润割指沥血，师为书《大方广佛华严经》经题七字多纸，分施有缘"（见蔡丏因居士《年谱广证》）。

⑦ 僧睿《弘一大师传略》："春末，受常惺、会泉二法师请，赴南普陀讲'大盗戒'；嘱瑞今法师创办佛教养正院。栽培青年佛徒。并训示青年应注意四项，即'惜福、习劳、持戒、自尊'。请扶桑藏经，校对南山三大部。四月至七月结夏安居，日食一餐。"

⑧ 致白马湖蔡丏因居士书："……晚晴（山房）种树甚好。余为讲律多忙，一时未能返浙。仁者能常居晚晴为宜。因空室闭锁易朽坏……。近得印度 Sultanmòhamed 公司所制名香，折断为四小枝，附奉上。二月十七日，演音疏。"

⑨《地藏菩萨本愿经说要序》："余以暗愚，获闻大法，实由地藏本愿摄之，蕅益《宗论》导之。战战兢兢，垂二十载。常念慈恩，未尝一日忘也。去岁大醒法主曾辑《蕅益大师集》，既已付刊，近复赍示《地藏菩萨本愿经说要》草稿，殷勤三复，不胜庆跃，为述昔缘，以证志同道合焉。岁次甲戌三月，晋水尊胜院沙门一音。"

⑩《随机羯磨疏跋》："《随机羯磨》，今所传者有数本：敦煌石室古写本

（北京图书馆藏）、旧宋藏（宋崇宁三年刊，日本宫内省藏）、高丽藏（宋绍兴二十一年刊）、宋藏（宋嘉熙三年刊）、元藏、明藏及宋碛砂藏、清藏，并明清别刊本等。宋元诸藏，讹舛极多。明藏虽稍校正，亦多妄改，惟高丽藏较为完善。天津刻经处徐蔚如居士，曾披诸本参互考订，以丽藏为主，而参用他本之长，并据南山业疏及灵芝记以为指归（后跋文中具详），历时年余，乃成此册。正古本之歧误，便初学之诵习，宏护律教，功在万世。居士校刊诸书近二千卷，当以此册为最精湛，而扶衰救弊之功亦最伟矣。今复检日本《大正新修大藏经》，详为覆校，与旧宋藏及宋元明藏并南山疏钞、灵芝记文，精密审定，稍有修改，俾臻完璧。学者读此，应生难遇之想。宋元明藏本中，此书讹误最多，舛错脱落，满纸皆是，惟有掩卷兴叹，束置高阁。若无今新校订本，决定无人能诵习者。南宋以后，南山律教渐以湮没，殆由是耶？余以夙幸，获读新校订本，欢喜忭跃，叹为稀有。誓愿尽未来际，舍诸身命，竭其心力，广为弘传；更愿后之学者，奉持此册，珍如球璧，讲说流布，传灯不绝。俾吾祖律教可以光大炽盛，常耀世间耳。岁次甲戌十月，沙门演音敬书。"

⑪ 赠僧忏上人华严集联并跋："当度众生界，当净国土界；普入三昧门，普游解脱门。唐译大方广佛华严经入法界品弥勒菩萨说颂集句。僧忏上人供养，岁次甲戌五月尊胜院沙门瞥目敬书。"

【按】僧忏为大醒法师别号，曾任闽南佛学院教务主任，与弘一大师交谊颇深。时在武昌任《海潮音》月刊编辑。

⑫《拟定佛教养正院教科用书表》附记：甲戌七月二十日于晋水兰若出，以奉胜进居士。

（大意如下）：

学者程度：初识文字，不限年龄。

卒业年限：三年。

教育宗旨：深信佛菩萨灵感之事，深信善恶报应不爽，深知为何出家与出家后应作何事等等。

卒业成绩：品行端方，知见纯正，精勤耐苦，朴实无华。

第一年、第二年、第三年用讲本（略）

训话：（教师应参考书）

〔训话为极重要之事，每日应二小时以上。各年级僧合并，共坐听之。〕

　　释迦牟尼佛略传　　佛学提要

　　发心学佛因缘　　　观音灵感录

　　净土圣贤录　　　　高僧传初、二、三集等

　　国文不须别立一科，以所讲佛书即是国文也。

　　僧伽尺牍亦不须学，以其无关紧要也。

　　习字但求工整，不须求精。

　　国语课本，由教师依佛法编之，不可用书局国语书，以其唯谈世俗事也。

　　以上计有五件（训话、读书、讲书、国语、习字），应更加习劳一科。院中不用使役。凡挑水、挑饭、扫地等，一切事务皆由学僧任之。

　　此外如僧中威仪，行坐进退，言语饮食礼拜，乃至课诵楗椎等，皆由教师于训话时随宜授之。

　　以上匆匆编定，唯就己意随笔写录，恐未允当。谨以呈奉有道，聊备采择可耳。

沙门胜义

　　（第一年至第三年所用讲本详目，见《弘一法师纪念集》图版四〇）

　　【按】大师鉴于闽南沙弥失学，乃商诸南普陀寺住持常惺法师。自是年聘请瑞今法师为佛教养正院主任，广洽法师为监学，广义、高文显等为教员，并定秋季招生开学。师主张僧教育应自"蒙以养正"，故称"佛教养正院"。

　　⑬《四分律随机羯磨题记》："甘肃敦煌有鸣沙山，山麓有三界寺。寺旁石室千余，壁雕佛像。清光绪庚子年（一九〇〇），因扫积沙，于壁破处见藏书甚多，皆唐人及五代人写本，亦有雕本，佛经尤夥。盖西夏兵革时保存于此也。壁书既已发现，遂多为英法日本诸国学者将去。吾国人更往搜求，精好之本已不可得矣。残余诸本，送存北京图书馆。昔年曾编《敦煌写本佛经草目》一卷刊行，唯完整之本不可多得。又写本中错讹脱简，充于篇帙，校勘刊布非易事耳。删补羯磨，敦煌石室藏有唐人写本，仅存上卷及下卷末页。今由北京刻经处及天津刊本与之对校，既竟，请余为酌定取舍。因汰其错杂，择其可依准者，录入此册，以备参考焉。甲戌七月十三日剃染十六年，演音谨记。"

　　⑭《一梦漫言跋》："曩见经目，见《一梦漫言》，意谓今人所撰导俗书也。因求得一册，披卷寻诵，乃知为明宝华山见月律师自述行脚事也。欢喜踊跃，叹为稀有。反复环读，殆忘寝食，悲欣交集，涕泪不已。因为科简，附以眉

注，并考舆图，别录行脚图表一纸。冀后之学者，披文析义，无有壅滞耳。甲戌八月十日披诵讫，二十五日录竟并记，时居晋水兰若，弘一记。"

⑫《见月律师行脚略图跋》："甲戌（一九三四）八月二十三日，依《一梦漫言》对览舆图编录，翌日录竟。粗线示行脚所经之地，至丹徒海潮受戒为止。以下未画粗线，恐致淆乱，学者自寻可耳。又随侍三昧老人往各地开戒，诸地名等亦未列，因限于篇幅也。沙门一音，时居晋水兰若并记。"

⑮《庄闲女士手书法华经序》："十法行中，一者书写。考诸史传，魏唐之际，书写经典，每极殷诚。先修净园，遍种楮树，香草名花，间杂交植，灌以香水。楮生三载，香气四达。乃造净屋，香泥涂地，觅匠制纸，斋戒沐浴，盥漱熏香，易服出入。剥楮取皮，浸以香水。竭诚漉造，经岁始就。又筑净台，于上起屋，乃至材瓦，悉濯香汤。堂中庄严，幡盖铃佩，周布香花，每事严洁。书写之人，日受斋戒。将入经室，夹路焚香，梵呗先引，散华供养，方乃书写。香汁合墨，沈檀充管，下笔含香，举笔壮气。逮及书就，盛以宝函，置诸香厨，安于净室。有斯精诚，每致灵感。或时书写，字字放光，或见天神，执戟警卫；或感瑞鸟，衔华供养。大众仰瞻，咸发弘愿，披函转读，恒灿异光。如是灵迹，史传备戴。尝复寻览，辄为忭跃。虽未能至，心向往焉。妙道女士，书法华经，端严精粹，得未曾有。迩将影印，宏传流布，为记先范，冠于卷首，以勖来者，随力奉行，俾获感祐，利有情耳。彼二十三年岁次甲戌晋江尊胜院沙门月幢　时年五十有五。"

⑯《校勘拾毗尼义钞跋》："比丘尼观愿录写科文。今略校正，未及详审。或恐犹有讹误，且俟他日，更复披寻钞文，一一对勘，以补其缺略也。于时癸酉七月十三日，剃染十五周年，居温陵尊胜院，是岁八月二日，手装并题，演音。

"岁次甲戌八月，对日本《续藏经》校勘一过。于时衰病缠绵，精力颓弊，多有未尽，俟后当更详审耳。八月二十一日校竟并记，时居晋水兰若。"

⑰《见月律师年谱摭要并跋》："甲戌九月，依《一梦漫言》及别传摭录，唯举梗概，未能详耳。《漫言》上卷，自记年岁数次，可为依据。今编年谱，准此推衍。下卷谓顺治七年五十岁者，或有舛误，以待后贤改订焉。晋水尊胜院沙门亡言。"

⑱《一梦漫言序》："师一生接人行事，皆威胜于恩。或有疑其严厉太过，不近人情者。然末世善知识，多无刚骨，同流合污，犹谓权巧方便，慈悲顺

俗，以自文饰。此书所述师之言行，正是对症良药也。儒者云：'闻伯夷之风者，顽夫廉，懦夫有立志。'余于师亦云然。九月五日编录年谱撷要讫，复检阅《一梦漫言》，增订标注。九月十三日写《随讲别录》二纸竟。卧床追忆见月老人遗事，并发愿于明年往华山礼塔。泪落不止，痛法门之陵夷也。弘一并记。"

⑲《记陈敬贤居士轶事》："甲戌九月十九日，共存至南普陀后山石室。余问敬贤近状，彼谓己遵印光法师教导专修净业矣，余为庆悦。"（全文见本谱一九二七年条）

【按】共存，为新加坡侨领厦门大学创办人、陈嘉庚胞弟陈敬贤之子。

⑳叶绍钧《几种赠品》："两个月前，接到厦门寄来一封信，拆开来看，是不相识的广洽和尚写的，附带赠我一张弘一法师的相片。……相片是六寸头，并非'艺术照片'。布局也平常，跟身旁放着茶几，茶几上供着花盆茶盅的那些相片差不多。……依弘一法师的艺术眼光看来，也许会嫌得太呆板了。然而他对不论什么都欢喜满足。人家给他这样布置了，请他坐下来的时候，他大概连连地说'好的，好的'吧。

"他坐在半桌的左边，披着袈裟，折痕很明显；右手露出在袖外拈着佛珠，脚上还是穿着行脚僧那种布缕纽成的鞋。他现在不留胡须了，嘴略微右歪，眼睛细小，两条眉毛距离得很远，比较前几年，他显得老了，可是他的微笑里透露出更多的慈祥了。相片上题着十个字'甲戌九月居晋水兰若造'，是他的亲笔。……"（见叶绍钧《未厌居习作》三九页）

㉑昙昕《音公本师见闻琐记》："音公曾撰一联：'愿尽未来，普代法界一切众生，备受大苦；誓舍身命，宏护南山四分律教，久住神州。'给余。跋云：'岁次癸酉正月二十一日为灵峰蕅益大师涅槃日，迄二月十五日，讲《含注戒本》及《表记》初二编。三月初九日迄四月初八日居万寿岩，讲《随机羯磨》。八月二十四日迄十月初三日为律祖南山道宣圣师涅槃日，住大开元寺补讲都竟，敬发誓愿，以安心策志，资成胜行焉耳。昙昕并书，甲戌九月以奉广义法师慧鉴。'"

㉒《壬丙南闽弘法略志》："甲戌（一九三四）十一月，万寿岩开创念佛堂，讲说三日。"

《万寿岩念佛堂开堂演词》："今日万寿禅寺念佛堂开堂，余得参末席，深为荣幸。近十数年来，闽南佛法日益隆盛，但念佛堂尚未建立，众皆引为憾事。今由本寺住持本妙法师发愿创建，开闽南风气之先。大众欢喜，叹为希有。本妙法师英年好学，亲近兴慈法主讲席，已历多年，于天台教义及净土法门悉能贯通。故今本其所学，建念佛堂，弘扬净土，可谓法门之龙象，僧中之芬陀矣。今念佛堂既已成立，而欲如法进行，胥赖护法诸居士有以匡辅而助理之。……"

㉓《福州鼓山庋藏经板目录序》："佛典雕镌木版，昔人唯称宋刻。近年于敦煌石室发见佛典，有唐末及五代刊者，乃知刻经始自唐末。然东国扶桑，于神护景云四年（七七〇），已刊《无垢净光经》《陀罗尼》四种。其古印本犹存法隆寺中。考彼时代，当吾唐国大历五年，较敦煌发见者犹胜，遂为世界最古佛典雕版焉。尔后东国扶桑，历宋迄清，雕版日盛，印传之本，于今犹有存者，而珍逾球璧。残楮一卷，值及数百，乃至千金。良由彼土学者，博闻好古，深识雕版意趣。近且有《宁乐刊经史》（宁乐为日本古都奈良别称——著者）等诸书传布，为佛典雕版系统之研考。而吾国缁素，犹未闻于此少加意者，不其憾欤？昔年（按：一九二九年）余游鼓山，览彼所雕《法华》《楞严》《永嘉集》等楷字方册，精妙绝伦。以书法言，亦足媲美唐宋，而雕工之巧，可称神技。虽版角有少腐阙者，亦复何伤，弥益古趣耳。又复检彼巨帙，有清初刊《华严经》及《华严疏论纂要》，憨山《梦游集》等。而《华严疏论纂要》为近代所稀见者。余因倡缘印布，并以十数部赠与扶桑诸寺。乃彼邦人士获斯秘宝，欢喜忭跃。遂为摄影镂版，载诸报章，布播遐迩。因是彼邦佥知震旦鼓山为庋藏佛典古版之宝窟。然鼓山经版虽驰盛誉于异域，而吾国犹复湮没无闻。逮及前岁，李圆净居士乃劝请观本法师往住鼓山，理整经版并辑目录，以开流布之端绪。尔者目录辑就，虚云、观本二老人，悉有序言。圆净复请余别书弁辞，以赞鼓山雕版之殊胜。为略述之，未尽意耳。岁次甲戌十二月晋水尊胜院沙门演音。"

㉔致俗侄李晋章书：前奉明片，想已收到。兹有奉托者二事：

一、乞仁者为余刻印二三方，寄下以为纪念。大小大约如□或□（略大）、或〇或)皆可。其文字乞于下列数名中随意选之。亡言、无得、吉目、胜音、无畏、大慈、大方广、音、弘一。

二、四十年前津人习白折小楷、恒用《昨非录》，系翰林分写小楷石印精本，共二册。其文字皆嘉言懿行，颇可流传。乞向旧书铺或亲友处觅求一部，惠施寄下，至感。演音启。寄图章时，甚费周折，乞向邮局询问为要。

㉕《缁门崇行录选录序》："明季禅宗最盛，而多轻视德行。云栖撰《缁门崇行录》以匡救之。余尝劝学院主任者，应用是录为教本，以挽颓风。岁晚多暇，为选择拟先讲解者而标志之。十门之中，清素、严正、高尚、艰苦四门，选者较多，亦以针对时风，补偏救弊耳。甲戌岁晚，居禾山万寿岩。胜音。"

【按】《缁门崇行录》所罗十门，次第为"清素、严正、尊师、孝亲、忠君、慈物、高尚、迟重、艰苦、感应"。每门各录古德善行十四五条。

㉖《行脚散记》："癸酉十一月十一日，居草庵。十五日讫二十日，讲《梵网经戒本》。十二月一日讫三日，讲《药师经》，回向故瑞意法师（二月二日，复念佛回向）。除夕夜，讲蕅益大师'普说'二则。甲戌元旦讫十四日，讲《四分律羯磨》初二篇。十九日二十日讲羯磨。二十一日为蕅益大师涅槃日，设供并讲大师遗作《祭颛愚大师文》《德林座右铭》二首。二十二日夜与大众行蒙山施食，回向鬼众及草庵已故诸蜜蜂等。二月三日之厦门南普陀寺，开讲《四分律行事钞资持记》，为书弘律誓愿句，并记二月余行事，赠芳远居士，以为遗念焉。沙门演音，时年五十又五。"

一九三五年（民国二十四年乙亥）　　五十六岁

　　是年正月，居厦门禾山万寿岩，校读清末自日本请回之灵芝元照律师所著《阿弥陀经义疏》。岩主本妙请为众宣讲，因撰《义疏撷录》，并撰序述其因缘。[①]开讲期间，又撰《净宗问辨》一文，于净土法门，设置问答，剖析至详，可以见师皈心净土之宏愿。[②]二月，俗侄雄河居士李晋章所作篆刻寄至，师至欣喜，特函致谢。[③]同月为李汝晋居士书写《大悲咒》一卷，并书跋语。[④]三月，至泉州开元寺，为众讲见月律师所述行脚求师时事的《一梦漫言》。[⑤]讲毕，移居温陵养老院——即宋朱熹讲学之"小山丛竹"（后称小山书院）故址。平居常为养老院老人开示日常劳动诸事。[⑥]时院中朱子祠过化亭缺额，师应叶青眼居士之请，为补书并题记。[⑦]四月，将赴惠安钱山（即净峰寺）。临行院长叶青眼居士谓此次州人士多来求字，少求法为可惜。师答云："余字即是法"，可以见其自信。[⑧]同月，师托俗侄李晋章在津访购之《昨非录》寄至，特函致谢，并告以将往百里外山中度夏，请暂勿通信。[⑨]赴惠安净峰寺时，弟子广洽、传贯二师随行。洽师携有大师为李汝晋所书《大悲咒》一卷，拟为出版。高文显居士作序，略述师至净峰寺情况。[⑩]

　　师至惠安净峰之殊胜因缘，及惠安山川风物，人情习俗，可于以下事迹见之。初至净峰，见清末庄贻华《咏净峰寺》诗，极为欣赏，即手书其诗悬于壁上，今犹保存于纪念室[⑪]，又为净峰李仙祠[⑫]及客堂各题一联，皆极雅驯[⑬]。师在净峰研习南山三大部及灵芝三记。自撰一联，以自策励。[⑭]又为广洽法侣代定修持日课，并记蕅益大师入灵峰（浙江北天目山灵峰寺）因缘，可以见其修持思想之一斑。[⑮]其间曾数次致书夏丏尊，盛道净峰环境之幽美，有如世外桃源。[⑯]六月间，编录《含注戒本疏略科》[⑰]及撰《含注戒本科跋》，并自为记[⑱]。九月间，以净峰寺主他往，致书高文显谓将移居草庵[附白]：盛赞净峰山石玲珑，民风古朴，有如世外桃源。[⑲]秋晚将离净峰，咏菊志别。[⑳]十月一日，集录《菩萨戒受随纲要表》成，自为题记[㉑]，同月为念西法师撰《龙裤国师传序》[㉒]。十一月间，应泉州承天寺传戒法会礼请，于戒期中讲《律学要略》三天。㉓阐述戒律传入此土之因缘，与弘扬南山律宗之由来，及三皈、五戒、八戒，乃至菩萨戒之意义。要言不烦，全面而概括地介绍戒律的历史和内容。语重心长，新戒皆感得未曾有。㉔戒期后，移居温陵养老院。广洽法师割指沥血，师为书写《戒经》，并以余血补书诗偈。㉕

十一月十九日，应请往惠安科山寺讲演，并为五人证受皈依。至十二月初三日始回泉州，旋即卧病草庵。㉖病中书"遗嘱"一纸付侍者传贯，吩咐身后诸事。㉗

注 释

①《阿弥陀经义疏撷录序》："隋唐以来，释小本《弥陀经》者数十家，而云栖《疏钞》、幽溪《圆中钞》、灵峰《要解》，尤为时贤推重。但《疏钞》繁广幽奥，《圆中钞》《要解》亦复义理精微，非始学所能通贯。唯我律祖灵芝元照大师所出《义疏》无多高论，妙协经宗，善契时机，深裨后进。惜夫南宋以降，此土佚失不传。元明诸师，咸未获见。逮及清季，乃自扶桑奉返，刊版金陵。三十年来，犹无讲解流布者，岂不以其文约义丰，言近旨远，未有训释，无由弘传耶？甲戌岁晚，余得扶桑国古刊《义疏闻持记会本》。《闻持记》者，南宋戒度、法久二律师撰述，以释义疏，诠解详明，曲尽疏旨。时禾山万寿岩主（本妙）方以讲说《阿弥陀经》劝请。余乃披寻义疏，兼考记文，依彼遗轨，随力敷讲。岩主并请别辑《义疏撷录》一卷，将镂版弘布，以被乐简之机。纂录既讫，为述往缘，用示彼贤焉。于时后二十四年龙集乙亥春正月，晋水沙门僧胤居禾山万寿岩念佛堂。"

②《净宗问辨》：

古德撰述，每设问答。遣除惑疑，翼赞净土，厥功伟矣。宋代而后，迄于清初，禅宗最盛。其所致疑，多原于此。今则禅宗渐衰，未劳攻破，而复别有疑义，盛传当时。若不商榷，或致诖乱。故于万寿讲次，别述所见，冀息时疑。匪曰好辨，亦以就正有道耳。

问：当代弘扬净土宗者，恒谓专持一句弥陀，不须复学经律论等，如是排斥教理，偏赞持名，岂非主张太过耶？

答：上根之人，虽有终身专持一句圣号者，而绝不应排除教理。若在常人，持名之外，须于经律论等随力兼学，岂可废弃？且如灵芝疏主，虽撰义疏，盛赞持名。然其自行亦复深研律藏，旁通天台、法相等，其明证矣……。

【按】此文于净宗反复问难，至详且精。问答全文颇长，兹且从略。

③ 致李晋章书："雄河居士：惠书诵悉。印石亦收到，篆刻甚佳。所属各事，稍暇制就邮奉。先此奉答。演音启，旧二月八日。"

④ 手书《千手千眼无碍大悲心陀罗尼》跋："龙集乙亥二月，敬书以奉汝晋居士供养，尊胜院智幢。"

⑤ 僧睿《弘一大师传略》："乙亥春，莅泉州开元寺，讲《一梦漫言》。"

⑥ 叶青眼《纪弘一大师于温陵养老院胜缘》："弘一法师移锡闽南，到温陵养老院凡三次。第一次为乙亥年，住华珍室一二号房。吩咐晨午二餐，蔬菜不得逾两味。客来相访，为先通知，期间一十五天。他对老人开示：只取日常琐事，如汲水、破柴、烹茶、烧汤、扫地、洗衣、拂拭几案、浇水种花等操作。谓自己出家以来，皆躬自为之……。"

⑦ 《过化亭题记》："泉郡素称海滨邹鲁。朱文公尝于东北高阜，建亭种竹，讲学其中，岁久倾圮。明嘉靖间，通判陈公（陈尧）重建斯亭，题曰'过化'，后亦毁于兵燹。迩者叶居士青眼欲复古迹，请书亭额补焉。余昔在俗，潜心理学，独尊程朱。今来温陵，补题过化，何莫非胜缘耶？逊国后二十四年岁在乙亥，沙门一音书，时年五十有六。"

⑧ 叶青眼《纪弘一大师于温陵养老院胜缘》："于时……又为余书'南无阿弥陀佛'中堂，及华严经句曰'持戒到彼岸，说法度众生'联文各一。余应各方来求者颇多。公将离院赴惠安钱山，余送之。将上车，余谓此次州人士多来求公字，少来求法，不无可惜。公笑谓余曰：'余字即是法'，居士不必过为分别。"

⑨ 致李晋章书："惠书诵悉。承施佛像《昨非录》，至用感谢。在此讲律将毕，即拟往百里外山中度夏。邮政不通，以后乞暂勿通信，俟秋凉时，返厦门再奉告也。雄河居士演音疏，三月十日。"

【按】据惠安当地民间传说："净峰是李铁拐成仙处。说李是惠安小岞后内人。某年冬天，李替母亲烧饭，柴烧完了，一时心急，举足入灶。恰被云游至此的吕洞宾所瞥见，知道他具至性，遂度他仙去。李脚跛，所用铁拐，就是火拐……。净峰又名钱山。据说铁拐仙置一大钱在净峰古井中，它每天生出几个小钱，李仙的老母上山去取来做生活费用。后来被一斋公瞥见，连母钱带子钱一并偷去，从此钱山就不再生钱了。"（见旅美华侨王福民《净峰·李铁拐·弘一及其他》——《弘一法师在惠安》）

⑩ 高文显《影印弘一法师手写大悲咒序》："弘一法师来闽数载，居常运用其艺术手腕，书写经文佛号，赠诸缁素，以广结胜缘。迩者法师已栖隐净峰，将编著大部律书，无暇再作文字上之应酬矣。广洽法师送其入山后，携带其所写经文联句多种，中有为李汝晋居士书写之《大悲咒》，字迹高古清秀，不着人间烟火之气。洽师谓余曰：'音公此行，恐将长久栖息于斯矣。盖其地虽苦，然山水秀美，僻静幽清，相传为李拐仙所居之地，实隐者之所也。'"

⑪ 手书清末庄贻华《咏净峰寺》诗并题记："净峰峰高高更曲，半天云气芙蓉削。昙贝重重覆翠微，眼中沧海盈一掬。怪石苍松别有天，啸傲烟霞看未足。传灯此地几何年，净土依然古天竺。我来恰值海国秋，蹑履梯云骋游瞩。莲华座上礼空王，一炷炉香熏宝箓。最爱夕阳山更幽，酣卧林峦无拘束。人生即此见蓬莱，安得乌巾占丛竹。戊申秋日漆园后人贻华氏题。乙亥夏首，尊胜老人居净峰重录。"

⑫ 净峰李仙祠题联："是真仙灵，为佛门作大护法；殊胜境界，集僧众建新道场。"

⑬ 净峰寺客堂题联："自净其心，有若光风霁月（乙亥首夏，归卧净山，书此补壁）；他山之石，厥惟益友明师。（尊胜院沙门一音撰，时年五十有六。）"

⑭ 净峰寺书联自勖题记："誓作地藏真子（龙集乙亥五十六岁诞日，敬书以自策励，铭诸座右，沙门演音）；愿为南山孤臣。（时居惠安净峰寺研习《事钞》并《戒》[本]《业》[羯磨]二疏及《灵芝记》文）弘裔。"

⑮《为广洽法侣定修持日课，附记蕅益大师入灵峰因缘》："昔我灵峰老人，三十三岁始入灵峰，即有偈云：'灵峰一片石，信可矢千秋。'又云：'聊当化城，毕兹馀喘。自非乐土，终弗与易矣。'余今年已五十又六，老病缠绵，衰颓日甚。久拟入山，谢绝人事，因缘不具，卒未如愿。今岁来净峰，见其峰峦苍古，颇适幽居，遂于四月十二日入山，将终老于是矣。广洽法侣与余数载聚首，相契颇深。送余入山，居三日，将归禾屿，属订修持日课，为略书如下：午前，读法华一卷，阅华严一卷。午后，温习戒本羯磨，读行愿品一卷。馀时默持佛菩萨圣号。布萨日，读梵网戒本一卷。附记者：余向他处借藏经数十册，别记如下。谢世之后，希为检点分还，俾免散失。《频伽大藏经》三十册（每十册为一帙），乞送还承天寺。《续藏经》四十九册（乞寄还温州大南门外庆福寺）。岁次乙亥弘一演音书。"

⑯ 致夏丏尊书（一）："丏尊居士道鉴：久未致讯至念。上月徙居山中，

距邮政代办所八里，投信未便，故诸友处悉无音问也。……山乡风俗淳古，男业木土石工，女任耕田挑担。男四十岁以上多有辫发者，女子装束更古，岂惟清初，或是千数百年来之遗风耳。余居此间，有如世外挑源，深自庆幸。……演音疏。"

致夏丏尊书（二）："丏尊居士道鉴：惠书，具悉。……净峰寺在惠安县东三十里半岛之小山上，三面临海（与陆地连处仅十分之一），夏季甚为凉爽，冬季北风为山所障，亦不寒也。小山之石，玲珑重叠，如书斋几上所供之珍品，惜在此荒僻之所，无人玩赏耳。……演音覆疏，旧五月二十八日。"

⑰《含注戒本疏略科跋》："乙亥六月六日敬编录，时居净峰。弘一。"

⑱《含注戒本科跋》："乙亥六月二十九日录讫。时居惠安净峰寺。弘一。"

⑲致高文显书及"附白"："胜进居士道鉴：承施鼓山刊《梵网》及《王摩诘》，欢感无已。净峰生活甚安适。近以寺主他往，余亦随其移居草庵。谨复不具。九月六日演音启。

"附白：净峰居半岛之中（与陆地连者仅十之一二），山石玲珑重叠，世所罕见。民风古朴，犹存千年来之装饰，有如世外桃源。种植者以地瓜、花生、大麦为主。"

⑳《将离净峰咏菊志别》："乙亥首夏来净峰，植菊盈畦，秋晚将归，犹含蕾未吐。口占一绝以志别：'我到为植种，我行花未开。岂无佳色在？留待后人来。'弘一老人。"

㉑《菩萨戒受随纲要表》题记："龙集乙亥十月一日于惠安净峰寺集录。沙门一音。"

㉒《龙裤国师传·序》："念西禅师，今之南闽高僧也。专宏净业，著作甚富。近以所撰《龙裤国师传》见示。披卷讽诵，叹为稀有。文笔朴拙，不假修饰，弥益古趣。丰德性常律师，拟以付刊流布，而资亡母冥福。孝思肫诚，尤足多焉。为题卷端，以志欢赞。岁次乙亥十月惠安净峰沙门一音。"

㉓万泉《参礼弘一律师以后》："这是民国二十四年冬的事情。……因参加承天寺的戒期胜会，给与我屡次拜见吾教伟人弘一律师的机会。一天清晨，我亲手写了请弘一律师讲《律学要略》的牌后，……客堂同人要我充当弘一律师讲律的临时记录。……因这段因缘，得以常和他老人家谈话。《律学要略》三天讲毕，弘一律师即欲离承天寺……并留一地址给我，要我二日后再到他所暂住的温陵养老院去。过了一天，广洽法师送来一册弘一律师自读自书的

《四分律比丘戒相表记》，就是弘一律师送给我的。十二月七日（阳历），寿居约我同访弘一律师，二人步行到养老院，拜见了弘一老人。……从这次参礼了弘一律师之后，不二日，他老人家即应惠安居士们之请，同专员黄元秀到惠安讲经去了。据说弘一律师由惠安回来，得重病于草庵，……广洽法师往泉探视弘一律师病况，回来对我说：'弘一老人现在虽得重病，但他仍视若无事，工作如故。'并对广洽法师说：'你不要问我病好没有，你要问我有念佛没有念佛？这是南山律师的警策，向后当拒绝一切，闭户编述南山律书，以至成功。'"

㉔《律学要略》："我出家以来，在江浙一带并不敢随便讲经或讲律，更不敢赴什么传戒的道场。其缘故，是因为个人感觉着学力不足。三年来在闽南，虽曾讲过一些东西，自心总觉非常惭愧的。这次本寺（承天寺）诸位长者，再三地唤我来参加戒期胜会，情不可却，故今天来与诸位谈谈。但因时间匆促，未能预备，参考书又缺少，兼以个人精神衰弱，拟在此共讲三天。今天先专为求授比丘戒者，讲些律宗历史，他人旁听，虽不能解，亦是种植善根之事。"（以下关于三皈、五戒、八戒、沙弥沙弥尼戒、式叉摩那戒、比丘比丘尼戒、菩萨戒等之阐述，文长从略。全文见《晚晴老人讲演录》）

㉕《血书诗偈赠胜进居士题记》："出家以后，所用印章，大半散失。胜进居士属集为一册，未之能也。于时乙亥十一月，适普润广洽上人，割指沥血，请写《戒经》，盖有残血，为补书诗偈于后。时居温陵过化亭。"

㉖《乙亥惠安弘法日记》（略）："十一月十九日，复到惠安城，寓黄善人宅。二十日到科峰寺讲演，并为十人证受皈依。二十二日，到瑞集岩讲演。十二月初一日午，到惠安城，寓李氏别墅。初三日到泉州，卧病草庵。"

㉗ 传贯《随侍音公日记》："师当大病中，曾付遗嘱一纸予贯云：'命终前请在布帐外助念佛号，但亦不必常常念。命终后勿动身体，锁门历八小时。八小时后，万不可擦身体洗面。即以随身所着之衣，外裹破夹被，卷好，送往楼后之山凹中。历三日有虎食则善，否则三日后，即就地焚化。焚化后再通知他位，万不可早通知。余之命终前后，诸事极为简单，必须依行，否则是逆子也，演音启。'至翌年春，蒙龙天加被，道体渐康。"

一九三六年（民国二十五年丙子） 五十七岁

是年元旦，卧病草庵，晨起试笔，书"菩萨四摄行"八大字，并自记年月。① 时草庵养蜂四匣，误食山中毒花，死者百数十，师与诸师行施食法，超度亡蜂，其慈心及于昆虫。② 在草庵时，患臂疮甚剧，旋扶病至厦门就医。③ 师自云此次大病，为生平所未经历。对于病因、病情发展与险恶及医疗经过，于致夏丏尊④、念西、丰德⑤、刘质平书⑥⑦⑧及蔡吉堂、吴丹明之《弘一法师在厦门》等有详细记述⑨⑩。

正月，佛教养正院开学。师为讲《青年佛徒应注意的四项》，现身说法，听者无不感动。⑪ 三月，手书《乙亥惠安弘法日记》赠曾词源，并为题记。⑫ 四月，又书《壬丙南闽弘法略志》赠蔡契诚（吉堂）并为题记。⑬ 同月弟子刘质平假"上海新华艺专"开"弘一上人书法展览会"。⑭ 五月，移居鼓浪屿日光岩⑮，同月为侍者传贯亡母许柳女居士写《药师经》一卷，以资回向⑯。又为友生金咨甫居士写《金刚经》，回向佛道，并加题跋。⑰ 是时上海世界书局将辑【佛学丛刊】，请师编辑。师适自日本请奉古刊佛典万余卷，多明季清初刊本，因检三册——《释门自镜录》《释氏要览》《释氏蒙求》，以供校刊参考，并为该书题签及撰《佛学丛刊序》。⑱ 在此之前，师曾致书该局编辑蔡冠洛，计划编辑第二辑、第三辑，惜皆未见实现。⑲ 闽南佛学院仁开法师访师于日光岩，请师发心弘扬律学。师复书谓："初出家时，尝读灵峰诸书，于'不可轻举妄动，贻羞法门''人之患在好为人师'等语，服膺不忘。岂料到南闽后，遂尔失足。追念往非，决定先将'老法师、法师、大师、律师'等诸尊号取消，誓不敢作冒牌交易。"书意恳挚，令人尊敬。⑳ 秋日，日光岩念佛会请师开示，师节录《印光法师嘉言录》数则，致书嘱会众反复研味其义。并谓"于佛法中最深信者，惟净土法门；于当代善知识中最佩仰者，惟印光老法师"㉑。八月，师所作《清凉歌》，由弟子刘质平及其门人谱曲，行将出版，夏丏尊为撰《清凉歌集序》，略述其在俗致力音乐之精勤与教授音乐之成就，及为《清凉歌集》谱曲之师生。㉒ 是年在佛教养正院讲《十善业道经概要》，并教写字方法。㉓为士惟居士写《佛说五大施经》，愿早证菩提。㉔是年道侣吴建东居士卜葬杭州玉泉寺山中，师念昔日曾与同修念佛，且移居永嘉城下寮，实居士为之介绍。故撰《玉泉居士墓碣铭》以纪念之。㉕泉州草庵为摩尼教遗迹，向由僧侣董理。师爱其幽寂，晚年屡居其地。为撰《重兴草庵记》嵌于庵壁，以留纪念。㉖叶恭绰居士从子公超，于英伦博物院见敦煌写本《僧伽六度经》，为摄影持归。叶氏请师书写，并为题记。㉗奇僧法空禅师，善书法，精国术。早岁驻锡槟城，经营动物园，热心公益事业，誉满南洋。晚年归国，居厦门中岩，常以书法与人结缘。是年迁化，师撰《奇僧法空禅师传》彰之。㉘冬月，文学家郁达夫游厦偕广洽法师、赵家欣等访师于日光岩，归福州后，赋七律一诗奉赠。㉙师居日光岩半载，将移居南普陀，手书《佛说无量寿经》一卷，赠岩主清智上人，以为纪念。㉚师于旧十二月初六日（一九三七年一月十八日），移居南普陀。是日胜进居士为编"弘一法师纪念特刊"，载于厦门《星光日报》。㉛腊月初八日，（高文显）为编《韩偓传记》成。师写韩偓牌位一纸，并命准备供斋，集众上供。㉜此次为韩偓举行上供仪式，高文显有文记其事。㉝腊月下半月，在佛学院讲《随机羯磨》，又为闽院学僧明鉴，开示"净土宗入门初步"。谓净土宗有二种：一是专修，一是兼修。师自谓所修者，以《普贤行愿品》为主，可说教净双修。除夕，为传贯学人讲裴休《发菩提心文》，并发起印行《梵唐两文普贤行愿品偈》。㉞

注 释

① 手书"菩萨四摄行"："布施、爱语、利行、同事。——丙子元旦晨试笔。时卧病草庵，沙门一音年五十又七。"

② 致蔡冠洛书："余所居乡间草庵，养蜂四匣。昨日因误食山中毒花，一匣中死者百数十。今日余与诸师行施食法，超度此亡蜂等。附白。〔演音〕，旧正月廿二。"

③《南闽十年之梦影》："到了十一月的时候生了大病，以后即到草庵来养病。这一回的大病，可以说是我一生的大纪念。民国二十五年的正月，扶病到南普陀寺来……。"

④ 致夏丏尊书："丏尊居士道席：一月半前，因往乡间讲经，居于黑暗室中，感受污浊之空气。遂发大热，神智昏迷，复起皮肤外症极重。此次大病，为生平所未经过。虽极痛苦，幸以佛法自慰，精神上尚能安也。其中有

数日病势凶险，已濒于危。有诸善友为之诵经忏悔，乃转危为安。近十日来，饮食如常，热已退尽。惟外症不能速愈，故至今仍卧床上，不能履地。大约再经一二月乃能全愈也。……演音启，旧正月初八日。"

⑤ 致念西、丰德书："惠书，敬悉。承诵华严法典，感谢无尽。此次大病，实由宿业所致。初起时，内外症并发。内发大热，外发极速之疔毒。仅一日许，下臂已溃坏十之五六，尽是脓血。然又发展至上臂，渐次溃坏，势殆不可止。不数日脚面上又生极大之冲天疔。足腿尽肿，势更凶恶，观者皆为寒心。因此二症，若有一种，即可丧失性命，何况并发，又何况兼发大热，神智昏迷，故其中数日已有危险之状。朽人亦放下一切，专意求生西方。乃于是时忽有友人等发心为朽人诵经忏悔，至诚礼诵，昼夜精勤。……以极诚恳之心，诵经数日，遂得大大之灵感。竟能起死回生，化险为夷。臂上已不发展。脚上疮口不破，由旁边脚趾缝流脓水一大碗余。至今饮食如常，臂上虽未痊愈，脚疮仅有少许肿处，可以勉强步行。实为大幸。二三日后，拟往厦门请外科医〔生〕疗治臂患，令其速愈。……演音敬启。"

⑥ 致夏丏尊书："惠书诵悉。宿病已由日本医学博士黄丙丁君诊治，十分稳妥，不久即可痊愈，希释远念。……往黄博士处诊治，乃由友人介绍，已去十余次，用电疗及注射等需费甚多，将来或唯收实费，或完全赠送，尚未知悉。俟后由友人探询清楚，再以奉闻。演音附白。"

⑦ 与刘质平书："……此次大病，为生平所未经历，亦所罕闻。自去年十一月底发大热兼外症，一时并作。十二月中旬，热渐止，外症不愈。延至正月初十，乃扶杖勉强下床步行（前不能下床）。中旬到厦门就医，医者为留日医学博士黄丙丁君（泉州人）。彼久闻余名（人甚诚实），颇思晤谈。余请彼医，至为欣悦，十分尽心；至旧四月底（旧历有闰三月）共百余日，外症乃渐痊愈。据通例须医药电疗注射等费（每日往电疗一次）约五六百金。彼分文不收，深可感也。……谨陈。……演音疏。"

⑧ 致夏丏尊书："……宿疾约再迟一月，可以痊愈。此次请黄博士治疗，彼本不欲收费。惟电疗药物等实费，统计约近百金。若不稍为补助，似有未可。拟赠以厦门日本药房礼券五十圆一纸及拙书等。此款乞便中于护法会资支寄惠施，至用感谢。……三月廿八日演音疏。"

⑨ 蔡吉堂、吴丹明《弘一法师在厦门》："一九三五年四月至一九三六年，弘一法师曾二度赴惠安大弘佛法。惠安乡村环境卫生较差，法师左手臂皮肤

生湿疹甚剧，返厦居南普陀寺。经我介绍黄丙丁博士为之治疗，见效甚速。他曾函曾词源居士称：'宿疾已愈十之八，再迟一月，或可痊愈，因系慢性症，不可求速效也。仁者如晤蔡吉堂居士时，乞为询病愈后，如何酬谢黄博士，便中示知，不宣。'后来黄丙丁博士婉谢了弘一法师的酬谢。法师即做《大藏经》木箱，外镌黄博士施助字样，并手书《心经》和墨宝数件赠黄博士。……"

⑩ 致夏丏尊书："……前寄下洋五十圆，曾两次托人送与黄博士，彼坚不受。后乃商酌，即以此资做《大藏经》木箱数个，箱外镌刻黄博士施助字样云云，附陈。"

【按】是年春夏之交，余适在厦门南普陀，与弘一大师有短期同住之缘。每日见广洽法师陪伴大师赴黄丙丁博士诊所电疗。黄丙丁（曾留学日本得医学博士学位，为厦门名医）知大师为当代高僧，甚为尊敬。当时皮肤病电疗为创新医学技术，费用甚昂。黄氏为求速效，每日施与电疗达数月之久。愈后，大师欲以金钱或药品酬之，黄氏坚不肯受，谓愿求大师墨宝作为纪念。于是大师以各体书法手书对联、立幅、横披多件以赠。裱褙时，余曾于厦门局口街某裱画店见之，为之惊奇不置。

⑪《青年佛徒应注意的四项》："养正院从开办到现在，已是一年多了。外面的名誉很好。这因为由瑞今法师主办，又得各位法师热心爱护，所以能有这样的成绩。我这次到厦门，得来这里参观，心里非常欢喜。……我在泉州草庵大病的时候，承诸位写一封信来——各人都签了名，慰问我的病状；并且又承诸位念佛七天，代我忏悔，都使我感激万分。……今天所要和诸位谈的，共有四项：一是惜福，二是习劳，三是持戒，四是自尊。都是青年佛徒应该注意的。……"（全文见《晚晴老人讲演录》）

⑫ 手书《乙亥惠安弘法日记》赠曾词源并序："乙亥四月，传贯学弟请余入惠安弘法，始居净山半载，又须奔走乡村，虽未能大宏佛化，而亦随分随力小有成就。适将掩室日光岩，词源居士以素帖属书。词源惠人，因择录旅惠日记付之，聊以为纪念耳。岁次玄枵、月旅姑洗南山律苑沙门一音。"

【按】"玄枵"为子年，即丙子年（一九三六）。"姑洗"为十二律之一，《礼·月令》"季春之月、律中姑洗"。旅，次也。即月在姑洗，谓三月也。师写后另记"丙子"闰三月十三日书于南普陀。

⑬ 手书《壬丙南闽弘法略志》赠蔡契诚（吉堂）并为题记："余以宿缘，三游南闽。始于戊辰，次为己巳，逮及壬申，是最后矣。迄今丙子，首尾五

载，辄不自揆，常预讲筵。尔将掩室，因录弘法略志，都为一卷，以奉契诚居士。匪曰伐德，亦志吾过，思忏悔耳。去岁弘法惠安，尝记其事，别赠词源贤首。彼所载者，是册悉阙略也。岁集玄枵夏首，南山律苑沙门一音。"

⑭ 知岩《弘一上人书法展览会》："（据该文记载）展出有立轴、屏条、小册、手简四类。其中尤以《阿弥陀经》十六大幅为墨林瑰宝。字作晋楷，一笔不苟。"（见上海《佛学半月刊》一二六期。据一九三六年四月下旬、上海《时事新报》报导摘记。）

⑮《南闽十年之梦影》："……民国二十五年的正月，扶病到南普陀寺来住了几个月，于五月即到鼓浪屿日光岩去。"

⑯ 手书《药师如来本愿功德经》跋："岁次丙子五月，敬书是经，回向瑞集传贯法师亡母龚许柳女居士。愿彼业障消除，往生极乐，早成佛道，普利众生。温陵资寿寺沙门月音。"

⑰ 手书《金刚经》题记："岁次丙子三月二十一日敬书，四月初八日书讫。以此功德，回向亡友金咨甫梦畴居士。愿彼业障消除，往生极乐世界，早证无上菩提，普度一切众生，沙门演音弘一并记。咨甫浙金华武义人。弱冠游杭，学于高师艺术专科。扶桑本田氏授手工，赞其精绝，求诸彼邦，未之有也。尔后任杭州师范兼女学歌乐教师二十年。尝语余曰：始任教师颇多佳兴，近惟颓倦耳。余来南闽，旷绝音问。甲戌九月，印西上人书来，谓咨甫卧病半载，艰苦备历，已谢世矣。遗嘱请余写经，为其回向佛道。忽忽二载，及于今夏，书写乃讫，并志缘起焉。龙集玄枵、木槿荣月、演音，时掩室鼓浪日光院。"

⑱《佛学丛刊序》："甲丙之际，自扶桑国请奉古刻佛典万余卷，多明季清初刊本，求诸彼邦，见亦罕矣。迩者世界书局主纂辑【佛学丛刊】，乃检三本，付以写钞锓版。一曰《释门自镜录》，唐怀信述。彼邦沙门圆仁《入唐求法请来录》亦载是书，谓为唐惠详集，未审何是？安永元岁壬辰八月，维清乾隆三十七年，扶桑平安庆证寺玄智校刊，并续补十七则附于卷末。一曰《释氏要览》，宋道诚集。宽永十岁癸酉三月，维明崇祯六年雕版。一曰《释氏蒙求》，宋灵操撰。元本有蠹灭者，扶桑义空校补，宽保元岁辛酉三月，维清乾隆六年模刻。《自镜录》及《蒙求》，《续藏经》中虽亦辑存，而校雠颇疏；今依古刻倘差胜耶？局主纂辑丛刊，其意至善。以末世学者恒厌烦广，而乐简文；又复艰于资财，希求廉直。故辑丛刊，惟选经律论译本，及此土撰述卷

帙少而易领解者，复精密校刊，廉其直价，广以流布。阐传佛法，利益众生，局主宏愿，盖如是也。余以夙幸，值斯胜缘，岂无忭跃？故述所怀，爰题序云。后二十五年岁集玄枵木槿荣月，沙门馨严，时掩室鼓浪日光别院。"

⑲ 致蔡冠洛书："惠书诵悉。将来共出几辑似未可预定。若无有销路，主事者厌倦，即出二辑为止，否则可以续出。……如第一辑所选者，以短、易解、切要有兴味、有销路为标准。但如此类之佛书，实不可多得。故第二并以下须另编辑。……第一辑所收者，经律杂集之部类略备。第二辑多为警策身心，克除习气之作。第三辑为佛教艺术。……四月二十三日，演音疏。"

⑳ 致仁开法师书："仁开法师道鉴：前承过谈，惠施多品，感谢无尽。荷施十金，拟以请购日本古版佛书，而为永久纪念也。承示诸事，朽人已详细思审，至为惭惶。朽人初出家时，尝读灵峰诸书，于'不可轻举妄动，贻羞法门''人之患在好为人师'（此语出《孟子》，《宗论》引用），服膺不忘。岂料此次到南闽后，遂尔失足，妄跻师位，自命知律，轻评时弊，专说人非，大言不惭，罔知自省。去冬大病，实为良药；但病后精力乍盛，又复妄想冒充善知识。卒以障缘重重，遂即中止。至鼓浪屿，境缘愈困，烦恼愈增。因以种种方便，努力对治。幸承三宝慈力加被，终获安稳。但经此风霜磨练，遂得天良发见，生大惭愧。追念往非，噬脐无及。决定先将'老法师、法师、大师、律师'等诸尊号取消。以后誓不敢作冒牌交易，且退而修德，闭门思过。并拟将南山三大部重标点一次，誓以驽力随分研习。倘天假之年，成就此愿，数载之后，或以一得之愚，卑陬下座，与仁者等共相商榷也。前承仁者所示诸事，今非其时，愿俟异日，诸希亮察为幸。谨陈不宣。演音启。此书本拟请传贯师赍奉，适今有便人，托其带上。朽人当来居处，无有定所，犹如落叶，一任业风飘泊可耳。"

㉑ 覆鼓浪屿念佛会书："余近居日光岩，方便掩关，诸缁素嘱为讲演。窃念余于佛法中最深信者惟净土法门，于当代善知识中最佩仰者，惟印光老法师。今举《嘉言录》中数则略释之。'愿离娑婆'云云（三九页），'既有真言'云云（四二页），'一切行门'云云（四九页）。诸君暇时，乞常阅《嘉言录》，每次仅阅一二段，不必多。宜反复研味其义，不可草草也。演音，丙子秋日。"

【按】此书与《晚晴山房书简》致高胜进居士第一通内容相同。只多"略为讲释之"五字，似为同时另作一书致胜进居士，请代为"讲释"者。

㉒ 夏丏尊《清凉歌集序》:“弘一和尚未出家时，于艺事无所不精，自书法、绘画、音乐、文艺乃至演剧、篆刻，皆卓然有独到处。尝为余言，平生于音乐用力最苦，盖乐律与演奏，皆非长期练修无由适度，不若他种艺事之可凭天才也。和尚先后在杭州南京以乐施教者凡十年，迄今全国为音乐教师者，十九皆其薪传。所制一曲一歌，风行海内，推为名作。入山以后，从前种种胥成梦影。一日，刘生质平偕余往访和尚于山寺，饭罢清谈，偶及当世乐教。质平叹息于作歌者之难得，一任靡靡俗曲流行闾阎，深惜和尚入山之太早。和尚亦为怃然，允再作歌若干首付之。余与质平皆惊喜，此七年前事也。七年以来，质平及其学友根据和尚所作歌词，分别谱曲，反复推敲，必得和尚印可而后定。复于上海新华艺术专科学校、浙江宁波中学等处实地演奏，始携稿诣余，谋为刊行。作曲者五人，质平为和尚之弟子，学咏、希一、伯英为质平之弟子，绂棠为质平之再传弟子，皆音乐教育界之铮铮者。歌曲仅五首，乃经音乐界师弟累叶之合作，费七年光阴之试练，亦中国音乐史上之佳话矣。歌名‘清凉’，和尚之所命也。和尚俗姓李，名息，字叔同，又字惜霜，浙之平湖人。二十五年八月，夏丏尊。”

㉓ 昙昕《音公本师见闻琐记》:“是年（廿五年）在佛教养正院，讲《十善业道经概要》。又教写字方法，须由篆字下手，每日至少要写五百字，再学隶入楷，楷成学草。写字最要紧是章法。章法七分，书法三分，合成十分，然后可名学书。吴昌硕的字并不好，不过有几分章法而已。经云:‘是法非思量卜度之所能解’，书法亦尔。”

㉔ 手书《佛说五大施经》跋:“岁次玄枵，敬书《佛说五大施经》，回向士惟居士，愿往生安养，早证菩提。晋水南山律苑沙门一音，时年五十又七。”

㉕《玉泉居士墓碣铭》:“居士姓吴，名建东，梵名演定，复名衍，闽浦城杨溪尾人。改元后七年，余始剃染，与程子中和住玉泉，闻居士名。逮及岁晚，乃获展晤，深以忻喜，因共栖止。居士闻法最早，乐玩般若，于‘凡所有相，皆是虚妄’句，常致三复。程子专讽华严，后出家字曰弘伞，与余同师门也。翌年冬，结期修净业。十二月八日共燃臂香，依天亲《菩提心论》发十大正愿。居士先一夜未尝睡眠，惟持佛号。尔后道念日进，盖善友同集，互以策励而致之也。余尝披《灵峰宗论》法语示居士，览未终卷，自谓心意澄澈，异于平时。历数日，入市求橘，童子昂其直，居士瞋诃，遂复常度。辛酉（一九二一）季春，余徙永嘉，掩室城寮，盖由居士为之容介。尝致书

曰:'凡所需求,无虑难继,有某在耳。'后五载丙寅,余归钱塘,乃知居士先已迁谢。居士貌温和而性刚直,守正不阿,好义忘利。年未四十,遂尔淹逝。知其人者,悉为叹惋。住玉泉久,自号玉泉居士。今岁丙子,介弟涧东夫妇,为卜葬于玉泉寺畔青石桥石虎山中,属铭于余;因忆往事,粗述其概。系以铭曰:'常乐出家,勤修佛法。胜业未就,薤露朝溘。冀其再来,乘愿不忘。一闻千悟,普放大光。'"

【按】薤,似葱的草本植物。"薤露",古送葬时挽歌。比人命无常如薤上之露而歌者——著者。

㉖《重兴草庵记》:"草庵肇建,盖在宋代。建及明初,轮奂尽美。有龙泉岩,其他幽胜。尔时十八硕儒读书其间,后悉进登,位跻贵显。殿供石佛,昔为岩壁,常现金容。因依其形,劚造石像。余题句云:'石壁光明,相传为文佛现影;史乘载记,于此有名贤读书。'盖记其事也。胜清御宇,浸以零落:昔日金刹,鞠为茂草。中华建业十二载。瑞意、广空二上人,伤其废圯,发意重兴。绵历岁时,营治堂宇。壬申十月,复建意空楼三楹,虽未循复旧观,亦可粗具规范。余于癸丙之际,岁暮春首,辄居意空,淹留累月。凤缘有在,盖非偶然。乃为述记,垂示来叶焉。于时二十五年,岁次玄枵,慧水瑞集岩大华严寺沙门演音撰。"

㉗叶恭绰《僧伽六度经》题记:"民国乙亥,从子公超自英伦博物院摄影,弘一律学大师依以写布,遐庵叶恭绰题。

"大师自为记云:'此经为敦煌写本,今存英伦博物馆。范成法师获得影印,将刊石置于南通州狼山僧伽大圣道场,属为书写。余以暗短,未由辨其文字,后之贤者,幸审订焉。丙子胜音书并志。'"

㉘《奇僧法空禅师传》:"师讳今实,惠安陈族。十六落发,常诵金刚、法华,胁不着席,食不逾午。严冬之际,屏除冠履,苦行精进,迈于恒伦。改元后七年戊午,远适庇能,建观音寺。庇能为英吉利属海峡,闽粤商者习称槟城。其地繁盛而乏游观之所。师以极乐寺寺前多旷土,乃发宏愿,营筑范围,集诸宇内珍禽奇兽,糜资巨万,尽其轮奂之美。师故善知物性,抚摩虎犴,若玩掌珍。海南诸粟散王,乃至欧美名士游庇能者,悉踵师门,展谒礼敬;或致简牍,达其诚款,以是盛誉及于万国。闻师名者,咸生欢喜。师又工书,下逮武技幻术,靡所不谙。震域彼土,或值灾祲,或筑学黉,集会演技而求资者,师每佐助,复施财宝。凡所希求,皆令满足。彼土报章,竞

致赞颂。中外士庶，仰之若慈父母焉。岁次辛未，师返南闽，施千金石鼓（鼓山），修置杂物，而利行者。时以墨妙，颁致诸山，其得之者，珍如球琳。今岁丙子三月，示疾迁化，春秋五十又九。师之奇行瑰节，辄有轶于常轨，岂余凡愚可得窥测？所及知者，巍巍德量，弘廓渊冲，高山仰止，未能忘怀耳。彼诸化迹，颇多流传。今所记述，不及什一。语其详委，当俟来哲。晋水蒮卜院沙门严馨撰。"（一九三六年十月·厦门《佛教公论》第三期）

【按】李芳远编《弘一大师文钞》，该文于末段"未能忘怀耳——"下接："赞曰：'一人首出，万类皈依。化及禽兽，思洽蛮夷。人谓菩萨，亦云力士。随机所见，称名致美。如天覆物，若海朝宗。化迹昭垂，亿劫攸崇。'"但缺最后六句及署名。

㉙ 郁达夫赠诗·并序："丁丑春日，偕广洽法师等访高僧弘一于日光岩下，蒙赠以《佛法导论》诸书。归福州后，续成长句却寄：'不似西泠遇骆丞，南来有意访高僧。远公说法无多语，六祖传真只一灯。学士清平弹别调（弘一法师著有《清凉歌集》），道宗宏议薄飞升。中年亦具逃禅意，两事何周割未能。'"（弘一法师亦著有《临终讲义》诸书）

【按】郁氏所记"丁丑春日"系阳历，旧历尚在丙子年冬，故此诗系于丙子年条。又是时同访者，尚有文学家赵家欣。赵氏《风雨故人情》书中，《记弘一法师》云："一九三六年底，郁达夫到厦门，广洽和我陪同达夫到鼓浪屿日光岩探访弘一法师。"诗末句典故《南史·周颙传》："文惠太子问颙，卿精进何如何胤？颙曰：三途八难，共所未免，然各有累。太子曰：累伊何？对曰：周妻何肉？"

㉚ 李芳远《记音公移居南普陀事》："日光岩为鼓岛甲刹，香火甚盛。虽所居在偏僻，亦时为爆竹所惊，乃移居南普陀后山石室。……回忆移居之日，芳远所赠水仙花，犹含蕊未吐，音公去时乃将水仙花头起出带去。所用器皿，如数检交清智长老。并以手书《佛说无量寿经》装订成册，载以木匣，刻以手书经名，蓝青加金，奉赠寺主清智上人，以为纪念，藉答半载供养之厚恩。"

㉛ 传贯《随侍音公日记》："丙子十二月初六日上午，由鼓浪屿日光岩至南普陀，见胜进居士为师出'弘一法师纪念特刊'于《星光日报》（阳历一九三七年一月十八日）。是夕谓贯曰：'胜进等虽运斯好意，实是诽谤于余也。'古人云：'声名谤之媒也，余此后闽南恐难容身。'又曰：'若被人谤，切不可分白。余每见有人被谤，欲与分白解释，多受其亏。不与分解，一谤便罢，

更无余患。'"

㉜ 传贯《随侍音公日记》："初八日，胜进居士为编《韩偓传记》毕。师写韩偓牌位一纸，设备供斋以祀。见桌有未正，欲更正之。谓贯曰：我儿童时，桌不正欲就食，母辄止曰：'孔子云：食不正不食。'即将桌改移命正，然后许食。自后则一切所有安排，须观端正而后已。"

㉝ 高文显《弘一大师逸闻》："癸酉小春，（大师）驱车晋水西郊，忽见唐学士韩偓墓道，因命余撰偓传，并辨《香奁集》韩作之非。书成呈上，大师时居厦门南普陀，遂集养正院同学在其所居小楼中，设一牌位上供。学僧分两排对立，他当维那，如世俗之追荐仪式。又命余中立虔拜，恍如与偓有关之家属。'功德'做完后，大师笑谓余曰：'千年后尚有人为其追荐，可谓奇闻。'不久《韩偓》一书即寄沪上开明书店夏丏尊先生，大师为撰序文。……后因上海八·一三事变勃发，开明总厂被毁，该书遂告焚如。"

【按】高文显所著《韩偓》一书，内容分六章："韩偓的生平""韩偓与王审知""香奁集辨伪""韩偓诗的艺术""南安寓止""韩偓的佛教思想"，末附韩冬郎年谱。已于一九八四年十月由台北市新文丰出版公司出版。

㉞ 传贯《随侍音公日记》："十六日，在佛学院学生明鍪师，请问净土宗入门初步。师曰，净土宗有二种，一是专修，一是兼修。专修者如印光老法师所教。诵《阿弥陀经》外，惟念一句阿弥陀佛，念至一心不乱，乃至开悟得通，此专修法门也。余亦非常赞喜。兼修者，如前诸祖师，皆是提倡禅净、或密净、或敉净等双修，俱无不可。此是随众生根机，不能局定在一处也。至于学法相宗者，亦可回向往生西方，见弥勒菩萨。如《普贤行愿品》云：'惟此愿王，不相舍离，于一切时，引导其前，一刹那中，即得往生极乐世界。到已即见阿弥陀佛、文殊师利菩萨、普贤菩萨、观自在菩萨、弥勒菩萨等'是也。但余所修者，以《普贤行愿品》为主。以此功德，回向往生西方，可说教净双修。盖经律论三藏，皆余欢喜研读也。

"除夕夜，为贯一人讲裴休居士《发菩提心文》，并发起印《梵唐两文普贤行愿品偈》。"

一九三七年（民国二十六年丁丑）　　五十八岁

　　是年元旦开始，在南普陀旧功德楼为众讲《随机羯磨》，至十二日，讲完《羯磨集法缘戒篇》《诸界结解篇》。① 应烟水庵主之请，为书明石屋珙《山居诗》一联以赠之。② 时因心绪不佳，诸事繁忙，佛教养正院训育课，函请高胜进居士代授。③ 二十二日，续讲《羯磨诸戒受法篇》。是日，厦门大学教师李相勖，托胜进居士请师到厦大开示佛法，师辞不往。④ 二十三日，克定师自鼓山来听律，与师共谈。师曰："现在有志僧青年，多趋求文字，学习外典，尽弃己业，佛门前途，深可悲也。"⑤

　　正月廿九日，出门见闻有感三事，书示胜进居士。⑥ 二月十六日，在佛教养正院讲《南闽十年之梦影》，由高文显笔记，经师修正，刊于《佛教公论》第九期，后收入《晚晴老人讲演集》。此文详述师与闽南十年之法缘，为研究大师晚年之重要史料。是时自号"二一老人"，并引古德诗句以释立名之意。⑦ 三月，读《佛教公论》万均（巨赞）法师先后所作《先自度论》与《为僧教育进一言》，深为赞赏，即书《华严》集联，并加题记奉赠。⑧ 三月十一日，移居万石岩。⑨ 先是师本应会泉法师之请，要在中岩安居，但房屋尚须修葺，故请师暂在万石岩小住。⑩ 同月，南京果清法师致书，请问亡僧"披衣荼毗"有无违反律制。师引南山、灵芝著作，为之一一解释。谓应仅以小衫及裤而焚化为宜。倘有所不忍者，或可披以破旧之海青而焚化，亦无大违于律制。⑪ 是时欲往南洋弘法，重图温习英语，以从者多，遂未果行。⑫ 将移居万石岩时，于《佛教公论》五月号登一启事，谢绝访问与通信。⑬ 是年阳历五月，厦门市筹开第一届运动大会，议决函请大师编制大会会歌。⑭ 是时杭州《越风》文史半月刊，欲出"西湖增刊号"，来信请师撰《西湖与佛教之因缘》，师以老疾颓唐，未能执笔撰文，因为回忆昔年琐事，口述《我在西湖出家之经过》，由高胜进笔记，以塞其责。⑮ 时青岛湛山寺倓虚法师派梦参书记持函到厦，请师往湛山寺结夏，安居讲律，师许之。但有三约：一、不为人师，二、不开欢迎会，三、不登报吹嘘。四月初五日启程。⑯ 师随身所带衣物极为简单，只是被单帐子补过的衣服和几本重要律书而已。[⑰] 初七日至上海。初八日叶恭绰居士、范成法师等，请于法宝馆午斋。[⑱] 时叶恭绰居士询其乘何船前往，为致电湛山寺迎接，旋知师因此故改乘他船。[⑲] 四月十一日（阳历五月二十日），到青岛湛山寺。上半月于湛山下院为诸居士讲三皈五戒。下半月于湛山寺讲《律学大意》与《随机羯磨》。[⑳] 讲时用他前数年在泉州草庵所编《随机羯磨讲录》，并附记居湛山寺岁月。[㉑] 师初至湛山寺，先受大众请讲开示，继讲戒律。他讲开示时，标题是"律己"和"息谤"，然后举例详细阐说。戒律讲的是《随机羯磨》，他根据自编的《讲录》，头一课就预备了七个小时。[㉒] 五月间，苏州灵岩山请题"印光、真达二老像"手卷，师为题二偈。[㉓] 是月，青岛市长沈鸿烈，因为朱子桥居士有事到青岛，在湛山寺设斋请他。朱建议也请弘一法师，沈市长表示同意。结果师不赴请，以偈辞之。朱、沈得偈，益钦其高风。[㉔] 传贯《随侍音公日记》[㉕]、啸月《弘一上人传略》[㉖]、莲池大师《缁门崇行录》等对此皆有记载[㉗]。倓虚老法师的《影尘回忆录》，对师初到湛山寺的情况和沈市长请斋，师不赴请以偈作答，也有所记述。[㉘] 大师在湛山寺的日常饮食，倓虚法师本想厚待他，但因他持戒，不"别众食"，所以也无法厚待。[㉖] 他讲《随机羯磨》的方式，并不坐讲堂正位，而坐讲堂一旁。又因气力不足，上课只讲半个钟头，像唱戏道白一样，一句废词没有。头十几堂课，是他自己讲的，以后因气力不佳，由他的学生仁开代座，有讲不通之处去问他，另外他给写笔记。《随机羯磨》讲完，又接讲《四分律》。[㉗] 他从四月到八月，在湛山寺写成一部《随机羯磨讲录》和一部《四分律含注戒本讲录》。[㉘㉖] 六月五日致书蔡丏因，并以讲稿《青年佛教徒应注意的四项》及《南闽十年之梦影》奉寄，请蔡氏整理为一部书。[㉖] 又谓二稿笔记未甚完美，拟请其暇时为之润色，并改正其讹字文法及标点，题目亦乞再为斟酌，为立一总名。[㉚] 七月十三日为师出家首末二十年，时倭寇大举侵华，师居湛山，手书"殉教"横幅以明志。[㉚] 七月间致书蔡冠洛，谓此次居湛山，前已约定至中秋节止，节前不能食言他往。[㉛] 是秋北方战事爆发，人或劝其南下，师以有约在前谢之。[㉜] 九月十五以后，北方天气渐凉。他因习惯南方气候，决定重返厦门。临行前向倓老告假，提出五个条件，倓老都一一答应。[㉝] 临上船时，以手写《华严经净行品》一卷，奉赠梦参法师，以酬其半载护法之劳。[㉞] 初冬，离青岛到上海。时上海战火正烈，于旅邸会见夏丏尊及诸旧友。师见夏有愁苦神情，以"有为法如梦如幻"慰之。住沪二日即南返。[㉟] 九月二十七日安返厦门，驻锡万石岩。时厦门战局紧张，各方劝师内避，师题其室曰“殉教堂”，以明其志。[36]师决心居住厦门，为诸寺院护法，誓与厦市共存亡。并致书李芳远，谓吾人一生之中，晚节为最要，愿与仁者共勉之。[37]师居万石岩，致书蔡冠洛，谓时事未平靖前，仍居厦门，倘值变乱，愿以身殉。[38]是夏曾以所藏《行愿品》梵文写本，托上海佛学书局出版，久无消息。致书蔡丏因托与该局联系，将原稿暂为收藏。[39]又撰《扶桑普贤行愿赞梵本私考序》。[40]是冬文学家叶圣陶，发表《弘一法师的书法》于《星洲日报》副刊，对师书法推崇备至，评论恰到好处。[41]腊月十八日，到泉州草庵度岁。[42][43]

注 释

① 传贯《随侍音公日记》:“丁丑元旦，在南普陀旧功德楼顶，开讲《随机羯磨》，听者十余人。十二月，讲完《羯磨集法缘戒篇》《诸界结解篇》。”

② 手书石屋珙《山居诗》句赠烟水庵主题记:“‘素壁淡描三世佛，瓦瓶香浸一枝梅’。明石屋珙山居诗句，丁丑岁首，以奉烟水庵主慧鉴，澹泞院沙门亡言书。”（手迹见《弘一法师》所载图版四六及《弘一大师遗墨》第六四页）

【按】大师书联与人结缘，多书《华严集联》或其他偈语。以余（著者自称）少时颇好吟咏，特写石屋珙禅师《山居诗》一联见赠。数十年来，珍重护持，未敢或失。石屋禅师为元代高僧（师特书为“明”者，不知何故），名清珙，号石屋，苏州常熟人。曾参天目高峰不契。后隐湖州霞雾山，结庵号天湖。穿破衲，忘名利。诗偈有寒山遗风，作有《山居诗》七律五十六首。曾主浙江平湖福源寺，故诗集名“福源石屋珙禅师山居诗”。福州鼓山旧有刻本。

③ 与胜进居士书:“迩来心绪不佳，诸事繁忙，养正院训育课，拟请仁者代授。四月初旬，讲律事即可结束，将往他方，埋名遁世，以终其天年，实不能久堕此名闻利养窟中，以辜负出家之本志也。”

④ 传贯《随侍音公日记》:“二十二日，续讲《羯磨诸戒受法篇》。是日厦门大学教师李相勖君，托胜进居士请师到厦大开示佛法，师辞不往。谓贯曰:‘余生平对于官人及大有名称之人，并不敢共其热闹亲好。怕堕名闻利养故，又防于外人讥我趋名利也。’”

⑤ 传贯《随侍音公日记》:“二十三日，克定师自鼓山来听律，与师共谈。

师曰：'现在有志僧青年，多趋求文字，学习外典，尽弃己业，佛门前途，深可悲也。而不知国文与佛经，不相关用。假如大学毕业之才学，欲研佛经，依旧门外汉。论文法，则经文尚有超过国文多多。'又谓贯曰：'菩萨度生，须观缘熟方可行化，不然则拱手待之。'"

【按】克定法师，扬州人，俗姓刘。早年就学南京高等师范，为师再传弟子。后随该校校长蒋维乔至上海商务印书馆任编辑。出家后参学各方，曾于福州鼓山任教，旋至厦门南普陀从大师学律，安居兜率陀院（曾撰《安居随笔》发表于《佛教公论》第十二期），于律学造诣颇深。一九三七年冬，示寂于厦门万石岩。

⑥ 致胜进居士书：

胜进居士慧览：

昨日出外见闻者三事：

一、余买价值一元余之橡皮鞋一双，店员仅索价七角。

二、在马路中闻有人吹口琴，其曲为日本国歌。

三、归途凄风寒雨。

丁丑正月廿九日演音

⑦《南闽十年之梦影》："到今年民国二十六年，我在闽南居住，算起来首尾已是十年。回想我在这十年之中，在闽南所做的事情，成功的却是很少很少，残缺破碎的居其大半。所以我常常自己反省，觉得自己的德行，实在十分欠缺！因此近来我自己起了一个名字叫'二一老人'。什么叫'二一老人'呢？这有我自己的根据。记得古人有句诗，'一事无成人渐老'。清初吴梅村（伟业）临终的'绝命词'有'一钱不值何消说'。这两句诗的开头都是'一'字，所以我用来做自己的名字，叫做'二一老人'。……这'二一老人'的名字，也可以算是我在闽南居住十年的一个最好的纪念。"

【按】吴梅村此词为《贺新郎》，题为"病中有感"，原词如下：

"万事催华发。论龚生，天年竟夭，高名难殁。吾病难将医药治，耿耿胸中热血。待洒向，西风残月。剖却心肝今置地，问华陀解我肠千结？追往恨，倍凄咽。故人慷慨多奇节。为当年，沉吟不断，草间偷活。艾灸眉头瓜喷鼻，今日须难决绝。早患苦，重来千叠。脱屣妻孥非易事，竟一钱不值何消说。人世事，几圆缺。"

⑧《赠万均法师华严集联题记》："去岁万均法师著《先自度论》，友人坚

执谓是余撰。余心异之，而未及览其文也。今岁法师复著《为僧教育进一言》，乃获披见。叹为稀有，不胜忭跃。求诸当代，少有匹者。岂余暗识，所可及也！因呈拙书，以志景仰，丁丑三月，集华严偈句，一音。联云：'开示众生见正道，犹如净眼观明珠。'"

⑨ 传贯《随侍音公日记》："三月十一日（阳历四月廿一日），移居万石岩。"

⑩ 高文显《送别弘一法师》："先是法师，本已应会泉和尚之请，要在中岩结夏安居……但房屋尚须经一番修葺，于是由会泉和尚办理，而请法师暂时在万石岩小住。"

⑪ 答果清法师披衣荼毗之问书：

果清法师：惠书诵悉。谨答如下：

唐南山律祖《行事钞》引《五百问》云：应先白僧（因亡后诸物属僧，若用时应先白故）。以亡泥洹僧（裙也，西僧不着裤，下着此裙），僧祇支（掩腋衣也，披于左肩，以衬袈裟），覆尸而送。

案此：即是以亡人旧有之掩腋衣及裙，覆于尸上而焚化也。吾国僧众不用掩腋衣及裙，可以小衫及裤代之，着而焚化可也。宋灵芝律师释上文曰："世云须披五条者非（因当时有人误解，谓披五衣而焚化，灵芝以为不可），以制物令赏看病故。（亡人所遗留之三衣、钵、坐具、针筒——或云漉水袋——此六物应赏与看病之人故。既应赏与看病之人，岂可与亡人披之而焚化？）"准以上南山、灵芝之说，就现今习惯斟酌变通，应仅以小衫及裤，着而焚化为宜。倘有所不忍者，或可披以破旧之海青而焚化，亦无大违于律制也。万不可披七条五条衣。因此应赏与看病之人，酬其劳故。僧众如此，俗人可知。再者，俗人生时，仅可披缦衣，不能披五衣，因大僧乃能披五衣故。

后学弘一顶礼　廿六年三月二十八日

⑫ 高文显《送别弘一法师》："法师的年纪已经大了，但是他仍志在四方，无时不想努力宣扬南山律教，使久住神州。……他今年四月间还想到南洋群岛一带，由新加坡再转暹罗（泰国）去教化那些不闻正法的岛民。于是他发心再温习英语。那时曾致一信于作者道：'余需用英语分类会话一册，仁者如有，乞以惠施；否则乞为购之，以小册者为宜也。'五十八岁复温习英语，亦一趣闻也……"

⑬《释弘一启事》："余此次至南普陀，获亲近承事诸位长老，至用欢幸。

近因旧疾复作，精神衰弱，颓唐不支。拟即移居他寺，习静养病。若有缁素过访，恕不晤谈；或有信件，亦未能裁答。失礼之罪，诸希原谅，至祷。"（廿六年五月《佛教公论》）

⑭《佛教公论·佛教界消息》：厦门自成立市府以来，各项建设，甚见进步。近复筹开全市第一届运动大会，以鼓励国民体育精神。该会因慕弘一法师为音乐界名家，议决函请编制大会会歌。兹抄录其原函如下："本会为提倡国民体育起见，订于本月二十日起，在中山公园举行全市第一届运动大会。关于大会会歌，拟请弘一法师编撰，案经本会第二次会议议决通过。相应录案，函请查照。务希俞允，赐覆为荷。此致 弘一法师。"

厦门市第一届运动大会筹备委员会启 五月二日

⑮ 致《越风》编者黄萍荪书："萍荪居士文席：惠书诵悉。老病颓唐，未能执笔撰文。惟回忆昔年琐事，为高居士言之，请彼笔记，呈奉左右，聊以塞责可耳。谨复，不宣。演音疏。"

【按】《越风·西湖增刊号》出版时，北方抗日战争已经爆发，余与胜进居士，皆未获见《我在西湖出家的经过》一文。故初版《年谱》，未及引用。胜利后始辗转借来披读，有关记事已分别编入各年。

⑯ 传贯《随侍音公日记》："旧历三月廿三日，梦参法师捧倓虚法师函到万石岩，请师往青岛湛山寺结夏安居，师许之；但有三约：一、不为人师，二、不开欢迎会，三、不登报吹嘘。四月初五日起程。"

⑰ 高文显《送别弘一法师》："在五月十四日那天，有太原轮船可往上海……他带往的东西很简单，只是一条被单，一顶帐子，几件破了又经修补的衣服，及几本重要的律学书籍而已。法师是不肯租房舱的……可是会泉老和尚恐怕统舱太苦，暗中定了一间房舱给他住，让他好好地度着海上的生活。……"

⑱ 传贯《随侍音公日记》："四月（旧历）初七日至上海。初八日，叶恭绰居士、范成法师等请于法宝馆午斋。"

⑲ 叶恭绰《何以纪念大师》："犹忆民国二十六年，法师将往青岛湛山寺应讲律之聘，道经上海。余询其乘何船前往，为致电湛山寺迎接，以虑法师人地生疏，且寺中应尽地主之谊，非有他也。旋知法师因此故，改乘他船。其不骛声华，一至于此！"

⑳ 传贯《随侍音公日记》："四月（旧历）十一日，到青岛湛山寺。十四

日诸居士请至湛山下院，为众讲三皈五戒。廿二、廿四、廿六三日，在湛山寺讲《律学大意》。廿九日讲《随机羯磨》。"

㉑《随机羯磨讲录》题记："癸酉十二月始辑录，甲戌于晋水草庵开讲。丁丑四月居青岛湛山寺。弘一。"

㉒ 火头僧《弘一律师在湛山》："在他老驾到的几天后，我们大众征求了倓老的同意，便开始要求他老讲开示。待了几天，又请讲戒律。他老还真慈悲，一一都首肯了。头一次讲的开示，标题是'律己'。他老说：'学戒律的需要〔律己〕，不要〔律人〕。有些人学了戒律，便拿来〔律人〕。这就错了。'……他老又说：'何以〔息谤〕？曰：〔无辩〕。人要是遭了谤，千万不要辩。因为你们越辩，谤反弄得越深。'……第二次讲律，课本是《随机羯磨》……这书在唐宋以后，已经无人阐扬讲说。据他老说，他连这次才讲到两次。在头一天，临下课时曾这样说：'我研究二十多年的戒律，这次开讲头一课，整整预备了七个小时。'可见其教学之慎重了。"

㉓ 苏州灵岩山"印光、真达二老像手卷"题词："灵岩中兴，厥惟二老。缵述有人，绍隆永保。披图寻览，若睹高贤。愿兹绘卷，奕叶绵传。丁丑夏五月沙门一音，时居齐州。"

㉔ 火头僧《弘一律师在湛山》："有一天晚上，朱子桥老因悼亡友，乘飞机来自西安，特来拜访。他老接见了，同时市长某公，是陪着朱老同来的，也要借着朱老的介绍和他老见一见。他老急忙向朱老小声和蔼地说：'你就说我睡觉了。'第二天上午，市长请朱老在寺中吃斋，要请他老陪一陪。他老只写了张纸条送出来，作为答复。寓的是'为僧只合居山谷，国士筵中甚不宜。'……"

㉕ 传贯《随侍音公日记》："五月（旧历）初八日，朱子桥居士及沈市长鸿烈等，设斋请师。师不赴请，以偈辞之曰：'为僧只合居山谷，国士筵中甚不宜。'"

㉖ 啸月《弘一上人传略》："师居青岛湛山寺，除为学子讲律外，屏处一室，杜门谢客。人或见之，非静坐即拜佛。一日，青岛市某要人慕师高行，设斋供师，三请不赴，亦不令见。末迳书一偈付阍者转达。偈云：'昨日曾将今日期，出门倚仗又思惟。为僧只合居山谷，国士筵中甚不宜。'某公大失所望，然敬慕之忱愈笃。其不羡荣贵，往往如此。"

【按】以上三则记事，对于"昨日"一偈，皆未明示出处。一般或误为师自撰句。且前二则只写后二句，第三则虽揭全偈四句，亦未说何人所作，致近年海外佛教刊物发生不少争论。余初见此偈于清初雪峰如幻禅师之《瘦松集·偶谈》，不知引自何书。后读宋晓莹所著《罗湖野录》（卷中），始知系宋惟正禅师辞叶清臣偈。叶清臣，长洲人，字道卿，天圣中进士，初为两浙转运副使，擢翰林学士权三司使，其间曾知金陵，有文集百余卷。据《罗湖野录》载："惟正禅师字焕然，华亭黄氏子，幼从临安北山资寿本如肄业。……为人高简，律身精严，名卿巨公多所推重。叶内翰清臣牧（治也，即地方长官——著者）金陵，迎正语道，选日集宾，欲以优礼尊奉。及期，正作偈辞之：'昨日曾将今日期，出门倚杖又思惟；为僧只合居岩谷，国士筵中甚不宜。'"前三则所引偈中"岩谷"二字皆作"山谷"，《罗湖野录》则作"岩谷"。后又读宋惠洪《禅林僧宝传》卷十九《余杭政禅师传》，始知此书所记为最古。"政"与"正"当为同一人，但未记其名上之一字。传云："政黄牛者，钱塘人，住余杭功臣山，幼孤为童子，有卓识，语皆出人意外。……游方问道三十年乃罢。其居功臣山，尝跨一黄犊。蒋侍郎堂，出守杭州，与政为方外友。每来谒，必军持（梵语，净瓶也）挂角上，市人争观之，政自若也。……一日，郡有贵客至，蒋公留政曰：'明日府有燕饮，师固奉律，能为我少留一日？'因款（留也）清话，政诺之。明日使人要之，留一偈而去矣。曰：'昨日曾将今日期，出门倚杖又思惟。为僧只合居岩谷，国士筵中甚不宜。'坐客皆仰其标致。"（按：《罗湖野录》所记叶清臣与惟正相交地点在金陵，而《禅林僧宝传》所记则在杭州，未知孰是。后者时间较早，似以《僧宝传》为是。）

⊗ 明莲池大师袾宏所辑《缁门崇行录》，以此事归入"高尚之行"第七《不赴俗筵》。文曰：唐韬光禅师，结茆于灵隐西峰。刺史白居易具饭，以诗邀之，光答偈不往。有"城市不堪飞锡到，恐惊莺啭画楼前"之句。其高致如此。

赞曰："有古德辞朝贵招宴偈云：'昨日曾将今日期，出门倚杖又思惟。为僧只居山合谷，国士筵中甚不宜。'与韬光高致，先后如出一辙。噫，斯二偈者，衲子当朝暮吟咏一过始得。"

【按】大师慨今僧青年重学不重德，故极推重《缁门崇行录》，以为对症良药。尝致书寄尘法师谓："不慧披剃以来，奉此以为圭臬。滥厕僧伦，尚能鲜大过者，悉得力于此书也。"故他会写此偈以谢招宴。当系录自《缁门崇行录》。

㉕ 倓虚《影尘回忆录》（第二一二页）："朱子桥将军，多少年来久慕弘老的德望，只是没有见过面，正赶他有事到青岛，让我介绍，欲拜见弘老。一说，弘老很乐意。大概他平素也知道朱将军之为人，对办慈善及对三宝事很热心，乃接见了他。……有一天，沈市长在湛山寺请朱将军吃饭。朱将军说：'可请弘老一块来。列一〔知单〕（丛林请客通知单），让他坐首席，我作配客。'沈市长很同意。……第二天临入席时，又派监院师去请他，带回一个条来，上写四句话：'昨日曾将今日期，〔短榻危坐〕静思惟。为僧只合居山谷，国士筵中甚不宜。'"（《回忆录》既未写明此诗的出处，又将第二句的"出门倚杖又思惟"写成"短榻危坐静思惟"。此书是大光法师笔记的。证引繁博，记得非常细致，是一本好传记。但他恐怕也不知此偈的出处，故特饶舌如此。）

㉖ 倓虚《影尘回忆录》："因他持戒，也没给另备好菜饭。头一次给弄四个菜送寮房里，一点没动；第二次又预备次一点的，还是没动。第三天预备两个菜，还是不吃。末了盛了一碗大众菜，他问端饭的人，是不是大众也吃这个？如果是的话，他吃，不是，他还是不吃。因此庙里也无法厚待他。"

㉗ 倓虚《影尘回忆录》："他给学生上课时，首讲《随机羯磨》，……《随机羯磨》是唐道宣律师删订的，文字很古老。他自己有编的《别录》作辅助，按笔记去研究，并不很难。上课不坐讲堂正位，都是在讲堂一旁，另外设一个桌子，这大概是他自谦，觉得自己不堪为人作讲师吧。……因他气力不好，讲课时只讲半个钟头，像唱戏道白一样，一句废词没有。余下的时间，都是写笔记，只要把笔记抄下来，扼要的地方就一说，这一堂课就全接受了。《随机羯磨》头十几堂课，是他自己讲的，以后因气力不佳，由他的学生仁开代座。有讲不通的地方去问他，另外他给写笔记。《随机羯磨》讲完，又接讲《四分律》。"

㉘ 倓虚《影尘回忆录》："差不多有半年功夫，弘老在湛山，写成《随机羯磨别录》和《四分律含注戒本别录》，另外还有些散文。"

㉛ 《四分律含注戒本讲录》题记："丁丑八月十日居齐州湛山记。弘一。"

㉙ 致蔡丏因书："'旬日后邮奉联幅等时，附讲稿二种（《青年佛徒应注意的四项》及《南闽十年之梦影》）；皆在养正院所讲者（去年正月及今年二月）。养正院创办于三年前，朽人所发起者。今夏或将与他院合并，养正之名，难可复存。此二讲稿可为养正院纪念之作品，为朽人居闽南十年纪念之作也。'……六月五日，演音疏。"

㉙ 致蔡丙因书："……唯〔讲稿〕笔记未甚完美，拟请仁者暇时为之润色（多多删改无妨，因所记录者，亦不尽与演词同也）；并改正其讹字文法及标点。题目亦乞再为斟酌（青年佛徒等）。更乞仁者为立一总名。即以此二篇讲稿合为一部书。虽非深文奥义，为大雅所不取，或亦可令青年学子浏览，不无微益也。……"

㉚ "殉教"横幅题记："曩居南闽净峰，不避乡匪之难；今居东齐湛山，复值倭寇之警。为护佛门而舍身命，大义所在，何可辞耶？于时岁次丁丑旧七月十三日，出家首末二十载。沙门演音，年五十有八。"

㉛ 致蔡冠洛书："惠书诵悉。青岛或可无战事，惟商民甚苦耳。朽人此次居湛山，前已约定至中秋节止（中秋以前不能食言他往，人将讥为畏葸）。节后如有轮船往沪者甚善；否则须乘火车至浦口转沪杭。若有战事，火车不通，惟有仍居青岛耳。……七月二十一日，演音。"

㉜ 蔡冠洛《廓尔亡言的弘一大师》："廿六年北方战事爆发，他在青岛湛山寺。报上的消息，青岛已成军事上的争点了。形势十分紧急，有钱的人都纷纷南下，轮船至于买不到票子。我就急急写信去请他提早南来，说上海有安静的地方，可以卓锡。但他的来信却说：'惠书诵悉，厚情至为感谢。朽人前已决定中秋节乃他往；今若因难离去，将受极大之讥嫌。故虽青岛有大战争，亦不愿退避也。诸乞谅之！'这种坚毅的态度，完全表出他的人格了。"

㉝ 倓虚《影尘回忆录》："弘老虽是生长北方，可是他在南方住的时候多，对于南方气候、生活都是习惯。……湛山寺本来预备留他久住的，过冬的衣服也给预备了。可是他的身体，不适于北方的严寒。……到了九月十五以后，到我寮房来告假，要回南方过冬。我知他的脾气，向来不徇人情，要走谁也挽留不住。当时在口袋里掏出来一张纸条，给我定了五个条件。第一，不许预备盘川钱。第二，不许备斋饯行。第三，不许派人去送。第四，不许规定或询问何时再来。第五，不许走后彼此再通信。这些条件我都答应了。在临走的前几天，给同学每人写一幅'以戒为师'的小中堂，作为纪念，另外还有好些求他写字的，词句都是华严经集句，或明蕅益大师警训，大概写了也有几百分（幅）。"

㉞ 火头僧《弘一律师在湛山》："临上船的一天，……他老在和（梦）参师将别的当儿，从挟肘窝下拿出厚累累的一部手写经典，笑容满面的向参师说：'这是送给你的。'参师喜不自胜的携回展示，是部他老手写的《华严经

净行品》。字体大约数分，异常工整遒劲，是拿上等玉版宣写的。末幅有跋云：'居湛山半载，梦参法师为护法，特写此品报之。晚晴老人。'"

㉟　夏丏尊《怀晚晴老人》："八一三以后不多久，我接到他的信，说要回上海来再到厦门去。那时上海正是炮火喧天，炸弹如雨，青岛还很平静，我劝他暂住青岛，并报告他我个人损失和困顿的情形。他来信似乎非回厦门不可，叫我不必过虑。……在大场陷落的前几天，他果然到上海来了。……我赶去看他已在夜间，他却没有细问什么。几年不见，彼此都觉得老了。他见我有愁苦的神情，笑对我说道：'世间的一切，本来都是假的，不可认真，前回我不是替你写过一幅《金刚经》的四句偈了吗？〔一切有为法，如梦幻泡影，如露亦如电，应作如是观。〕——你现在正可觉悟道真理了。'他说三天后有船开厦门，在上海可住二日。"

㊱　僧睿《弘一大师传略》："冬返厦，驻万石，时厦战局紧张，各方劝师内避。师曰：'为护法故，不怕炮弹。'因自题室曰'殉教堂'。"

㊲　致李芳远书："朽人已于九月二十七日归厦门。近日厦市虽风声稍紧，但朽人为护法故，不避炮弹，誓与厦市共存亡。……吾人一生之中，晚节为最要，愿与仁者共勉之。弘一上，十月二十三日。"

㊳　蔡冠洛《廓尔亡言的弘一大师》："他到厦门，又值变乱。他怕我和夏师挂念他；来信说：'厦门近日情形，仁等当已知之。他方有谆劝余迁居避难者，皆已辞谢，决定居住厦门，为诸寺院护法，共其存亡，必俟厦门平静，乃能往他处也。知劳远念，谨以奉闻。'其实那时看到报上的消息，我已经写信去劝请他移居了。不久，又得到他的覆信，甚而至于说：'惠书诵悉。时事未平靖前，仍居厦门。倘值变乱，愿以身殉。古人诗云：〔莫嫌老圃秋容淡，犹有黄花晚节香。〕谨复不具。'这可见法师对于生命并没有怀恋的意思。"

㊴　致蔡丏因书："是间（厦门）近无变化，稍迟或往乡间，届时再以奉闻也。兹有恳者，今夏朽人曾以所藏《行愿品》梵文写本，托佛学书局影印流通。……朽人在青岛时，曾得高（观如）居士书，谓不久即可出版云云。迄今尚无消息，颇为悬念。……此书原稿甚为珍贵，请其寄还。至今已一月余，无有复音，乞仁者为致电话询沈（彬翰）居士。倘书局已歇业，原稿遗失，则可作罢论；倘原稿仍在者，乞彼送至仁者处，乞仁者暂为收藏（勿寄厦门）。费神至感，演音启。"

【按】《普贤行愿赞梵文私考》，为十八世纪日本梵学大家慈云尊者所手写。慈云名饮光，著有《梵学津梁》一千卷。高观如居士为当时上海佛学书局编辑。沈彬翰居士为佛学书局经理。

　　⑩《扶桑普贤行愿赞梵本私考序》："有唐末叶，扶桑僧侣，尝入唐土习秘密教，而不空三藏所译《普贤行愿赞》及梵字元本，亦遂因是流传彼邦。稽其请来目录数种，可历见也。丁丑岁首，余自扶桑其中书林请奉《普贤行愿赞梵本私考》一卷，首列梵字及不空译文。附载东晋《文殊师利发愿经》，并贞元《行愿品别译偈颂》，以资考证。卷末有梵字校异数纸。依贞永元年（此土南宋穆宗）写本，永和五年写本（此土明太祖洪武十二年），并高野山古本，雠校同异焉。是书为扶桑高僧饮光尊者辑订，古传谓弟子慧日尼书，而近人一道庵主考辨此卷笔迹，疑是尊者弟子智幢，非慧日尼所写本也。又谓卷册横端书名，颇似尊者御笔。横端所书"日贝赞"为"普贤赞'略字，彼邦习用者也。诸说虽未能仓卒断定，而为扶桑古僧手写真迹，盖无可异议也。尊者曰慈云，真言宗正法律始祖。享保三年生（此土清圣祖康熙五十七年）。博通显密，尤精律教，朝夕诵梵字普贤行愿赞等以为日课。具如《续日本高僧传》所云。"

　　⑪　叶圣陶《弘一法师的书法》："弘一法师对于书法是用过苦功的。在夏丏尊先生那里，见到他许多习字的成绩，各体的碑刻他都临摹，写什么像什么。这大概因为他弄通西洋画的缘故。西洋画的基本练习是木炭素描，一条线条，一笔烘托，都得和摆在面前的实物不差分毫。经过这样训练的手腕和眼力，运用起来自然能够十分准确，达到得心应手的境界。于是写什么像什么了。

　　"艺术的事情，大都始于摹仿，终于独创。不摹仿打不起根基，摹仿一辈子就没有了自我，只好永久跟随人家的脚后跟。但是不必着急，用真诚的态度去摹仿的，自然而然会遇到蜕化的一天，从摹仿中蜕化出来，艺术就得到了新的生命。不傍门户，不落窠臼，就是所谓独创了。弘一法师近几年来的书法，可以说已经到了这地步，可是我们不要忘记，他是用了多年的苦功，临摹各体的碑刻，而且是写什么像什么的。

　　"弘一法师近几年来的书法，有人说近于晋人，但是摹仿那一家呢？实在指说不出。我不懂书法，然而极欢喜他的字。若问他的字为甚么教我欢喜？我只能直觉地回答，因为他蕴藉有味，就全幅看许多字是互相亲和的，好比一堂谦恭温良的君子人，不亢不卑，和颜悦色，在那里从容论道。就一个字看，疏处不嫌其疏，密处不嫌其密，只觉得每一划都落在最适当的位置，移动一丝一毫不得。再就一笔一划看，无不教人起充实之感、立体之感。有时有点像小孩子所写的那么天真，但一边是原始的，一边是纯熟的，这分别又显然可见。总括以上这些，就是所谓蕴藉，毫不矜才使气，意境含蓄在笔墨之外，所以越看越有味。这种浅薄的话，方家或许要觉得好笑，可是我不能说我所不知道的话，只得暴露自己的浅薄了。"

【按】此文发表于一九三七年十一月七日，新加坡《星洲日报》的副刊"晨星"，一九八七年九月廿四日修改后，收入《叶圣陶文集》上册。

㊷ 致李芳远书："前复书及附寄佛典，想已收到。朽人于前夕到草庵，暂不他往。以后惠书，乞寄泉州南门外石狮下檀林街灵鹫寺转交草庵。……演音疏。旧十二月二十日。"

㊸ 《梵网经菩萨戒本疏》题记："剃染以来，即获披贤首疏。历十数年，并志标记，粗具规模。迩者将以此本，传示同学，因见旧稿，颇多参错，乃为精密校正。始于九月下旬，讫于十一月二十三日，乃得蒇事。于盗戒第六种类轻重门，更编写科文一卷。冀诸学者，依科读疏，可胜如指掌耳。沙门胜髻时居晋水草庵。"

【按】火头僧，法名隆安，字保贤，山东东平县人。幼年出家，历住北京广济寺弘慈佛学院、青岛湛山寺佛学院。先后从空也、慈舟、弘一诸法师研究天台止观及律学，造诣极深。后到苏州主讲灵岩山佛学院，又到上海圆明讲堂亲近圆瑛法师学楞严，所至道场，无有空过。一九五二年在沪，与余时相过从，其后遂不闻动定。一九五八年，始知已赴香港，时以"火头僧"笔名发表文章于各杂志。后在港组织"佛教青年中心"，接引青年学佛，为佛教培养新生力量。一九八七年以癌症寂于香港，享年七十九。（见能荣《火头僧传略》，一九八八年《南洋佛教》三四〇期）

一九三八年（民国二十七年戊寅）　　五十九岁

　　是年元旦，在泉州草庵讲《普贤行愿品》。^①正月初十日，致书李芳远，谓约于二十左右赴泉州，住承天寺。二月一日起复讲《行愿品》。^②十九日以讲稿一篇寄上海蔡冠洛，与以前共三篇，题曰"养正院亲闻记"，嘱于明年师六十岁时出版以为纪念。^③旧二月一日始，复讲《行愿品》于承天寺。听众甚多，党部青年乃至基督教徒，皆甚欢赞。二月十二日始，于开元寺讲《心经》三日。^④三月一日讲《华严》大意于清尘堂，并嘱缁素弟子读诵《行愿品》十万遍，回向国难消除，民众安乐。^⑤其间曾应请于梅石书院讲"佛教之宗派和源流"，由陈祥耀记录。讲毕在该校图书楼应供，并为图书楼书"无上清凉"，以为纪念。^⑥旋至惠安讲经。住数日，仍返泉州承天寺西。^⑦三月下旬，拟赴厦门应请于鼓浪屿了闲别墅讲经。下月初往漳州，由南山寺介绍住乡间某寺过夏。此次住泉州不满两月，写字近千件。^⑧不久，漳州严笑棠居士亲持请帖，到泉陪师至厦，于了闲别墅讲《心经》三天。^⑨厦门沦陷前四天（旧历四月初八），师已到漳州弘法，故能幸免于难。^⑩师至漳，居南山寺数日，自谓身心康宁，即拟在念佛社说法，并致书托许宣平转赠其友杨君手书小幅。^⑪又数日，虽在仓皇避难之间，仍不忘补录他在数年前于泉州草庵所写之《药师经科文》。^⑫五月一日，致书上海夏丏尊，告以厦门变乱前四天已到漳州弘法，今居瑞竹岩静养。^⑬同月应请撰《瑞竹岩记》，于瑞竹岩之历史故实，多所是正。^⑭六月致函泉州承天寺觉圆法师，托代换取"特别通行证"，并请其将郁达夫致钱东亮师长之介绍信交去。^⑮七月十三日，为大师剃染二十周年，是日应漳州居士之请，开讲《阿弥陀经》于城中尊元经楼并摄影留念。十九日讲经圆满，许宣平设斋供养三宝，为书古德偈句，以为纪念。^⑯是日讲经之暇，并书《苦乐对览表》二纸，以奉尊元经楼纪念。^⑰致书夏丏尊，谓在漳州城区弘扬佛法，十分顺利。时丰子恺欲迎师往桂林，师以世寿将尽，犹如夕阳，殷红绚彩，瞬即西沉，谢之。^⑱闰七月，拟讲经数种，并复兴念佛会^⑲，又为瑞竹岩下本乡保长讲《地藏经》，听者甚众^⑳。秋间应严笑棠之请，为其"祇园"题写园额，并撰《祇园记》以为纪念。㉑九月十三日，离漳乘船至石美（时漳泉公路因战争破坏），经同安梵天寺于二十日至泉州安海。㉒㉒㉒十月六、七、八三日，在安海金墩宗祠讲演佛法三日，集有《安海法音录》一册，后编入《晚晴老人讲演录》。㉓许书亮为撰《安海法音录·序》。㉔师因居闽南十年，受当地人士种种优遇，故于今年往各地弘法，以报闽南人士之护法深恩。㉕十月下旬到泉州，居承天寺，致函王正邦居士，请转告广洽法师劝募再版手书《金刚经》。㉖十月致函漳州马冬涵（海髯）论篆刻书法，此书可代表大师对书法艺术的见解。㉗旋应叶青眼居士之请，于温陵养老院开示净土法门，由瑞今法师译为闽语。适有某当局来院，叶氏起而招待，来往颇频。师见之不谓然，即谕令停讲。㉘时旧日门生石有纪（当时安溪县长）来访，师生叙旧，至为欢忭。翌日即录唐人李益五言律诗一首奉赠。㉙十一月十四日于佛教养正院同学会，讲《最后之□□（忏悔？）》，概述今年的行踪和弘法活动，对于追求"名闻利养"作最后的"忏悔"。㉚十二月初一日，为弟子广义起别名曰"昙昕"，并加注释，谓"昙昕"示"法日将升"之义，寄与极大之希望。㉛是冬漳州筑祠云洞岩，将以祀明蔡鹤峰并略庵居士，师适览《王遵岩集》有《寿鹤峰布衣序》，深致景仰，为篆书"南无阿弥陀佛"名号以祝，并加题记。㉜（按：初版年谱此则误作《云洞岩鹤鸣祠记》，应予更正。）岁暮，居泉州月台，时印光法师撰《历朝名画观音宝相精印流通序》，师为精心书写，附印于该书。㉝是年手书草庵门联，略加说明赠安海俞啸川居士，并加题记。㉞

注 释

① 叶青眼《千江印月集》："戊寅元月一日，公在草庵讲《华严经普贤行愿品》。"

② 致李芳远书："余约于二十左右，往泉州承天寺。自二月初一日起，讲经数日。旧正月初十日，音启，草庵。"

③ 致蔡丙因书："惠书诵悉。……近有讲稿一篇（《最后的□□（忏悔）》），拟列于前二篇（《青年佛徒应注意的四项》与《南闽十年之梦影》）之后，共三篇，题曰'养正院亲闻记'。能于旧历己卯明年付印为宜。明年朽人世寿六十，诸友人共印此书，亦可藉为纪念也。……正月十九日，演音启。"

④ 致蔡冠洛书："近至泉州，定于旧二月一日始，仍讲《行愿品》，并预定以后再于某处讲《华严》大意，又于多处讲演。法缘殊胜，昔所未有也？……

地方安宁，身体康健，乞勿念。演音启。旧正月廿四日。下月初旬，尚须往惠安县讲经。……在承天寺讲《行愿品》，至昨日圆满。听众甚多，党部青年乃至基督教徒，皆甚欢赞。自明日始，在各处演讲五日。后在开元寺讲《心经》三日。又数日后在善堂讲《华严》大意三日，二月十一日附白。"

⑤ 叶青眼《千江印月集》："三月一日，讲《华严》大意于清尘堂，并切嘱缁素弟子读颂《行愿品》十万遍。以此功德，回向国难消除，民众安乐。"

⑥ 陈祥耀《息影闽南的弘一法师》："二十七年的春天，这位渴想见面的老人，竟如流水行云，飘然莅晋，听说他这回到泉州，已是第二遭儿，可是却特别打动泉州人士的心弦，集中泉州人士的视线。因为法师这回对泉州人士特别改变态度，特别广结法缘，破例为泉州人士写许多字，说许多法，甚至居然肯赴几回宴。但不久以后，法师依然深居简出，息影于古寺之中了。……法师初到泉州，住承天寺，即起首讲《普贤行愿品》全部。讲毕再往开元寺续讲他种经典，听众大半为僧徒居士之流。在学生界中，我可说是常常出席的一个。……在一天黄梅细雨的星期日上午，法师特赴我校之约，到'梅石书院'讲演，题为'佛教的源流和宗派'，由我担任记录。讲毕在我校图书楼吃素斋，并题图书楼以'无上清凉'四字。……不久以后，法师即离泉州，到惠安各地去弘法。"

⑦ 致李芳远书："近来讲务甚忙，下月初旬到惠安。月底或往厦门，但尚未决定也。俟后奉达，谨复，不宣。旧二月二十四日，演音疏。"

⑧ 致李芳远书："余于二十一日或二十二日往厦门（二十日有人由厦门来迎接）。大约自二十六日起，讲三天。下月初往漳州，由南山寺介绍住乡间某寺过夏。近来多忙，而身体甚健。此次住泉州不满两月，写字近千件，每日可写四十件上下。……演音白。古历三月十三日。"

⑨ 致李芳远书："古浪了闲别墅已有正式请帖寄到。明日严笑棠居士到泉陪接。迟二三日，即偕往厦门。下月初四五日，往福州城内功德林、佛化社诸处演讲，但尚未确定。不久仍返泉州。……演音白，三月十九日。"

【按】战前鼓浪屿有"了闲社"，为在家佛教团体，由林寄凡、严笑棠诸居士所组织，设于林氏之了闲别墅。又据圆拙法师函告，是年法师本接受福州居士之请，订期前往。后因漳州居士恳请赴漳，约期半月，而厦门沦陷（阳历五月七日），滞留漳州，福州之行遂不果。

⑩ 李芳远《送别晚晴老人》："厦市沦陷，我急得忍不住，四出查访，均

无消息。因法师性如闲云野鹤，孤往独来，向不肯预告于人。最后才接得来书云：'朽人于厦市难事前四天，已到漳州弘法，故能幸免于难。现拟往乡间瑞竹岩消夏，俟秋凉后或车路可通，即返泉州也。演音启。旧四月十八日寄于龙溪南山寺。'"

【按】曾随大师自厦到漳照顾其生活之净慧师语我："师自厦门妙释寺起程，同行者有严笑棠、马乾华二居士（皆漳州人）及净慧共四人，经鼓浪屿渡海至嵩屿登陆。到漳州后，暂住九龙饭店（严笑棠所经营）。翌日移居南山寺，时住持广心和尚、监院传证已离寺赴泉。小住数日，由执事僧送师与净慧到距城十余公里之瑞竹岩。"

⑪致许宣平书："前居厦门，诸承护念，至用感谢。杨居士嘱书小幅，附奉上，乞为转交，并代致候。泉州交通行长刘居士，名号已忘记，便乞写示。近在漳居南山寺，身心安宁，不久拟在念佛社演讲数次，谨陈不备。旧四月十日，演音疏。"

⑫《药师经科文题记》："岁次乙亥十二月，卧病草庵，曾力疾坐起，书录是科文，草率不足观。今居龙溪南山寺，复得录写焉。戊寅四月十三日，时倭寇侵鹭屿。沙门演音并记。"（鹭屿为厦门别名——著者）

⑬致夏丏尊书："今年在闽南各地弘法至忙。于厦门变乱前四天，已至漳州弘法。今居东乡瑞竹岩静养。……旧五月一日演音启。"

⑭《瑞竹岩记》："瑞竹岩，名非古也。昔唐楚熙禅师结庐万松山巅，曰德云庵。宋大觉琏禅师兴建梵宇，仍其旧称。降及明季，皇子莅山，见枯竹荦萌，谓为瑞相，因题岩名曰瑞竹。而德云庵名，自是不显于世。其时宰官陈天定暨住持绝尘禅师，发愿重建佛殿，移其基址，趣落下方，磐石屏冲，林木蓊郁，视昔为胜矣。又复相传有林阁老者，未第时读书山中；及跻贵显，乃建'介石云窠'于佛殿右，今唯存其残址，俗谓为八卦楼也。清宣宗时，智宣禅师驻锡瑞竹。禅师为邑望族，梵行高洁，工诗善书，亦能绍隆，光显前业，为世所称。厥后遗风日微，浸以衰废。洎今岁首，檀越迎请智峰法师入山，兴复旧迹。法师学行高迈，乘愿再来，夙夜精勤，誓隆先德，复礼大悲忏仪为日课。尝语余曰：为寺主者，应自行持，勤修三学，轨范大众，岂惟躬佩劳务已耶？余深服其所见高卓，可谓今之法门龙象矣。余于曩月，弘法漳惠，鹭屿变起，道路阻绝，因居瑞竹，获观胜迹，凤缘有在，盖非偶然。（下略）岁次戊寅五月弘一（印）。"

【按】《龙溪县志》记载："瑞竹岩，五代僧楚熙结庐于此，刳竹引泉，竹生笋，因名瑞竹。……明季正统年间，绝尘祖师修行于此，作瑞竹楼居，圆寂后遗骨存于寺后'无法续传'石室中舍利塔。"又清乾隆时漳州诗僧隐愚《石林集》，载有宋大觉怀琏与江东桥有关诗篇。怀琏乃北宋高僧，他虽为漳人，但终身似未回乡。此说恐系传说附会。大师所撰《瑞竹岩记》，"谓瑞竹岩初名'德云庵'，至明季皇子莅山，见枯竹箨萌，谓为瑞相，因题岩名为'瑞竹'"。想当别有所本，或传闻致误欤？忆十余年前，泉州圆拙法师函告，谓大师居瑞竹岩时，引水竹笕生嫩叶，好事者将其写成《弘一法师逸事》，登于漳之《福建新闻》，谓为大师莅山之瑞应。师知之即令某居士致函辟谣，旋即移居他处。《逸事》文中引明末鼓山永觉禅师应温陵开元寺之请，行次洛阳桥，潮水适来，欢迎者谓"龙王参礼和尚"！师曰："莫诬老僧好。"晋公之辟谣，亦此意也。

《瑞竹岩记》（下略）下文意似未完，亦未署名，只盖[弘]一长印。然为手迹无疑。

⑮ 致泉州觉圆法师书："……兹有二事，奉托如下：（一）余之'特别通行证'已满期。乞向师部换取新者。乞访蒋百齐参议室主任或张参谋长皆可。又有郁达夫居士致钱东亮师长之介绍书，亦乞交去。（二）前送寄百源庵之……《清凉歌集》一小包，乞检出四册交邮局挂号寄下。'特别通行证'如可换得，亦请一并寄下。否则将《清凉歌集》寄下为感。……六月廿二日，音启。"

【按】抗战时泉州地区，往来须有"通行证"。当时最高长官为钱东亮师长，闻为钱大钧之侄云。

⑯ 书古德偈句赠许宣平题记："'祇今休去便休去，若待了时无了时。'岁次戊寅闰七月十三日，为余剃染二十周年。是日始讲《阿弥陀经》于龙溪尊元经楼。宣平居士（任职银行）先一夕自福州归，获预法会。逮十九日讲经圆满，居士设斋供养三宝及诸善信，庆幸欢忭，得未曾有。居士久处尘劳，恒思厌离，乃嘱题句，用自惕励，并志近事，以为纪念焉。一音录古德句。"

⑰ 《苦乐对览表》题记："华民二十七年，岁次戊寅七月十三日，余剃染出家二十周年。是日诸善友集聚尊元经楼，为余诵经忏罪。余于是日始讲《阿弥陀经》一卷，回向众生，同证菩提；并书《苦乐对照表》二纸，呈奉经楼，以为纪念焉。沙门一音。"（见《龙溪新志初稿》第一辑·一九四五年）

⑱ 夏丏尊《怀晚晴老人》："……近来在漳州城区弘扬佛法，十分顺利，

当此国难之时，人多发心归佛法也。……厦门陷落后，丰子恺君从桂林来信，说想迎接他到桂林去。我当时就猜测他不会答应的。果然子恺前几天来信说，他不愿到桂林去。他复子恺的信说：'朽人年来老态日增，不久即往生极乐。故于今春在泉州及惠安尽力弘法，近在漳州亦尔。犹如夕阳，殷红绚彩，瞬即西沉。吾生亦尔，世寿将尽，聊作最后之纪念耳。……缘是不克他往，谨谢厚谊。'这几句话非常积极雄壮，毫没有感伤气。"

⑲ 致蔡冠洛书："近在漳州城区弘扬佛法，甚为顺利，不久拟讲经数种，并复兴念佛会，每周念佛一次。……闰月六日演音启。"（是年阴历闰七月）

⑳ 致蔡冠洛书："承施地藏菩萨经像，昨夕已经收到，感谢无尽。后日适值菩萨圣诞，先三日寄到，因缘巧合，诚为漳城佛法复兴之象也。近日请本乡保长讲此经，听者甚众。仁者法施功德，曷有极耶？谨复并谢。不宣。闰七月二十八日演音疏。"

㉑《祇园记》："笑棠居士性高尚，不治生业，唯于舍旁拓地数弓，杂植花木，以为游息弦诵之所。颜曰'祇园'，意谓是外无长物也。又亦假用梵典之名，而音释悉异，藉以志其景仰所归也。戊寅仲秋，余弘法龙溪，居士请题园额，为述其义如是，因并记之。温陵沙门一音。"（见一九四五年《龙溪新志初稿》第一辑）

【按】漳州佛法，久乏闻熏。自大师至漳，文化界人士为之兴起，施拔甘、施慈航、施胜良、蔡竹禅、马冬涵、刘绵松等，皆因师而归佛法。

㉒ 致施慈航书："居漳半载，诸荷护念，至用感谢。拟于明日启行，未敢劳诸善友相送，将来有缘，仍可再来漳也。尊翁（施拔甘）及尊元（经楼）诸善友，均乞代为致候。谨陈，不宣。戊寅九月十二日演音启。"

㉓ 致施慈航书："前上明信，想已达。二十日抵安海，居水心亭，约下月望后乃他往。前在闽漳，与仁等时相过从，至为欢欣。今离群索居，怅惘何已！……谨陈，不宣。演音启。旧九月二十六日。"

㉔ 致施慈航书："惠书诵悉。朽人居安海已将一月，讲法数次，听众甚多，近七百人。不久拟返泉州草庵。附奉三联，一赠与杨遂厂、一赠与林春元（漳州著名丽华斋印泥店主——著者），一赠与王文象（即前余动身时，送余乘船至石美者），均乞转交为感。……谨陈，不宣。演音，九月三十日。"

【按】水心亭，具称水心澄渟院。在安海安平渡。师居水心亭时，为书"戒是无上菩提本，佛为一切智慧灯"一联，刻于寺门，今尚存在。

㉓《晚晴老人讲演录》："《佛法十疑略释》，戊寅十月六日，在安海金墩宗祠讲。《佛法宗派大概》，戊寅十月七日在安海金墩宗祠讲。《佛法学习初步》戊寅十月八日在安海金墩宗祠讲。"

㉔ 许书亮《安海法音录·序》："二十七年秋晚，弘一法师来安海，居于水心澄渟院，知者甚鲜。越数日，友人始语余。余因久慕师者，乃往晤谈，至为欢契。……"

㉕ 致李芳远书："惠书诵悉。不久即拟往草庵静养，谢绝一切诸事。……今年所以往闽南各地弘法者，因余居闽南十年，受当地人士种种优遇。今余年老力衰，不久即可谢世。故于今年往各地弘法，以报答闽南人士之护法厚恩耳。现在弘法已毕，即拟休养，故往草庵。明年将往惠安，闭门谢客，以终其天年耳。古十月十日，音寄自安海。"

㉖ 致王正邦书："正邦居士道席：惠书诵悉，前由漳州到安海，住一月。近已返泉州，居承天寺。今年在各地弘法甚忙，法缘殊盛。但自惭道德学问皆无成就，勉力支持，至用汗颜耳。广洽师所印拙书《金刚经》，所存无几。此书接引新青年至为适机，乞劝广洽师发心募印再版。……演音启。十月二十八日。"

㉗ 与漳州马冬涵论篆刻书法书："冬涵居士道席：惠书诵悉。承示印稿至佳。刀尾扁尖而平齐若椎状者，为朽人自意所创。锥形之刀，谨能刻白文，如以铁笔写字也。扁尖形之刀可刻朱文，终不免雕琢之痕。不若以锥刻白文，能得自然之天趣也。此为朽人之创论，未审有当否耶？属写联及横幅，并李、郑二君之单条，附挂号邮奉，乞收入。仁者暇时，乞为刻长形印数方，因常须用此形之印，以调和补救所写之字幅也。

"朽人于写字时，皆依西洋画图案之原则，竭力配置调和全纸面之形状。与常人所注意之字画、笔法、笔力、结构、神韵，乃至某碑、某帖、某派，皆一致屏除，绝不用心揣摩。故朽人所写之字，应作一张图案画观之，斯可矣。不惟写字，刻印亦然。仁者若能于图案法研究明了，所刻之印必大有进步。因印文之章法布置，能十分合宜也。又无论写字刻印等皆足以表示作者之性格（此乃自然流露，非是故意表示）。朽人之字所示者，平淡、恬静、冲逸之致也。乞刻印文，别纸写奉。谨复，不宣。旧十月二十九日，演音疏。"

㉘ 叶青眼《纪温陵养老院胜缘》："第二次到养老院为戊寅年，由尤居士廉星代余礼请，继续开示净土法门，瑞今法师担任翻译。时将及午，院董老

人悉集，将开讲矣。适某当局偶然来院，余起招待，来往频频。公见之不谓然，谕令停讲。余急请今师缓频，行忏悔。结果改订明晨。余自亲近以来，素荷包含。此次碰一大钉，公意殆诃余之杂念而不纯。余始知'杂'之为害大。"

㉙ 剑痕（石有纪）《怀弘一法师》："廿七年的秋天，他于刘廷灏前辈处听到我在安溪的消息，刘先生一面又写信通知我：'老法师已经到了泉州，住承天寺。听说你在安溪，甚为喜悦。有便望来泉一谒。'我即于某次因公之便，在一个暮霭苍茫的黄昏，在承天寺大殿右边一个大园的尽头，一间小小的矮屋之内，去拜见老人家。房间是那么狭小，一几一榻以外，仅能容膝。我和他对坐着，谈些别后的事情。……这一夕的相会，是很值得纪念的。据一位近他的和尚告诉我：'老法师晚间从来不肯会客。出家二十年，不曾点过灯火。这次为你，是很特别的。'过了几天之后，我接到他一封信，附着他写的一幅单条，一副对子。对子写的是华严经句，是勉励我做好官的。单条上则写着一首唐人的五言律诗：

十年离乱后，长大一相逢。问姓惊初见，称名忆旧容！

别来沧海事，语罢暮天钟。明日巴陵道，秋山又几重！

其书略云：'录唐人诗一首，颇与仁者在寺相见情形相似。'亦足知他心中的感慨了。"

【按】此诗为唐李益《喜见外弟又言别》。李益，唐诗人，与李贺齐名，见《唐才子传》。巴陵，今湖南岳阳也。

㉚《最后之□□（忏悔）》："可是到了今年——二十七年，比去年更不像样子了。自从正月二十到泉州，这两个月之中，弄得不知所云。不只是我自己看不过去，就是我的朋友也说我以前如闲云野鹤，独往独来，随意栖止。何以近来竟大改常度，到处演讲，常常见客，时时宴会，简直变成一个'应酬的和尚'了。这是我的朋友所讲的。……如是在泉州住了两个月之后，又到惠安、至厦门、至漳州。……日常生活，总不在名闻利养之外。虽在瑞竹岩住了两个月稍少闲静；但是不久，又到祈保亭冒充善知识，受了许多善男信女的礼拜供养，可以就是惭愧已极了。

"九月又到安海住了一个月，十分的热闹。近来再到泉州，虽然时常起一种恐惧厌离的心，但是仍不免向这一条名闻利养的路上前进。可是近来有一件可庆幸的事，因为我近来得到永春十五岁小孩子的一封信，他劝我以后不可常常宴会，要养静用功。信中又说起他近来的生活，如吟诗、赏月、看花、静坐等，洋洋千言的一封信。啊！他是一个十五岁的小孩子，竟有如此高尚的思想、正当的见解。我看到他这一封信真是惭愧万分了。"

③ 昙昕《亲近音公琐记》："师为起法名曰'昙昕'，并注释云：'昙昕梵汉合立，晋魏六朝时高僧，颇有此类之名，阅《高僧传》可知。昙者梵语，具云昙无，亦云达摩，法也。昕者汉语，朝也；日将出也。清初史学大家钱大昕，亦用此昕字为名，号曰晓徵。昙昕者示法日将升，普照众生之义也。'戊寅十二月初一日，沙门一音识。"

③ 为漳州云洞岩鹤鸣祠篆书佛号题记："戊寅岁晚，筑祠云岩，将以祀明蔡鹤峰大儒并清略庵居士。时余方览《王遵岩集》，有《寿鹤峰布衣序》，因得窥其所学，粹然一出于道。略庵居士好善乐施，惠及乡里，并以学行垂诸不朽。余维暗短，未能歌赞令誉。敬书佛号，以斯功德，回向菩提。并愿见闻随喜，同植胜因，齐成佛道云。一音。"

【按】蔡烈，明龙溪人，学者称鹤峰先生。其墓在漳州东门外云洞岩下。有碑云："鹤峰千仞，龙江一曲。中有一邱，其人如玉。"王慎中，字道思，号遵岩。明代学者，泉州人，官至河内布政使参政。嘉靖三十八年卒，年五十一。工文章，尤致力汉以上古文，为明代文章之正宗，著有《遵岩集》，见《明史·文苑传》。

③ 《历朝名画观音宝相精印流通序》："中华民国二十七年戊寅重阳日印光撰。是岁将暮，晋水月台沙门一音书。"

③ 书草庵门联赠俞啸川居士题记："草积不除，便觉眼前生意满；庵门常掩，勿忘世上苦人多。"此数年前为草庵所撰寺门联句，下二句，疑似古人旧句，然亦未能定也。眼前生意者，生意指草而言。此上联隐含慈悲博爱之意。宋儒周程朱诸子文中，常有此类之言，即是观天地生物气象，而兴起仁民爱物之怀也。

啸川居士玄览　　亡言

一九三九年（民国二十八年己卯）　　六十岁

　　是年元旦，在泉州承天寺手书佛号及华严经偈，赠漳州刘绵松及其母氏。① 初春出城游清源山，爱其地之幽胜，遂暂居于清源洞。② 二月五日为亡母谢世三十四周年，于《前尘影事》册上书金刚经偈颂，回向菩提。③ 仲春，在月台（承天寺）集华严长联，手书赠了智法师，并题记。④ 将往永春，与黄福海写影留念，并为题记。⑤ 新历四月十四日，自泉州入永春，居城东桃源殿。越数日为众讲演《佛教之简易修持法》。⑥ 旋入毗峰（蓬壶）普济寺。自是屏除应接，闭户静修，从事著述。林奉若居士记普济寺情况及师至寺因缘颇详。⑦ 初夏，师以《华严玄谈会玄记》向无标点，《弘教藏》乃由扶桑僧侣率意加点，吾国之《频伽藏》又依《弘教藏》编印，校订多疏。居永春时，乃稍正其误。⑧ 六月，李芳远入山相访，师书偈赠之。是偈即世所传师临灭前遗偈二首之一。⑨ 其另一偈，亦见林汉忠《弘一法师在永春》所记。⑩ 是夏，撷取南山、灵芝诠释"盗戒戒相"之义，辑为《盗戒释相概略问答》一卷，并录太贤、蕅益二师遗偈，以自策励。⑪ 九月二十日，为师六十初度，弟子丰子恺画《续护生画集》六十幅为寿。乞师指教，并加题词。⑫ 时在抗战期间。我国著名画家徐悲鸿至新加坡开画展，支援抗战。弟子广洽特请作师半身油画像一幅，以为六十纪念。胜利后徐氏在北平补作题记奉寄。⑬ 时郁智朗布施八金为师祝寿，师嘱在寺供养缁素诸众，广结善缘，并拟自是日始，掩关习静，谢绝通信。⑭ 九月，各方道友为募印手书《金刚经》及《九华垂迹图赞》，并征集诗词以为师六秩纪念。澳门《觉音》月刊，上海《佛学半月刊》等佛教刊物，均出"弘一法师六秩纪念专刊"祝贺。⑮ 蔡冠洛旧藏杭州雷峰塔出土《陀罗尼经》数卷，请师题签。师允兴致佳时书之，及后寄至，叹为笔精墨妙。⑯ 冬月，李圆净等募印《护生画集》初稿，师允再写一组题字，以备制版。⑰ 时安居普济山中，致书昙昕法师，关心他的行持，冀为佛门龙象，言至恳切。其爱护后学之心，溢于言表。⑱ 师自谓童年恒览《格言联璧》，离俗二十一载，仍百赞不厌。是年特题《格言联璧》，以自策励。⑲ 时泉州培英女中学生陈珍珍，因抗战时期随校内迁永春蓬壶，闻师盛名，遂约数同学访于普济寺致敬仰之意。蒙师开示，并承赠《佛教之简易修持法》，回家后遂奉佛法。⑳是年编辑《南山律在家备览》，以无书可考，颇感难于着手，且存草稿，以俟再订。㉑腊月，致书林奉若居士，详述各类蔬菜之营养，所食以价廉而适于卫生之物为合宜，乞为寺中执务者讲解其义。㉒

注 释

① 手书佛号及华严经偈赠刘绵松题记：（一）"'佛法僧'。胜华居士礼敬供养 己卯元旦，沙门一音书。"（二）"'与世为依怙，如日处虚空'。大方广佛华严经偈句。胜华居士供养 己卯晚晴老人。"（三）"'南无阿弥陀佛'。惠瀞老女居士 礼敬供养 己卯元旦 沙门一音敬书。"（四）"'妙智清净日，大悲圆满轮'。大方广佛华严经偈句 惠瀞老女居士供养 一音。"

【按】胜华，为刘绵松皈依法名；惠瀞老女居女，为刘绵松母氏法名。

② 致李芳远书："惠书诵悉。仁者应先修净土宗，详细阅览《嘉言录》为要。朽人不久或往永春，余俟晤谈，不宣。二月初六日，自晋江清源山。（芳远按：大师此时掩室清源洞）"

③《前尘影事》题记："二月五日为亡母谢世三十四周年，敬书金刚经偈颂'一切有为法，如梦幻泡影，如露亦如电，应作如是观'回向菩提，时年六十岁。"

④ 手书集华严经句赠了智法师题记："'速见如来无量光，具此普贤最胜愿；勤修清净波罗密，恒不忘失菩提心。'了智法师供养，岁在己卯仲春，华严经普贤行愿品句，后学一音集书于月台。"（见《弘一法师》图版五〇）

【按】了智，泉州南安人，早岁出家，礼定贤上人为师。一九一二年于厦门南普陀寺旃檀林（学院），亲近转初法师学经论。其后参学江浙诸大丛林及南洋各地。回闽后，历任厦门南普陀，泉州开元、承天诸寺职事。其间曾于厦门万寿岩与弘一法师同住多时。晚年归隐南安官桥涌莲寺，闽南推为老参上座，故师赠联自称后学。

⑤ 黄福海《弘一法师与我》："法师答应我和他去摄一张纪念照片。我低着头跟随法师以轻捷的步子向照相馆走去。正走之间，他忽然步履转慢，我抬头看见前面远处走着个矮和尚。法师指着他的背像，用低微的声音对我说：'这位就是承天寺的大和尚（按：即转尘老和尚——著者）。他岁数比我大，

出家比我早，是佛门中的老前辈。所以我这时要慢一点走，不能走到他的前头。'在照相馆前，法师双手捏着佛珠，立定不动。我请问：'怎么样照才好？'他很客气地答：'随便。'我与照相师布置背景，调适光线；又请问：'这个样照如何？'他答：'就这样好。'法师过后在相片上题了几句：'己卯二月二十日与黄柏（即福海）贤首同写影于清原，时年六十，将往永春山中习静。弘一。'"

⑥ 李芳远《弘一大师入永春记》："新历四月十四日（旧二月廿五日），乘车来永春，挂锡城东桃源殿，与李芳远等数人游环翠亭。四月十六日，在桃源殿讲演，由李芳远编成《佛教之简易修持法》，在该地印行。"

⑦ 林奉若《弘一律师与普济寺因缘》："弘一律师，寓永春普济寺顶茅蓬五百七十二日——农历己卯年二月廿八日到，庚辰年十月初九日去——为入闽十余年来第一久住之所。在此著《盗戒问答》《护生画续集》《南山律在家备览》《华严疏科分》《药师如来法门一斑》《修净业宜诵地藏经为助行》等书。……普济寺在永春治西蓬壶山中，古名刹也。……民国以来遍地荆棘。奉若深抱杞忧，而性孤介，拙于应酬。自知不宜于世，遂就寺顶旷地集筑蓬栖止。爰邀本寺檀越，同请性愿法师前来住持，讲经说法，邑人皈依者甚众。乃愿师旋应菲律宾之聘，往海外开化。师身居异域，心怀故国，命敦请弘一律师来寺驻锡，以树僧范。弘公爱茅蓬僻静，奉若即以茅蓬供师，并任供养之役。……"

⑧《华严玄谈会玄记》题记："吾国《会玄记》刊本，向无标点。扶桑校刊《弘教藏》时，另由彼邦僧侣率意为之。记文中有'故'字者，大半标点于'故'字下，乃是彼邦之习例，可为证也。挽近《频伽藏》本，即依《弘教藏》翻印，而校订多疏，故此记中标点，讹误益繁。今岁仲春，避寇难居温陵月台，曾请诸师，依《频伽藏》本，照录标点于此刊本中，以待将来修正。近徙居桃源，老病颓唐，殊无修正之力。唯有以墨笔圈点者数处，稍正其误。其他悉仍其旧，未及校改，姑俟当来可耳。岁次己卯夏首，沙门一音时居莲峰。"

⑨ 李芳远《普济寺访弘一大师》："芳远入山，师赋偈见赠曰：'问余何适，廓尔亡言。华枝春满，天心月圆。'书'无畏'篆额赠芳远。跋云：'芳远童子渊詧。己卯残暑，一音。时年六十，居蓬峰。'"

⑩ 林汉忠《弘一法师在永春》："是年秋，因病书偈：'君子之交，其淡

如水。执象而求，咫尺千里。'居普济寺半载，赋偈志别：'问余何适？廓尔亡言。花枝春满，天心月圆。'己卯秋，一音，年六十。"

⑪《盗戒释相概略问答》跋后："发心学律已来，忽忽二十一载。衰老日甚，学业未就。今撷取南山、灵芝撰述中诠释盗戒戒相少分之义，辑为《盗戒释相概略问答》一卷。义多阙略，未尽持犯之旨。后此赓续，当复何日？因录太贤、蕅益大师遗偈，附于卷末，用自策励焉。岁集己卯残暑，沙门一音，时年六十，居永春蓬峰。"

⑫ 丰子恺致弘一法师书："弘一法师座下：今日为法师六十寿辰，弟子敬绘《续护生画集》一册，计六十幅，于今日起草完竣，正在请师友批评删改。明日起用宣纸正式描绘，豫计九月廿六日可以付邮寄奉。敬乞指教，并加题词，交李居士付印，先此奉禀。忆十余年前在江湾寓楼，得侍左右，欣逢寿辰。越六日为弟子生日，于楼下披霞娜 Piano 旁皈依佛法，多蒙开示，情景憬然在目。……民国廿八年古历九月二十日，弟子丰婴行顶礼。"

【按】婴行为丰子恺皈依法名。

⑬ 徐悲鸿《弘一大师画像题记》："早岁识陈君师曾，闻知今弘一大师之为人，心窃慕之。顾我之所以慕师者，正为师今日视若敝屣之书之画也。悲鸿不佞，直至今日尚沉缅于色相之中，不能自拔。于五六年前，且恳知友乞师书法。钝根之人，日以惑溺，愧于师书中启示，未能领悟。民国廿八年夏，广洽法师以记念弘一师诞辰，属为造象，欣然从命。就吾所能，竭吾驽钝于师，不知不觉之中，以答师之唯一因缘，良自庆幸。所愧即此自度微末之艺，尚未能以全力诣其极也。卅六年初秋，悲鸿重为补书于北平寓斋。"

【按】徐悲鸿题记，于抗战胜利在北平补题后，原寄新加坡广洽法师保存。油画先已送交泉州开元寺弘一法师纪念馆陈列。其后洽师曾托归国侨胞赍此题记，送泉州弘一法师纪念馆，俾与原画合璧。时值"文革"高潮，无由转致，题记甚至下落不明。后悉为同安马巷中学某美术教员于待焚书画中发现之，认为题记有保存价值，私自取出收藏，秘不示人。洽师几番托人探询，愿以相当代价酬谢，均不得要领。一九八五年回国至厦，又提及此事。适遇率团访问新加坡之方友义先生（时任厦门市委宣传部长），闻知此事，乃亲赴马巷中学访问某美术教员，晓以大义，阐明政府落实文物政策。并谓此题记除与画并存外，实无甚意义。其人乃欣然将题记交方君携至厦门。是晚有关人士集会于南普陀，共祝珠还合浦之庆。越日洽师即遣人专送题记于泉州开元寺，俾永久保存。是役余适陪洽师至厦，因将题记失而复得之始末，略记如此。

⑭　致郁智朗书："前复书，想已收到。本月二十日为朽人六旬初度，即以仁者前施之八金，在寺供养缁素诸众，广结善缘。并拟自是日始，掩关习静，暂未能通信；他处寄来之信，亦付邮寄还。俟将来他往时，再以奉闻。谨达不宣。九月二十日，音启。"

⑮　僧睿《弘一大师传略》："己卯狄，为师六秩大寿，……诸弟子为印《金刚经》及《九华垂迹图赞》，《觉音》与《佛学半月刊》出专刊庆祝。"

⑯　蔡冠洛请题雷峰塔藏经："雷峰塔，旧藏《一切如来心秘密金身舍利宝箧印陀罗尼经》。甲子塔圮，藏经散出。余得三卷，并系以缣带，裹以黄色绢，尚未装裱也。乞师题签一二纸，师允兴致佳时书之。及见寄，笔精墨妙，胜于他书，因知为精心之作也。"

⑰　致李圆净书："画稿不久可由承天寺转寄到。朽人近来身体衰弱，天气亦寒，约须数日乃可写就。……佛学书局出版之英文画集，系依原稿所摄影制版者，极为清晰，与原稿无异。……初编中朽人题字，拟俟闲暇时，再写一组寄上，以备新制版时改换；但文句仍旧不动，以保存旧迹，并为永久之纪念也。……夏历十一月二十四日音启。"

⑱　昙昕《亲近音公琐记》："二十八年，师居普济山中，静修梵典。曾示我一函云：'昙昕法师道鉴：惠书诵悉。……仁者近来行持如何？时以为念。常阅《高僧传》否？诵经念佛日益精进否？仁者系出名门，幼受教育，应常自尊自重，冀为佛门龙象，以挽回衰颓之法运，扶持颠覆之僧幢。蕅益大师寄彻因比丘书云：〔吾望公甚高，勿自卑。〕又云：〔所有不绝如缕之一脉，仅寄足下。万万珍重爱护，养德充学，以克荷之。〕余于仁者，亦云然矣。《寒笳集》甚能警策身心，乞常阅之，不宣。音启。'我拜读之后，不觉大汗淋漓，惭愧无地。"

⑲　《题格言联璧》："余童年恒览是书，三十以后，稍知修养，亦奉是为圭臬。今离俗已二十一载，偶披此卷，如饮甘露，深沁心脾，百读不厌也。或疑'齐家''从政'二门，与出家人不相涉；然整顿常住，训导法眷，任职丛林，方便接引，若取资于此二门，善为变通应用，其所获之利益，正无限也。演音。"

⑳　陈珍珍致陈海量书："……忆自小学毕业后，即入晋江培英女子中学

肄业。该校系基督教会创办。不慧在此肄业六年之久。民国二十八年，学校因时局关系，奉命内迁。不慧亦随校避居永春蓬壶。时闻弘一大师卓锡蓬壶普济寺，遂邀数同学登山诣大师，致敬仰之意。蒙大师慈悲开示，并承赠《佛教之简易修持法》一书。时不慧年纪尚幼，对于大师之金玉良言不甚了解，惟此心已深信佛法。……不慧陈珍珍合十。"（见《觉有情》第七卷二三—二四期）

㉑《南山律在家备览例言》："养疴山中，勉辑是编，偶有疑义，无书可考。益以朽疾相寻，昏蒙非一。舛讹脱略，应所未免。率为录出，且存草稿。重治校订，愿俟当来。"

㉒ 致林奉若书：

奉若居士澄览：关于食物之事，略陈拙见如下，乞为转陈执务者为感。依律，食物亦名曰药。以其能调和四大，令获康健，俾能精进办道。但贪嗜甘美之物，律所深呵。常食昂价之品，尤为失福。故以价廉而适于卫生之物，最为合宜也。

豆类，含有蛋白质，为最重要之滋养品。但亦不能多食，多食则不消化（与常人食补药者同，须以少量而每日食之。但不可一次多量，若过量者，反致增疾）。

蔬菜之类，且就本寺现有者言之。菠薐菜，为菜中之王，含有铁质及四种维他命，为滋养最良之品。

白萝卜（俗称菜头），亦甚能滋补，红萝卜亦然。

白菜，亦甚佳（或白色或绿色皆佳）。若芥菜，雪里蕻，则性稍燥，不可常食。

花生，含有油质，食之有益（但不可多食）。且以拙见言之，菜食一盂之中，约以蔬菜五分之四，豆类及花生等占五分之一，乃为适宜也。

近来本寺送与朽人之菜食，其中豆类太多，蔬菜太少，未能调和。故陈拙见，以备采择。

再者，前朽人云不愿食菜心及冬笋者，因其价昂而不食，非因齿力不足也。菜心与白菜相似，而价昂数倍，冬笋价极昂。西医谓其未含有何种之滋养质也。

又香菰亦不宜为常食品。明莲池大师曾力诫之。

煮豆类花生及蔬菜之汤，亦不可弃。其中含有多分之滋养料。倘弃其汤，而唯食其质，犹如服中国药者，弃其药汤而唯食其药渣也。

　　以上种种拙见，乞为执务者讲解其义，令彼了知，至用感谢。谨陈，不宣。

　　　　　　　　　　　　　　　　　十二月廿七日　善梦启

一九四〇年（民国二十九年庚辰）　　六十一岁

是年春，仍在永春蓬壶普济寺闭关。时有衰病，谢绝访问，外间遂传其圆寂。① 林奉若特致书郁智朗，详述其起居情况，以正讹传。② 澳门《觉音》月刊，亦刊出《弘一律师近踪》，以息群疑。③ 春夏之间，手书南山《行事钞》警训，赠圆拙法师。④ 又写篆书小联加跋，赠李芳远。⑤ 二年前李圆净辑《梵网戒本汇解》寄泉州承天寺，请为校定。搁置二年，始获展诵，乃为作序流通。⑥ 时宁波郁智朗居士拟发心出家，欲礼师为师。师以出家后发誓不收剃度徒众，或任寺中监院住持等职，婉言谢之。⑦ 劝他出家事不可执着。并引莲池大师之言谓："求之既不可得，却之亦不可免。"当待因缘成熟。⑧ 后见郁氏出家志愿诚恳，自既未能违越宿誓，乃为介绍闽南高僧转法为师，嘱学律弟子性常为之斡旋。⑨ 略云："能荷慈允固善，否则亦请性常法师代觅请他位良师。性常法师为在朽人处学律资格最久者……。彼于仁者出家之事，可以负责介绍。"⑩ 因其家室不许，郁氏拟潜行出走，师力戒不可，致书反复启导。谓潜行出走而出家者，多无好结果。与其出家后而返俗，贻人讥笑，不如不出家之为善也。⑪ 七月地藏菩萨圣诞，至永春城区，为众讲《净宗道侣兼持诵地藏经·要旨》，以为纪念。⑫ 仲秋为《王梦惺文稿》题偈，勖以"士应文艺以人传，不应人以文艺传"⑬。九月二十日为世寿周甲，于普济寺后精舍题壁"闭门思过，依教观心"以自勖励。⑭ 又集古诗句为普济寺补壁。⑮ 在普济寺时，因山鼠扰害，昼夜不宁，忆古人谓以饲猫之饭饲鼠，则无鼠患，姑试为之，果验。乃撰《饲鼠免鼠患之经验谈》。⑯ 十月初九日，将移居南安灵应寺。改所居茅蓬曰"梵华精舍"，命林奉若返旧居。⑰ 离普济寺至永春城，居桃源古寺，当地人士请留一天。越日，乘帆船至南安洪濑镇，挂锡树德寺，继步行至仁宅灵应寺安居。⑱ 十二月朔，转应老法师应灵应寺礼忏。应老于晨课时，梵音圆朗，威仪端严。师亲见之，大为叹服。手书短联，并为长题赠之。⑲ 师至灵应寺，慕名往访者颇不乏人。晋江南安各小学校长，都请谒见。时生活程度高涨，小学教师至为清苦。师以"小学教育为栽培人材基础，关系国家民族至重且大，人格至为高尚"，勉之。[20]应上海居士之请，撰写《受八关斋戒法》，自为书写并加题记。[21]时前泉州开元慈儿院学生慧田（法名传如）居水云洞，闻讯访师于灵应寺，邀师往游水云洞。师到后开示僧青年应过节俭生活，不可讲究华丽。不久，即至水云洞度岁。[22]泉州人士请题"李贽象赞"以为纪念；师为题一偈，颇为推重。[23]是年新加坡佛教居士林求书，师集书《华严经》句致赠。

注　释

① 陈祥耀《息影闽南的弘一法师》："翌年春天，始乘车入居永春毗峰山下的普济寺。自是而潜形息影，一味精修律学。听说到永春后，法师的身体比较不大安适，外地遂哗传法师辞世的消息。"

② 林奉若致郁智朗书："……弘公道体近来胜常，可舒锦念。惟因闭关，专事辑律。谢绝一切往来，特嘱蓬壶邮局，凡各方来信，概行退回。故凡直接写弘公名，皆不得达。即间接寄交普济常住，亦未敢转呈。致各方请安、请书、请教者，皆失所望，且或误会而起疑点。……朽人于己未年，即弘公出家之次年，在普济寺顶得数百步地基，建静室数间，隐居奉佛。适弘公来寺挂锡，以寺中繁杂，喜静室修持。朽人遂以静室供养弘公。公之饭菜，亦由朽人供奉。公之道德，虽莫测高深，其起居饮食之安适，堪以告慰耳。弟奉若合十。二十九，二，廿五。"

③《觉音·弘一律师近踪》："弘一律师年前息影泉州永春蓬壶普济寺，谢绝一切，专编律典情形，已选志本刊。近据友人来书，谓已迁居南安之灵应寺，依旧杜门谢客，从事律部编著。所有酬酢，皆已决绝；即编者为出专刊，曾去数函，亦蒙原璧封存。……"

④ 手书《行事钞》警训赠圆拙法师："应自卑下，如拭尘巾。推直于他，引曲向己。常省己过，不讼彼短。"

南山《行事钞》警训，书奉圆拙法师供养。庚辰夏，一音时年六十有一。

⑤ 篆书小联赠李芳远："'见性''明心'。岁次寿星暑初，居毗湖普济山中，养疴习静。书此以奉芳远童子。老病颓唐，无能工也。善梦，时年六十有一。"

⑥《梵网戒本汇解·序》："戊寅夏尾，圆晋居士邮书温陵，并所辑《梵网戒本汇解》，请为校定。时余方避乱龙溪，翌年转徙毗湖。逮及今岁夏首，有人自温陵归者，乃赍居士书至。阁置两载，未尝佚失，终获展诵，诚胜缘

也。《汇解》宗天台、云栖、灵峰诸撰述，而条理疏治之。匪惟利导初机，亦足资益宿学。余以衰病，未及详校。略述其概，聊志赞喜云。岁次寿星木槿荣月沙门一音书。"

⑦ 致郁智朗书："……仁者发心出家，至用欢赞。但剃度之师，以灵岩山监院代理住持妙真法师为最适宜。将来即可久居灵岩，由师为之护助一切也。朽人自初出家后，屡在佛前发誓愿，愿尽此形寿，绝不收剃度徒众，不任寺中监院或住持。二十余年以来，未尝有违此誓愿。希仁者鉴此苦衷，而曲亮之。……音启。四月廿七日。"

⑧ 致郁智朗书："惠书诵悉。辟谷似可不须，出家事亦勿执著。惟自忏悔业障，厚植胜因可耳。莲池大师云：'求之既不可得，却之亦不可免。'乞仁者深味此言。素位而行，以待因缘成熟也。……演音启。"

⑨ 致郁智朗书："仁者发心出家，志愿诚恳。朽人以誓愿故，未能违越，深负盛意，迄今时用歉憾。窃思闽南颇多高僧，如泉州乡间某寺转法老法师，高年隆德，为是信众所钦仰。朽人已托人预为商请，未审尊意如何？但仁者来闽之时，须待秋凉之后（或冬初），其时朽人大约可返泉州相晤谈也。……六月十七日，音启。"

⑩ 致郁智朗书："朽人已托性常法师致书与转法老和尚商恳，能荷慈允固善，否则亦请性常法师代觅请他位良师（闽南各县）。性常法师为在朽人处学律资格最久者，今居普济下寺，为朽人护法，照拂一切（朽人所居者为顶寺，一人独居，距下寺约半里），彼于仁者出家之事，可以负责介绍。……仁者于下次来信时，乞附写一笺与性常法师致谢一切。……剃度师请妥，来闽之期延迟无妨。宜俟时节因缘，未可勉强急迫也。"

⑪ 致郁智朗书："来书所谓潜行出走，朽人窃以为未可。若如是者，将来恐不免纠葛。倘仁者之妻来闽寻觅，谓仁者言：'若不偕归者，即决定于仁者面前自杀。'当此之时，仁者若任其自杀，则有伤仁慈，否则只可偕归矣。……朽人出家以前，亦先向眷属宣布。其他友人有潜行出走而出家者，多无好结果。与其出家后而返俗，贻人讥笑，不如不出家之为善也。拙见如是，希垂察焉。……出家之人，应学朝暮课诵，并宜熟背诵之。此文载在《禅门日诵》中，乞仁者预先学习。……七月十五日，音启。"

⑫ 《普劝净宗道侣兼持诵地藏经·前言》："余来永春，迄今一年有半。在去夏时，王梦惺居士来信，为言拟偕林子坚居士等来普济寺，请余讲经。

斯时余曾复一函，谓俟秋凉后即入城讲《金刚经》大意三日。及秋七月，余以掩关习禅，乃不果往。……今日适逢地藏菩萨圣诞，故乘此胜缘，为讲《净宗道侣兼持诵地藏经·要旨》，以资纪念。"（庚辰地藏诞日在永春讲）

⑬《题王梦惺文稿》："文以载道，岂唯辞华。内蕴真实，卓然名家。居士孝母，腾誉乡里。文章艺术，是其余技。'士应文艺以人传，不应人以文艺传。'至哉斯言，居士有焉。庚辰仲秋，晚晴老人。"

⑭ 蓬壶普济寺后精舍题壁：

"'闭门思过，依教观心。'庚辰九月二十日，世寿周甲，书以自勖励，晚晴老人。"

⑮ 集古诗句为普济寺补壁："'山静似太古，人间爱晚晴。'蓬壶普济寺补壁，岁次庚辰集古诗句。晚晴老人。"

⑯《饲鼠免鼠患之经验谈》："昔贤谓以饲猫之饭饲鼠，则可无鼠患。常人闻者罕能注意，而不知其言之确实有据也。余近独居桃源山中甚久，山鼠扰害，昼夜不宁。毁坏衣服等无论矣。甚至啮佛像手足，并于像上落粪。因阅旧籍，载饲鼠之法，姑试为之，鼠遂渐能循驯，不复毁坏衣物，亦不随处落粪。自是以后，即得彼此相安。现有鼠六七头，所饲之饭不多，备供一猫之食量，彼六七鼠即可满足矣。或谓鼠类生殖太繁，未来可虑。今就余年余之经验，虽见屡产小鼠甚多，然大半伤亡，存者无几，不足虑也。余每日饲鼠两次，饲时并为发愿回向，冀彼等早得人身，乃至速证菩提云云。"

⑰ 林奉若《弘一律师移锡灵应寺》："一公因灵应寺五次恳请，前往弘法。于农历十月初九日，出游行化。改所居茅蓬为'梵华精舍'，并书匾额于厅堂。两壁则书蕅益警训，印光法语，以垂教诫，命奉若返旧居。"

⑱《福建日报·弘一法师移居灵应寺》："当代高僧弘一法师，前年入永春蓬壶普济山居，掩关编辑律典。近月已完成《南山律在家备览略编》一书，付沪开明书店影印出版，由申佛学书局发行。法师山居有年，因水土不合，近应洪濑灵应寺住持定眉和尚之请，于十一月十日动身，下榻永春州中桃源古寺，当地人士敦请，勾留一天。十二日乘帆船至洪濑，是晚住树德寺过夜。翌晨步行至仁宅，入灵应寺安居。同行者性常、传贯、静渊、妙斋等。查该寺建自唐代，为文愈禅师真身证圣道场（俗谓李公祖师）。其地庄严幽雅，祖师肉身，迄今千有余载，仍存人间。弘一法师此次来居是寺，盖有因缘在焉。师于十四日至十六日三天内，曾接见各位访者，过后即掩关著作云。"

【按】一九三三年夏，师居泉州开元寺时，灵应寺主定眉，曾请古志禅师（性愿）撰《唐神僧灵应祖师现化记》，师为书写，署名月音。但清初雪峰如幻禅师所著《瘦松集·重修灵应岩募化叙》，则谓神僧系宋时人。《募化叙》云："紫峰灵应岩者，文愈大师显化道场也，师近乡李氏子，宋皇佑间，童真弃俗，梵行精修，屡著神异。及报缘已谢，跏趺长往，容色和畅，异香浃旬。于是道俗骇慕，即其肉身，涂饰金像，于坐化之地，兴建招提，即今之岩宇是也。……"

【附】《唐神僧灵应祖师现化记》

"温陵自古多佳胜，灵秀所钟，圣迹弥著。世传有三真人六祖师，灵应即其一也。师字文愈，示迹唐代，诞生仁宅李家，幼有孝行，迥异群伦。常现神变，事迹昭闻。如渡溪飞笠，行路鞭瓮，立石朝天，插竹苗地。逮及示寂，坐化枷藤，异香远闻。乡人柯长者感其灵异，因奉真身而建伽蓝。迄于近世，香火因缘，普被遐迩。有仁宅沐恩弟子黄种树、黄书汉，景仰慈光，冀报大德，募建浮图，永镇山中。爰略纪事实，以示将来。使见闻瞻礼，获福于无穷焉。中华二十二年癸酉夏月，住山比丘定眉立石、沙门古志撰文，沙门月音书写。"

⑲ 赠转应老法师短联题记："闽南砥柱，佛法金城。"岁次庚辰十二月朔，灵应寺主延请诸师莅寺礼忏，斋天焰口，日夜勤劳，行者疲惫。翌朝黎明，转应老法师孑身入大殿，持诵晨课，梵音圆朗，威仪端严。余亲见之，大为叹服。师道心坚固，任事正直，久为缁素所称赞。朝暮二课，数十年来，精勤无间，尤为众所难能。世衰道微，人多文弱，不具刚骨。有如师者，可谓末法芬陀利矣。谨书联句，奉慈座以志敬仰。并励后贤。晚学一音·时年六十又一。

⑳ 月笙《灵应寺访弘一法师》："当代高僧弘一法师……客夏说法永春桃源殿，静修普济寺中。上月（十月）初旬南来，避寒于吾邑玳瑁山灵应寺，遐迩人士闻讯往访者颇不乏人。一月初，偶过县立炉内中心小学，聆该校校长潘诗泓言：渠于上月十八日，偕惟仁小学校长潘北山及蓬溪小学校长廖博厚，联袂游是寺，适晋江县立金溪中心学校校长林高怀等一行八人，亦来随喜。不期而晤，倾盖言欢。佥议机会难逢，请谒法师。法师以诸君皆从远道来，且为教育界人士，破例接见。晤谈时某教师问及：'当此生活程度提高，一辈小学教师，家费无法维持，是否可以改业？'法师言：'小学教育为栽培

人材基础，关系国家民族，至重且大，小学教师目下虽太清苦，然人格实至高尚，未可轻易转途云。……'余久仰法师之名，难免见猎心喜。特于月初八日，偕同志文炳，重游名山。石径盘纡，花木掩映，梵宇琳宫，依稀如昔。于是稍憩禅房，见悬有法师肖像，貌极清癯，高龄似已逾花甲。问诸主持定眉，知法师与其高徒二人住东厢，恐精神分散，妨碍著作，不愿再见客。惟托其写字，或者愿意，因渠颇好与闽南文人结缘云。余遂向定眉借纸笔，伏案书一便笺曰：闻法师飞锡莅临，闭关著述，肯否惠赐一谒？以抒景慕之忱。法师书法出尘绝俗，不染人间烟火气，并欲恭求各挥赠一帧，以留纪念。袁子才曰：'佛说〔因缘〕二字，足补圣经贤传之缺，法师其有意乎？'署款毕，交定眉持入。未几复出，携宣纸两帧。上书《华严经》偈句：'不为自己求安乐，但愿众生得离苦'二句……苦口婆心，现于楮墨之间，殆为法师写照乎？定眉言：'法师性爱花木，东厢所植，尽命移出。日仅清早六时一餐。'于此益信其修养有素。"

㉑《受八关斋戒法·跋》："岁次寿星，沙门善梦敬书，时居丰州灵应山中。"

【按】"八关斋戒"，为在家信徒于一日一夜之间所持的出家之戒律。即不杀生戒、不偷盗戒、不邪淫戒、不妄语戒、不饮酒戒、不涂饰香鬘歌舞视听戒、不眠坐高广严丽床座戒、不非时食戒的八戒。此中第八为正斋，前七是戒。关者禁之义。丰州为南安别名。

㉒ 慧田《我虔念着弘一大师》："记得是大前年（廿九年）的一个冬天里的一天下午，我正在南安水云洞外的麦田上伴着工人冬耕。得着弘一大师由永春蓬壶移锡附近灵应寺的消息。不由得喜出望外，丢下了工作，跑过山岭去拜访这位多年不见的大师。我见他的时候，已是他老人家到来的第三天，而又是他开始不见客的第一天。听说他不见客，我也就不敢动问要见他的话。不知却早有人告诉他说，我特地赶来见他。故在我停脚后饭还没吃完，他已先来请我进去，就是特别的会见。这时使我得着莫大的欢慰。……他先行开口，问我现在住在什么地方？我告诉他就在附近的一个山上躬耕，并乘机请他到我那里去玩玩。本来心里是想请他去住的，因为觉得自己住的房子太简陋，不由得换一口气请他去玩玩。因为我说得非常起劲，竟引起他发奇的问我：住的地方到底是出家人的地方呢？还是农家人的地方，有几个人同住？谁晓得他这一问，和我的一答，竟成就了他二次伴我水云山居的因缘。

　　"由于水云地方的简陋，设备的不全，故大师来住的时候……睡眠的床还是由我让下的两扇门板搭成的。在我很是过意不去，而他老人家见了，却非常的欢喜，满口都是很好很好的。……他告诉我：'我们出家人，用的东西都是十方施主的。什么东西都要节俭爱惜。住的地方只要有空气干净就好，用的东西只要可以用，不必什么精巧华丽。这是太贵族化，我们出家人不应该有的，要受人家的批评。我住的地方也只求简洁清净而已，用不着高楼大厦。像这样的房子，我们是住得惯的。'大师的话也许是安慰我，也许是训诲我。……"

　　㉓《李卓吾先生像赞》："由儒入释，悟彻禅机。清源毓秀，千古崔巍。"

　　㉔ 手书赠新加坡居士林联句题记："'普令众生得法喜，犹如满月显高山。'晋译《华严经》偈句，新加坡居士林供养。沙门一音集书。"（见《新加坡佛教居士林成立廿五周年纪念特刊》）

一九四一年（民国三十年辛巳）　　六十二岁

　　是年春仍居南安灵应寺。各方祝寿诗词陆续寄至。天津旧交王吟笙、曹幼占、姚彤章，皆有诗寄贺；其他国内知名人士，杨云史、马一浮、柳亚子、吕碧城、郑翘松、严叔夏，太虚等所贺诗词，均充满友情与崇敬。① 四月自灵应寺重过水云洞，手书古德偈句赠陈海量。② 旋移居晋江檀林乡福林寺闭关，为学者讲《律钞宗要》，并编《随讲别录》及《晚晴集》。③ 又于福林寺念佛期讲《略述印光大师之盛德》。④ 时友人黄福海往访于福林寺，越数日师写唐韩偓诗二绝赠之。⑤ 闰六月惠安胜王江山为其先父求当代名人书"孝歉传芳"作为匾额，以彰懿行，特至福林寺谒师请求挥毫。王氏对福林寺规模及其室内陈设略有记载，可以想见大师当日居处的情况。⑥ 秋日，为刘莲星写《随分自誓受菩萨戒文》并略析其疑义。⑦ 初冬赋《红菊花偈》示传贯侍者。⑧ 时同住福林寺之青年比丘怆痕（妙斋）患病，师亲为看护，并劝其专心念佛。又为起名"律华"，并加解释，可知其思想之所寄托。⑨ 又作《遗书》一通，嘱彼慎重保存，待其圆寂后方可启视，足见其谆谆训诲青年后学之苦心。⑩ 九月二十日为师诞辰，时值抗战末期，泉州食物颇缺。开元寺特备素斋数事，由都监广义、监院传净及定林、密因二师，步行二十余里，亲送至福林寺供养大师，略伸敬意。师闻传净监院正礼《法华》，乃书蕅益大师警训一则，以嘉勖之。⑪ 仲冬，在百原寺为永春淡生居士梁鸿基证受皈戒，取名曰胜闻。其后梁氏时至百原，助师料理琐事。⑫ 后以自撰联句请师书写，师为略加润色，并附注释。⑬ 腊月，在泉城百原寺（俗称铜佛寺）小住。蒋文泽、杨严洁二居士前往参谒，请师开示修持法门。师告以修持当一门深入，久久专修，方有成就希望。又说："阅佛书万不可如阅报纸，走马观灯，一过目便歇。须是细心玩索……以文会意，方得实益。至于打坐炼气，非佛法也。"⑭ 旋至开元寺小住。上海刘传声居士，探悉闽南丛林缺粮，恐师未能完成南山律丛书，特奉千元供养。师慨然辞之，谓自民国七年出家，一向不受人施。后以此款充开元常住为道粮，由开元复函致谢。又谓以前"挚友夏丏尊赠余美国真白金水晶眼镜，因太漂亮，余不戴，今亦送开元常住变卖为斋粮"[15]。又致李芳远书，告以"此次至泉城住二十天，见客写字，至为繁忙。自今以后，拟谢绝诸务，闭门思过，于尊处亦未能通信"[16]。十二月二十二日午，自泉城回福林寺度岁。[17]应陈海量居士之请，为撰其父《陈复初居士传》及《立钧童子生西事略》。[18]是年澳门佛教界有大小乘经典中轻视女性的说法之讨论，函询大师请决。师引律文及钞疏，致函竺摩法师答之，以为佛说各被一机，不须合会。[19]是冬，泉州大开元寺结七念佛，时值抗战期间，师为书"念佛不忘救国，救国必须念佛"警语，以策励之，并题记说明。[20]

注 释

① 各方祝寿诗词：

其一 天津 王吟笙（新铭）清末孝廉

世与望衡居，夙好敦诗书。聪明匹冰雪，同侪逊不如。

猥以十年长，谦谦兄祝余。少即嗜金石，古篆书虫鱼。

铁笔东汉字，寝馈于款识。唐有李阳冰，摹印树一帜。

家法衍千年，得君益不堕。为我治一章，深情于此寄。

忆自君南游，悠悠数十秋。树云思不已，岁月去如流。

比闻君祝发，我发早离头。君为大法师，我犹浮生浮。

老赓翰墨缘，远道寄楹联。经言开觉路，书法示真诠。

笔墨俱入化，如参自在禅。装池张座右，生佛在吾前。

辛巳春，小诗奉祝

一音大法师无量寿，尚希郢政。吟笙王新铭拜草，时年七十有二。

其二 天津 姚彤章（召臣）

仙李盘根岁月真，千秋事业有传薪。残山剩水须珍贵，稽首慈云向永春。

其三 天津 曹幼占（振纲）

高贤自昔月为邻，早美才华迈等伦。驰骋词章根史汉，瑰琦刻画本周秦。

形游东海求新学，心向西方拜圣人。书法空灵关觉悟，从知明月是前身。

其四 江东 杨云史

词人风调美人骨，彻底聪明便大哀。绮障尽头菩萨道，水流云乱一僧来。

和尚应知苦病空，形神如鹤寿如松。本来无相何僧俗，多事袈裟着一重。

其五 绍兴 马一浮（蠲叟）

世寿迅如朝露，腊高不涉春秋。宝掌千年犹驻，赵州百岁能留。

遍界何曾相隔，时寒珍重调柔。深入慈心三昧，红莲化尽戈矛。

其六 吴江 柳亚子（弃疾）

弘一大师，俗名李息霜，与苏曼殊称为南社两畸人。自披剃大慈山以来，阔别二十余年矣。顷闲关闽海，其弟子李芳远来书，以俗寿周甲纪念索诗，为赋二截。

君礼释迦佛，我拜马克斯。大雄大无畏，救世心无歧。

闭关谢尘网，吾意嫌消极。愿持铁禅杖，打杀卖国贼。

其七 旌德 吕碧城（宝莲）

谨依杨云史诗意，寄奉芳远先生，以祝弘公大法师无量寿。

鹊踏枝

冰雪聪明珠朗耀，慧是奇哀，哀慧原同调。绮障尽头菩萨道，才人终曳缁衣老。 极目阴霾昏八表，寸寸泥犁，都画心头稿。忍说乘风归去好，繁红划地凭谁扫。

其八 永春 郑翘松 前清孝廉

海岳仙人杖锡来，祥风一扫瘴云开。神医果有伽陀药，天匠能容瓠落才。

率土山川瞻瑞相，诸天日月傍莲台。远公倘许东林住，准拟渊明真醉回。

其九 福州 严叔夏

祝弘一大师六十寿

畴昔儒林彦，于今释苑雄。视身犹弃物，并代几高风。

产业华严富，威仪梵网隆。从来无甲子，随俗慰鸿蒙。

道丧已云久，微公孰与尊？灯明南海峤，观彻一真源。

淡漠无为意，虚凝豁大昏。临笺无限意，深自愧忠言。

其十 沙门 太虚

赠弘一法师

以教印心，以律严身。内外清净，菩提之因。

②手书赠陈海量偈句跋："'即今休去便休去，若欲了时无了时。'古德偈句。辛巳四月十九日，第二次居南浦水云，明朝将复之福林。书此以奉海量居士，晚晴老人，时年六十又二，未御目鱼书。"（目鱼，眼镜也。）

③瑞今《弘一大师弘法略记》："辛巳夏，来泉福林寺闭关，为学者讲《律

钞宗要》，编《律钞宗要随讲别录》及《晚晴集》。"

④《略述印光大师之盛德》（在泉州檀林福林寺念佛期讲）："大师为近代之高僧，众所钦仰。其一生之盛德，非短时间所能叙述。今先略述大师之生平，次略举盛德四端（习劳、惜福、注重因果、专心念佛），仅能于大师种种盛德中，粗陈其少分而已。……"（全文见《晚晴老人讲演集》）

⑤ 黄福海《弘一法师与我》："我在石狮，有一天张人希君来说：'法师已由永春来了。'我一听到这话很为欢喜。随即问他住在什么地方？'住在本区檀林乡福林寺。刚才我就是皈依法师来的。'

"我即于次日，独自跑到福林寺，由传贯师领我上楼。法师正凭着栏杆，左手捧着一本经，面对东面一个水塘在远眺。他转首见我来，随即邀我进客室。先说给我一点他的近况，又问我来石狮的原委，以及我离开江苏省的年数。随后彼此默默地对坐了很长的时间。……过了几天，法师托人带来赠我的一幅小中堂，上写韩偓绝诗两首。诗为：'炊烟缕缕鹭鹚栖，藕叶枯香插野泥。有个高僧入图画，把经吟立水塘西。''江海扁舟客，云山一衲僧。相逢两无语，若个是南能？'前一首诗，似为法师的写照；后一首诗，正是彼此相逢时的素描……。"

【按】前一首诗，题为"曲江秋日"；后一首诗，题为"与僧"。《见全唐诗》十之七韩偓诗。此诗末句"难能"应为"南能"（即南能北秀之意），初版年谱误植，未及校正。其后香港、台湾翻印，皆仍其误，今特改正。

⑥ 胜王江山《谒弘一大师追记》："岁辛巳闰六月二十三日由惠安启程，将之晋江谒弘一上人于福林寺。先是灵瑞山妙拔法师托友人某欲向弘一上人求匾书，而余自先严弃养后，亦欲求大德名人为书'孝歠传芳'四字，以志先严之懿行。孝歠者先严别字也。弘一上人当代高僧，书法冠一时。若能求得墨宝，勒之贞珉，堪垂不朽。……福林寺近檀林村，外殿三间，背建二层楼一座。弘一上人住楼上。……有寺僧传贯者出，向余等问讯。余等告以来意，欲谒见弘一上人，并求法书。传贯师答称，上人不会客，且谢绝书写匾额，余等咸感失望。是晚宿寺中，翌早贯师传上人谕，许接见。由贯师导引登楼，维摩丈室，清净无尘。上人道貌清癯，身材瘦长，自言已六十二岁。室内陈设简洁，只一桌数凳。桌上置笔墨砚等物。壁间悬有上人手书'尊瞻斋'三字横额。吾等就坐后，上人垂询惠安地方治安及粮食等状况，余等一一答之，不敢多谈。旋即辞出，甚以获睹上人道范为幸。下午二时许，上人

掷下手书'孝歉传芳'四字，余恭敬顶受，欢喜踊跃。……廿五日早，余更求上人赐一顶款，俾资识别。复蒙另纸书付：文曰'悦萱居士千古'……。"

⑦《随分自誓受菩萨戒文析疑附记》："刘莲星慧日居士，请写《随分自誓受菩萨文》，将付影印，为析其疑义，未能详尽耳。于时岁次鹑尾秋仲，居莆林禅苑，弘一。"（莆即福之别写字——著者）

⑧《红菊花偈》并跋："辛巳初冬，积阴凝寒。贯师赠余红菊花一枝，为说此偈：'亭亭菊一枝，高标矗晚节。云何色殷红？殉教应流血！'晚晴老人于莆林。"

⑨ 怆痕《哭弘一大师》："公每对怆太息佛法陵夷，至于极点。僧人颓状，不堪言喻。呜呼，……怆于福林患病，得公亲为看护，且用慈音安慰。劝怆放下一切，专心念佛。……公为怆标名'律华'，自谓义有三解：一奉持律教，如华开敷，当来能结圣果。（今开花后结果）二敬护律仪，戒香熏修，则净域莲华，渐以敷荣。（受持戒律功德，能生极乐净土，见《观经》）《往生论》云：'初发心，极乐宝池，已萌莲种。若精进不退，日益生长，华渐开敷：其或懈退，日渐憔悴。若能自新，华复鲜丽，其或不然，芽焦种败。'（自新，即改过自新）三行依律，教启华严。（如律行持之时，复依《华严经》，发广大宏愿）呜呼，怆顾名思义，能无愧乎？公复为怆书律偈曰：'名誉及利养，愚人所爱乐，能损害善法，如剑斩人头。'并加题记云：'明诵帚道昉禅师，晋江溜澳人，住开元寺。尝以是偈，铭诸座右。余初落发，亦书是偈，用自惕励。迩者律华法师，于是偈言，深为爱乐，复请书写。余嘉其志，赞喜无已。愿师自今以后，熟诵灵峰所撰《诵帚师传》，尽此形寿，奉为师范，如诵帚所行，一一追踪而实践之。甘淡泊，忍疲劳。精勤禅诵，唾弃名利。以冰霜之操自励，以穹窿之量容人。亲近善友，痛除习气。勇猛精进，誓不退惰。余所期望于师者至厚，所遵仰于师者至高，故不觉其言之缕缕也。'"

⑩ 致律华法师《遗书》："（公于未寂灭之前一年，曾贻书于怆，嘱慎重保存，须待公圆寂后，方可启视）今启见之，其遗嘱曰：'律华法师澄览：朽人与仁者多生有缘，故能长久同住，彼此均获利益。朽人对于仁者之善根道念，十分钦佩。朽人抚心自问，实万分不及其一。故朽人与仁者长久同住，能自获甚大之利益也。妙莲法师行持精勤，悲愿深切，为当代僧众中所罕见者。且如朽人心中，敬彼如奉师长。但朽人在世之时，畏他人嫉妒疑议，不敢明言。今朽人已生西矣，心中尚有悬念者，以仁者年龄太幼，若非亲近老

诚有德之善知识，恐致退惰。故敢竭其愚诚，殷勤请于仁者。乞自今已后与妙莲法师同住，且发尽形承侍之心，奉之如师，自称弟子，并乞彼时赐教诲。虽受恶辣之钳锤，亦应如饮甘露，万勿舍弃，至嘱，至嘱。'

"呜呼，怆当日以业障深重，每感慈训过于严厉，兼妙莲法师在旁督促，时有兴退之念。而今已矣，虽再欲愿受恶辣钳锤，已不可得矣。……"

⑪ 手书蕅益大师警训赠传净法师：

专求己过，不责人非。步趋先圣先贤，不随时流上下。

传净法师顶礼《法华经》，书此以为供养。演音。

【按】此事乃余于一九八九年冬在泉州开元寺时，亲闻之于传净法师者，特记之以存纪念。

⑫ 题淡生居士自撰联句附记："辛巳仲冬，淡生居士获见'观世音菩萨宝相'发起信心。自十二月一日始，蔬食茹素。二日余来温陵，居百原禅苑。五日余与相遇于承天寺大雄宝殿前。八日皈依三宝，余为证明，立名曰胜闻。尔后日必至百原数次，助余料理琐事。尝自撰联句，请余书写。今将归卧萧林，掩室习静，为附记其往事，聊志遗念云。"

⑬ 为淡生居士书所撰联题记："淡生贤首自撰联句属书，略为润色，并附注释其意，以奉慧览。'游衍书缋'者，游衍见《诗·大雅》传记云：自恣之意。缋与绘通。'唾弃利名'者，轻贱鄙弃也。岁集辛巳嘉平六日，晚晴老人书于百原。"

⑭ 蒋文泽《弘一大师开示略记》："辛巳腊月十九日，陪杨严洁居士趋百原禅苑，拜谒一公。杨居士乞公开示，荷公垂慈，谆谆启导。略记如次：'修持当一门深入，久久专修，方有成就希望。若心无主宰，见异思迁，正修净土，又欲修禅，旋思学密等，一向混和乱参，志向不一，纷纷无绪，何由成功？现今修持，求其机理双契，利钝成宜，易行捷证者，是在净土法门。可阅《印光法师文钞》及《嘉言录》，尤其是《嘉言》分类易阅。开端之处，如觉难领会，不妨从中间较浅显处先阅。阅佛书万不可如阅报纸，走马观灯，一过目便歇。须是细心玩索，……以文会意，牢记勿忘，方得实益。至于打坐练气，系炼丹法，非佛法也，切不可学。'"

⑮ 广义《弘一大师之盛德》："弘一大师，驻锡闽南，十有四载。除三衣破衲，一肩梵典外，了无余物。精持律行，迈于常伦。皎若冰雪，举世所知。此次沪上刘传声居士，探悉闽南丛林，粮荒异常，深恐一公道粮不足，未能

完成南山律丛书，特奉千元供养。信由广义转呈，而大师慨然辞之。谓：'吾自民国七年出家，一向不受人施。即挚友及信心弟子供养净资，亦悉付印书，分毫不收。素不管钱，亦不收钱，汝当璧还！'广义谓上海交通断绝，未能寄去。师乃谓：'开元寺因太平洋战事，经济来源告绝，僧多粥少，道粮奇缺，可由此款拨充，经柯司令证明，余不复信，并不写信与彼，由开元寺函复鸣谢可耳。'

"又谓：'民二十年间，挚友夏丏尊居士，赠余美国真白金水晶眼镜一架，因太漂亮，余不戴。今亦送关元寺常住变卖为斋粮。'约计价值五百余元。该寺遵命后，闻已议决公开拍卖，购充斋粮云。辛巳腊月记。"

⑯ 致李芳远书："惠书诵悉。诸承关念，并示箴规，感谢无尽。此次余至泉城，虽不免名闻利养之嫌，但较三四年前则稍减轻。……余在泉城住二十天，惟以见客写字，至为繁忙。夫见客写字，亦是弘扬佛法。但在于余，则道德学问皆无所成就，岂有弘扬佛法之资格？勉强撑持，终日遑遑，殊觉十分惭愧不安耳。自今以后，拟谢绝诸务，闭门思过，于尊处亦未能通信，乞愍其老朽而曲谅之，幸甚！谨复，不宣。音启。"

⑰ 致李芳远书："惠书忻悉。朽人此次居泉两旬，日堕于名闻利养陷阱中，至用惭惶。明午即归莆林（即福林寺），闭门静修。特刊（六秩祝寿纪念特刊）一册，附挂号邮奉。……先此略复，不宣。音启。古十二月二十一日。"

⑱《陈复初居士传》："居士讳克贤，浙江天台人，世业儒。父榜山公，德学卓著，矜式乡里。居士少读儒书，工文词，天性仁厚，乐为人排难解纷。尝入市拾巨金，访其遗者还之。贾于仙居，受厚俸。值母许氏小疾，遂辞返，不复远游，其孝思纯笃如此。天台质肆，昔有陋规，苦逼贫民。居士恫其弊，乃私撰状，告于有司。规废，人无知其为者。晚岁览《安士全书》，归信佛法。二十八年夏季示疾，遗诫诸子，勖以乐贫敦品，隐恶慎言。迨疾笃，安详舍报，如入禅定，春秋六十又二。配茅氏，勤俭治家，长斋奉佛，族党称其贤。子四：立鳌、立超、立鼎、立钧，女一。立鳌字海量，别字普悲。曩居南闽，从余修学。迩以书来，述居士懿德，并立钧童子生西瑞相，请为之记。俾示子孙，世知奉佛。因书其概，委如别记云。"

附：立钧童子生西事略

居士四子立钧，童年信佛。在学黉劝人念佛，从者蓁众。偶小妄言，立鳌哂之，童子大惭不自容，宿慧盖有在也。二十九年夏，病肺亡。先自云见观世音菩萨放白光，将导之往，因起坐。复曰："我乘白光去。"口念佛不辍，遂尔坐化。历时久，顶门犹温，往生极乐，盖无可疑。世寿十五龄。为附记传末，以示来哲焉。

于时三十年岁集鹑尾，大慈沙门一音撰并书。

⑲ 致竺摩法师书：（上略）兹综合律文，及南山灵芝钞疏记义。列表如下：

犯相——与女说法，过五六语——波逸提。

五六语，且举阴入。灵芝谓亦可说余法也。此戒制意，如南山戒疏云："凡说法生善，事须应时。不请而说，理无强授。本无敬信，情怀奢慢。脱因斯次，致有过非，不免讥谤，清白难拔。"灵芝释云："叙制意有二：一乖说法之仪。二是生讥之本。"

开缘——在有智男子前，过五六语说——不犯。

有智男子者，解知粗恶不粗恶事，即简小儿痴狂等。

不在有智男子前，若女请问者，应答广说——不犯。灵芝云："若请说，若问义，随多少者。以虚心求请，义非强说。故，不限多少。"

真谛三藏之三种解释中，第三解谓："女性暗弱是故律云云。"此与律文不同。是戒缘起，因与女耳语说法，发生嫌疑而制。绝未云暗弱二字也。说法贵观机，不可拘泥。为女众说法时，可以不用第三解。于前二解中，择其契机者用之可耳。

大小乘佛典中，虽有似轻女性之说，此乃佛指其时印度之女性而言。现代之女众不应于此介怀。

又佛之所以出此等语者，实于大慈悲心，以诚诲勖励，冀其改过迁善，绝无丝毫轻贱之心也。

大小乘佛典中，记述女人之胜行圣迹甚多，如证初二三四果，发无上道心，乃至法华龙女成佛，华严善财所参善知识中，亦有示现女身者。惟冀仁者暇时，遍采《大藏经》中此等事迹，汇辑一篇，以被当代上流女众之机，则阅者必生大欢喜心，欣欣向荣，宁复轻生疑谤乎？

佛典中常有互相歧异之处，人每疑其佛意何以自相矛盾？宁知此乃各被一机，不须合会，无足疑也。（上海《觉有情》第五十二—三期，江之萍《一个与学佛妇女有关的问题》）

【按】"女性暗弱，是故律明为女人说法过五、六语，犯波逸提。"五语即指五阴（即五蕴），六语即指六入（即六根）。《五分律》第六卷云："五语者，色无常，受想行识无常。六语者，眼无我，耳鼻舌身心无我。"意谓为女人说法，不得超过阴、入处义。以女性暗弱，不能多受。故若为说超阴、入义，即犯"波逸提"罪。

【按】波逸提，梵语，亦称波逸底迦（Payattika），比丘六聚戒之一，译为"堕"。属戒律中的轻垢罪。犯之者，或舍财物，或单向别人忏悔，即得清净。但若不如法忏悔，将构成堕于恶趣的罪业，故译为"堕"。

⑳《念佛不忘救国·救国必须念佛》题记：

佛者觉也。觉了真理，乃能誓舍身命，牺牲一切，勇猛精进，救护国家。是故救国必须念佛。

　　　　　　　　辛巳岁寒，大开元寺结七念佛　敬书　呈奉　晚晴老人。

一九四二年（民国三十一年壬午）　　六十三岁

师居福林寺时，邂逅檀林乡杜安人诊疗所医师杜培材（字安人，原籍惠安。毕业某医科学校，医术精湛，学术丰富，信奉基督教），在檀林乡行医多年，远近闻名。病家虽佩其妙手，而苦医费过昂，贫者无力就医。杜安人医师因仰慕大师高名，曾专程拜访，颇受感动。时值战时，药物尤贵。大师闻之，以旧藏贵重西药十四种赠之，嘱其普施贫民；并以其名撰一冠头联奉赠，暗劝培养医德。^①杜氏得赠药物，致函道谢。并陈述去年晤谈时所领教的，句句是立身的座右铭。自谓"在公医制度尚未实行的社会里，所谓医生者充其量亦不过是一种靠技术换生活，与其他职业无异"。并谓"由于领受这次的恩赐以后，我希望良心会驱使我，把我既往的卑鄙、从前的罪恶，在可能范围内尽量地改革过来，效法师'慈悲众生'的婆心，真正地把'关怀民瘼'的精神培植起来"^②。不久，师将离福林寺，杜安人又致一函表示惜别，并撰写"赞词"，以彰师之学德^③，后改书一匾奉赠，今犹存福林寺^④。二月下旬，应旧日门生惠安县长石有纪之请，赴灵瑞山讲经^⑤，但以君子之交，其淡如水，不迎不送、不请斋、过城不停留，径赴灵瑞山三条件为约。在灵瑞山月余，石有纪曾三次上山奉谒，备极礼敬^⑥，并作诗二首呈似^⑦。在惠安时，应杨景和居士之请，为龙安佛寺作冠头诗一首^⑧。三月廿七日，回泉州百原寺。欲重赴石狮福林寺掩关未果，旋应叶青眼、尤廉星之请，移居温陵养老院^⑨，胜闻居士请写遗训，书《论语》一段赠之^⑩。又题其赠东华法师画册^⑪。三月底王梦惺请入桃源，师以衰老日甚，"未可豫定"答之。^⑫时文学家郭沫若自重庆驰书李芳远，请代求大师墨宝。师写《寒山诗》五绝一首赠之，上款书"沫若居士澄览"。郭氏复书致谢，遂以"澄览大师"称之。^⑬又致书李芳远，谓澄览大师言甚是。文事要在乎人，有旧学根柢固佳；然仅有此而无人的修养，终不得事也。古人云："士先器识而后文艺，殆见道之言耳。"^⑭五月自知将西归，致书弟子龚天发（胜信），作最后之训言。^⑮时汕头莲舟法师著《灵山正宏集》在上海出版，请密林法师作《咏灵山八景诗》，乞师为书写影印。^⑯

六月福州罗铿端、陈士牧居士倡议修建怡山长庆寺（即西禅寺）放生池，以修建事迹见寄，师为润色并手书刊石，是为最后之遗作。⑰师出家后，持"非时食戒"甚严。是年特撰《持非时食戒者应注意日中之时》，以明时非时之义。⑱初秋，张人希以先人所藏画册请题，师为题"承平雅颂"四字，并加题词。⑲时王梦惺汇寄旅费，请入永春弘法。师以老病日增，谢未能往，并以所寄旅费璧还。⑳七月廿一日，在泉州朱子"过化亭"教演出家剃度仪式㉑，出《删订剃头仪式钞本》一卷，谓自宋灵芝律师后，失传约七八百年，今为删订此本，昨已集数师于此演过。将来出家者，命依此授之。㉒八月十五六日，讲《八大人觉经》及《净土法要》于养老院，翻译者为开元寺昙昕上人。㉓师出家以后，自己绝少镌石。每有所需，辄命友人代刻。㉔常谓剃染以来，于文艺不复措意。尝诫人云："应使文艺以人传，不可人以文艺传。"又谓十四五岁时常学篆书，弱冠以后，兹事遂废。㉕八月廿三日，渐示微疾，为转道、转逢二老书大柱联后，犹力疾为晋江中学学生写中堂百余幅。廿八日下午，自写遗嘱于信封上。九月初一日书"悲欣交集"四字与侍者妙莲，是为最后的绝笔。九月初四日（即阳历十月十三日）午后八时，安详圆寂于泉州不二祠温陵养老院晚晴室。㉖师"遗嘱"共三纸。一、嘱临终一切事务，皆由妙莲师负责，他人不得干预㉗；二、细嘱临终助念及焚化等作法㉘；三、嘱温陵养老院，应优遇老人，并提具体意见㉙。遗嘱发表后，即以手书《药师经》一部及《格言别录》送与妙莲供养㉚。临终并将《遗书》附录"遗偈"二首，分别致其故友夏丏尊及弟子刘质平告别。㉛又致菲律宾性愿法师遗嘱，因当时在战争中，托人代达，为人所遗。㉜其另一致性老遗嘱，则在战后始见。㉝

注 释

① 手书赠杜安人署师联句："安宁万邦，正需良药；人我一相，乃谓大慈。"（闻师原有题记，惜已遗失）

② 杜安人医师来书之（一）：

弘一法师：记得去年中秋，我曾因仰慕心的冲动，一度专诚拜谒。那时候虽然是简短的谈话，但是我所领教得来的却句句是金科玉律，句句是立身的座右铭。至今深刻在脑海中的，还是无限的愉快欣慰。我以后数度想要再去受训，祇恐未便打扰。所以虽有近在咫尺的机会，毕竟是天涯一般的遥远，抱憾之至。

昨承惠赐良药十四件，接受之余，万分惭愧。因为在公医制度尚未实行的社会里，所谓医生者，充其量亦不过是一种靠技术换生活，与其他职业无异——为工作而生活，为生活而工作。这种自私自利的心理，还谈得上甚么"本我婆心，登彼毒域"，或甚么"济世为怀"这类虚伪或广告式的言词吗？不过由于领受这次的恩赐以后，我希望良心会驱使我，把我既往的卑鄙、从前的罪恶，在可能范围内，尽量地改革过来，效法师"慈悲众生"的婆心，真正地把"关怀民瘼"的精神培植起来。藉符法师去年为我题赠"不为自己求安乐，但愿众生得离苦"之葴言。那么，我所受惠的，其于精神方面的价值，将较胜于物质的百万倍矣。我该用最诚恳的谢忱来结束这张信。敬颂康健。 檀林杜安人诊疗所杜培材谨呈。 卅一年三月十七日

③ 杜安人医师来信之（二）：

弘一法师钧鉴：自法驾莅檀（檀林乡），倏将一载。材获有机缘拜谒，不胜欣幸之至。材虽身奉耶教，然生平受感最深者仅有两次。第一次为医学毕业时代，吾师以外国葴言相勖勉。其原词如下：

I shall pass through this world but once, any good or kindness that I can show to any human being, let me do it, let me not defer or neglect it, for I shall not pass this way again.

【按】英文大意是："我只能经历一次人生，让我把全部善良和仁慈献给人类。我毫不迟疑，绝不忽视，因为我不可能再经历一次人生。"

（闻友人云：法师素通英文，故敢直陈，勿怪是荷。）此次法师亦以轻小我重大我之人生观相示，使材知世之宗教仅可视为一规模之团体，而其最高尚标的，不外为共同之美德，如博爱、和平、慈悲等是也。

法师之高尚，曾留居此穷乡僻壤之福林寺。此种富有历史意义之胜地，材拟题匾额一方，藉以表扬，法师之伟大于万一，亦所以作永久之纪念也。惜材才学疏废，汉文苦无根柢，故一时碍难办到，应请谅宥。惟大意如下：

"法师弘一，一代高僧。文章道德，博古通今。环肥燕瘦，书法尤精。荣华富贵，独享无心。空门修行，寒暑屡更。为民度苦，埋头著经。牺牲自我，慈念众生。循循善诱，救世明星。我奉耶教，受感同深。福林一叙，欣赏良箴。念兹胜地，发扬嘉音。览游斯寺，必信必欣。超凡入圣，法寿隆亨。"

以上词句，未能表扬法师之伟大，惟于世道人心，冀能有所裨益。材拟请友人斧正，然后付刻耳。法驾不日他锡，最好传贯师护送，以便沿途及抵

地时之照料。至于老师尊恙，虽未克一时康复，然不足为虑也。别离在即，材因共墩事务，恐未克躬送，罪甚。所望不久，法驾再临斯寺，亦附近千万"罪民"所恳切企求者也。肃此奉陈，敬颂法安。

鄙人杜培材敬上　卅一年四月三日。

【按】以上二书，均载一九四二年三月泉州《佛教公论》复刊第七期，时师尚无恙也。

④ 福林寺纪念：〔挂福林寺纪念〕

当代高僧

读遍佛经

书法尤精

贪念不萌

寒暑再更

道岸得登

与人何争

救世福星

幸观仪型

时见墙羹

难再同升

想望葵倾

不灭不生

杜安人故立　壬午年蒲节

【按】一九八九年冬，我在泉州，曾和圆拙法师等访问福林寺。在弘一大师故居的楼上走廊东边，见悬挂着右面黑漆一匾，用金字写着十三句连韵的四言诗。大概是杜氏请人将前颂压缩而成的。"墙羹"亦作"羹墙"，即深致思慕之意。《后汉书·李固传》："昔尧殂之后，舜仰慕三年，坐则见尧于墙，食则睹尧于羹。"

⑤ 僧睿《弘一大师传略》："壬午春，应惠安石县长请，赴灵瑞山讲经，三月回百原。"

⑥ 怆痕（石有纪）《怀弘一法师》："去（三十年）冬重到泉州，即闻法师挂锡铜佛寺（百原寺），因往拜谒。……久别重逢，说不尽的愉快。……他告诉我明后日即拟还驻石狮福林寺。……我请他到惠安来住些时，以便朝夕

领教。他答应开春以后天气暖一些再说。后来我又托曾词源先生专程赴石狮迎迓。他回信说:'过了二月二十日（阴历）天气放晴,即使动身。'末附数条云:'（一）君子之交,其淡如水。（二）不迎不送,不请斋。（三）过城时不停留,径赴灵瑞山。'我当然是尊重他老人家的意旨的。

"在惠安一个多月,我一共上山去三次,他进城一次。我带我妻和我女孩子去见他,他很欢喜。我们曾经拍过一张照,他劝我茹素念佛。他评改过我的诗,他指点过我的字。我觉得他是多才、多艺、和蔼、慈悲、克己谦恭、庄严肃穆、整洁宁静。他是人间的才子,现在的弥陀。他虽然避世绝俗,而无处不近人情。"

⑦ 石有纪《参谒弘一法师诗》有序:"壬午生辰,适值礼拜。与汪澄之、康元为、曾词源、卢清苑、黄恩诸君,同上灵瑞山参谒弘一法师。师以'胜缘巧合',书'无量寿佛'一幅见遗,受宠若惊,慨然有感。冒雨下山,衣履尽湿。是晚内人为治薄馔,邀诸同事欢饮。纪也千里飘零,一官鲍系,茫茫身世,百感交并。忆母怀人,尤增痛楚。率成二律,不知是墨是泪也。石有纪未是草。

三十八年转瞬过,学书学剑悔蹉跎。离家已近三千里,别母于今两载多。
无补时艰空许国,欲酬壮志且横戈。年年此夕伤怀甚,酒尽灯残一曲歌。
三春风雨怅凄其,稽首灵山拜老师。如此胜缘如此巧,一番参扣一番遗。
当年名士今朝佛,满腹牢骚两首诗。最是满堂哄笑夜,挑灯独坐意如痴。"

⑧ 胜信《龙安佛寺诗》题记:"壬午之夏,晚晴老人卓锡惠安灵瑞山寺,应杨景和居士之请,撰《龙安佛寺冠头诗》,敬录如次。侍者胜信谨识。'龙胜空宗传竺土,安清古译冠中邦。佛曦遍照阎浮境,寺刹崔峨建法幢。'

惠安　华藏寺沙门一音。"

【按】龙胜,原译为龙树,亦译为龙猛,佛灭后六七百年生于南印度。自幼颖悟,初学小乘三藏,既不满意,去而越雪山地方,遇一老比丘授以大乘经典而研修之。后更游历诸国,广求大乘经典,深达奥义,继马鸣之后,宣扬大乘法门,著有《大智度论》《中论》《十住毗婆娑论》《十二门论》等,被称为八宗祖师。安清即安世高,原为安息国（波斯）太子,父崩,让位于叔父,专攻佛教,尤精通小乘经典及禅经。后汉时到洛阳,先后译经有《无量寿经》等九十五部,为我国初期佛教著名翻译家。

⑨ 叶青眼《纪温陵养老院胜缘》:"第三次（来养老院）,即今年壬午三

月。先是公在百原，又将适檀林。诸仁以时局扰攘，公在城较便。致函请公莅院，结夏养静，公有许意，而未决意何时。适余有永安（当时临时省会）之行，乃由尤居士（廉星）代达众意。旋获公赐示云：

"'青眼居士慧鉴：顷奉诸居士公函，厚爱诚挚，感谢无尽。拟于旧历二十五日后动身。此次至泉，依去年与仁者所约定者，暂住温陵养老院。同行者已请定觉圆法师及陈天发童子，与朽人同住院中，由彼照料一切，至为妥善。谨此豫达，不宣。三月初十日，音启。'

"自是法师徇余等请，安住温陵，并请得妙莲法师同来，一行四人。公住晚晴室，莲师等住华珍室一二三号房。"

⑩ 胜闻居士属写遗训题记："壬午初夏，衰老益甚，将遁世埋名，求早生极乐。胜闻居士属写遗训。余行疏学浅，何敢妄谈玄妙？谨录余生平不敢忘怀《论语》一章，以酬胜属。

"曾子有疾，召门弟子曰：'启予手，启予足。'诗云：'战战兢兢，如临深渊，如履薄冰。而今而后，吾知勉夫，小子。'是为予生平得力处，愿共勉焉。晚晴。"

⑪ 题胜闻居士赠东华法师画册："'镜花水月，当体非真。如是妙观，可谓智人。'胜闻居士以画册呈赠东华法师，为说是偈，书冠卷首，亡言。"

⑫ 致王梦惺书："梦惺居士文席：居惠安一月，昨夕返泉，惠书忻悉。仁者精进向道，甚慰。八关斋戒可缓，乞先素食一年。朽人迩来衰老日甚，何日入桃源（永春），未可豫定，至用歉然。斋额写奉，空白处乞郑老居士题跋，并希代为致候。谨复，不宣。农历三月廿八日，音启。"

【按】郑老居士即郑翘松，永春人，清季孝廉。民国后任永春中学校长，著有《永春县志》，工诗文，大师称之为永春通儒。

⑬ 李芳远《摩颐行者丛署》："'澄览'。壬午之春，法师写寒山大士诗：'我心似明月，碧潭澄皎洁。无物堪比伦，教我如何说？'托芳远转奉吾国文豪郭沫若。上款署曰：'沫若居士澄览'。郭氏回赠一纸，称他为'澄览大师'。法师蒙是号，欣然受之。"

⑭ 郭沫若致李芳远书："五月廿日手书，奉悉。辱承嘱书《归国诗》，因往事不忍回忆，谨录近作一首奉教，望谅之。澄览大师言甚是：文事要在乎人，有旧学根柢固佳，然仅有此而无人的修养，终不得事也。古人云：'士先器识而后文艺'，殆见道之言耳。专复，顺颂时祉。郭沫若叩，六月八日。"

【按】郭沫若《归国诗》（依鲁迅《惯于长夜过春时》诗韵）如下："又当投笔请缨时，别妇抛雏鬓有丝。去国十年余泪血，登舟三宿见旌旗。忍看骨肉埋诸夏，哭吐精诚赋此诗。四万万人齐蹈厉，同心同德一戎衣。"

⑮ 致龚天发（胜信）书："胜信居士，与朽人同住一载。窃谓居士曾受不邪淫、不饮酒戒，今后当尽力护持。若犯此戒，非余之弟子也。余将西归矣，书此以为最后之训。壬午五月一日，晚晴弘一。"

⑯ 灵山八景诗题记："密林法师咏灵山八景诗，岁次鹑火夏仲，晚晴老人书。时年六十又三，居温陵。"

【按】"是年五月，汕头莲舟法师编《灵山正宏集》问世，密林法师为咏灵山八景诗，乞大师书写。密林名持松，别号师奘沙门，俗姓张，湖北荆门人，早岁出家，历参诸大德，曾从月霞法师学于上海华严大学，遂嗣其法。中年东渡日本，学密于高野山金山穆韶阿阇梨。归国后，弘密于全国各地，深受缁素敬信。历住常熟兴福寺、武昌洪山宝通寺、上海静安寺诸大刹。"

⑰《福州怡山长庆寺修建放生池记》：

闽中自唐以来，梵宇林立，禅德辈出，故放生之风，迄今犹盛。……福州西郊怡山长庆寺，又名西禅寺，为闽省一大丛林。寺中旧有放生所，废圮殊甚。十六年岁次丁卯，罗铿端、陈士牧居士游怡山，见而感喟。乃倡议募资，重为修建。……计园池修建，前后历十余年，费资万余金。罗铿端、陈士牧居士始终董其事。近述修建经过事迹，请撰碑记，垂示来业。爰依其草稿略为润色，并书写刊石，以志赞喜云。

华民三十一年岁集壬午夏六月，南山律苑沙门演音。

⑱《持非时食戒者应注意日中之时》："比丘戒中有非时食戒，八关斋戒中亦有之。日中以后即不可食。又依《僧祇律》日正中时名曰时非时，若食亦得轻罪，故知追食必在日中以前也。

"日中之时，因即校正钟表，以此时为十二点钟也。然以此方法常常核对，则发见可怀疑者二事：一者虽自置极精良正确之钟表，常尽力与日晷仪核对，其正午之时，每与日晷仪参差少许，不能符合。二者各都市城邑之标准时钟，如上海海关大自鸣钟等，其正午之时亦每见其或迟或早，茫无一定也。今说其理由如下：

"依近代天文学者言，普通纪日之法，皆用太阳。而地球轨道原非平圆，故日之视行有盈缩，而太阳日之长短亦因是参差不齐。泰西历家以其不便于用，爰假设一太阳，即用真太阳之平均视行为视行，称之曰平太阳。平太阳中天时谓之平午，校对钟表者即以此时为十二点钟。若真太阳中天时则谓之视午，就平午与视午相合或相差者大约言之，每年之中，惟有四天平午与视午大致相合，余均有差。相差最多者平午比视午或早十五分或迟十六分。其每日相差之详细分秒，皆载在吾国教育部中央观象台所颁发之历书中。"若能了解以上之义，于昔所怀疑者自能祛释。因钟表每日有固定同一之迟速，绝不许其参差，而真太阳日之长短则参差不齐。故不能以真太阳之视午而校正钟表，恒定是为十二点钟也。其各都市城邑之标准时钟皆据平午，以教育部历书核对即可了然。吾人持非时食戒者当依真太阳之视午而定日中食时之标准，绝不可误据平午而过时也。至于如何校正钟表，可各任自意。或依平午者宜购求教育部历书核对，即可知每日视午之时。若如是者，倘自置精良正确之钟表，则可不必常常校正拨动。否则仍依旧法，以日晷仪之正午而校正钟表，恒定是为十二点钟，此亦无妨。但须常常核对日晷仪，常常拨动钟表时针。因如前所说，太阳日之长短参差不齐，未能如钟表每日有固定同一之迟速也。又近代天文学者以种种之理由，斥日晷仪所测得者未能十分正确。此说固是，但其差殊甚微，无足计也。"

⑲ 题张人希先人所藏画册：

"承平雅颂"　岁次鹑火秋仲，温陵晚晴老人。

书画风度，每随时代而形彭易。是为清季人作，循规蹈矩，犹存先正典型，可宝也。（按：彭为变之古字。）

壬午秋　亡言　时年六十有三。

⑳ 致王梦惺书："梦惺居士文席：惠书诵悉。朽人老态日增，精神恍惚，未能往尊邑弘法，至用歉然。……不久闭门静养，谢绝缘务，诵经念佛，冀早生极乐耳。承寄旅费，已无所需，附以寄返，乞改作他用。并乞代向诸居士致谢。诸希鉴谅为祷。谨复不宣。七月廿六日，音启。"

㉑ 叶青眼《纪温陵养老院胜缘》："公旋闭关，谢绝接见，不收信件。余等因公在院，每月半必聚会一次，商所需，常数周不获其面。逮至七月廿一日，假过化亭为戒坛，教演出家剃度仪式，为广翰、道详二沙弥，证明传授沙弥戒。余等始得参与观礼，再聆教益。盖虽在咫尺间，真同万仞壁垒。"

㉒ 师慚《略记弘一大师德惠》："今夏释迦寺，以剃度沙弥仪轨，疑有未妥，及余数端，委余求正于师。适大师闭关温陵养老院，乃以函禀。旋奉转

谕，期以七月廿一后赐见。余乃于廿二日趋谒。席次，师出《剃头仪式》钞本一卷，示曰：'自灵芝律师后，失传约七八百年。今为删订此本，昨已集数师在此演过。此卷由妙莲师缮赠。将本发心出家者，令依此授之。如未明了，请寿山师等为指导，当可如法也。'"

㉓ 叶青眼《纪温陵养老院胜缘》："八月十五、六二日，徇余等之请，讲《八大人觉经》及《净土法要》。担任翻译者为开元昙昕上人。练习讲稿至数次，故译时甚为详明。讲时听众先朗诵经文一遍，然后开讲。"

㉔ 许霏《我忆法师》："他虽然出家后对艺术事并不措意，但对于我们的艺术工作很是同情。……他因为出家以后，自己绝少镌石。每有所需，辄命我刻制。因此他所常用的印，很有几颗是我刻的。……今年二月，他还叫我刻小圆形的一颗。"

㉕ 致晦庐居士书："惠书诵悉。诸荷护念，感谢无已。朽人剃染已来二十余年，于文艺不复措意。世典亦云：'士先器识而后文艺。'况乎出家离俗之侣？朽人昔尝诫人云：'应使文艺以人传，不可人以文艺传'，即此义也。承刊三印，古穆可喜，至用感谢。篆额二纸，率尔写奉。十四五岁时常学篆书，弱冠以后兹事遂废。今老矣，随意信手挥写，不复有相可得，宁计其工拙耶？数日后掩室习静，谢绝访问。数月之后，乃可与诸友问讯也。其敏居士乞代问候，不宣。音启。"

㉖ 叶青眼《千江印月集》："（十）公之盛德庄严，见之于临终之际。……公自八月十五、十六日讲经，精神虽然兴奋，然声音语气已微带黯然神伤之意。……逮八月廿三日为转道、转逢二老写大柱联后，下午即云身体发热。廿四日食量遂减。二十五日复为学生写字。廿六日食量减去四分之三，又照常写字。廿七日整天断食，只饮开水，医药悉被拒绝。廿八日叫莲师到卧室写遗嘱。廿九日嘱临终助念等事。三十日整天不开口，独自默念佛号。九月初一日上午，师为黄福海居士写纪念册二本；下午写'悲欣交集'四字交莲师。初二日命莲师写回向偈。初三日因莲师再请吃药，示不如念佛利益，及乘愿再来度生等嘱。初四日因王拯邦居士力恳吃药及进牛乳，说十诵戒文等。是晚七时四十五分钟，呼吸少促。八时正，遂吉祥西逝。"

㉗ 遗嘱三纸："二付莲师，一付温陵养老院董事会。付莲师遗嘱如下，廿八日下午五时嘱云：'余于未命终前、临命终时、既命终后，皆托妙莲师一人负责，他人无论何人，皆不得干预。国历十月七日弘一。'并盖上私章，又

叮嘱谢绝一切吊问。"

㉘ 廿九日下午五时复付嘱莲师五事:"(一)在已停止说话及呼吸短促、或神志昏迷之时,即须预备助念应需之物。(二)当助念之时,须先附耳通知云:'我来助念',然后助念,如未吉祥卧者,待改正吉祥卧后,再行助念。助念时诵《普贤行愿品赞》,乃至'所有十方世界中'等正文。末后再念'南无阿弥陀佛'十声(不敲木鱼,大声缓念)。再唱回向偈:'愿生西方净土中',乃至'普利一切诸含识'。当在此诵经之际,若见余眼中流泪,此乃'悲欢交集'所感,非是他故,不可误会。(三)察窗门有未关妥者,关妥锁起。(四)入龛时如天气热者,待半日后即装龛,凉则可待二三日装龛。不必穿好衣服,只穿旧短裤,以遮下根即已。龛用养老院的,送承天寺焚化。(五)待七日后再封龛门,然后焚化。遗骸分为两坛,一送承天寺普同塔,一送开元寺普同塔。在未装龛以前,不须移动,仍随旧安卧床上。如已装入龛,即须移居承天寺。去时将常用之小碗四个带去,填龛四脚,盛满以水,以免蚂蚁嗅味走上,致焚化时损害蚂蚁生命,应须谨慎。再则,既送化身窑后,汝须逐日将填龛脚小碗之水加满,为恐水干去,又引起蚂蚁嗅味上来故。"

【按】遗嘱中第四"不必穿好衣服,只穿旧短裤,以遮下根即已"之遗嘱,在六年前师答"果清法师披衣荼毗之问"时,已经阐明。谓"就现今习惯斟酌变通,应仅以小衫及裤,著而焚化为宜。倘有所不忍者,或可披以破旧之海青而焚化,亦无大违于律制也。"

㉙ 付温陵养老院遗嘱:(初三日上午,公嘱由莲师手写交与院中。)

(一)请董事会修台(即指过化亭一部份破损应即修葺者)。(二)请董事会对老人开示净土法门。(三)请董事会议定:住院老人至八十岁,应举为名誉董事,不负责任。(四)请董事会审定湘籍老人,因已衰老,自己虽乐为助理治圃责任,应改为庶务,以减轻其负担。

㉚ 晋江通讯:"此遗嘱发表后,即将手书《药师经》一部,及《格言别录》一本,交与莲师供养。"

㉛ 致夏丏尊遗书:"丏尊居士文席:朽人已于九月初四日迁化。曾赋二偈,附录于后:'君子之交,其淡如水。执象而求,咫尺千里。问余何适,廓尔亡言。华枝春满,天心月圆。'谨达,不宣。音启。前所记月日,系依农历。又白。"(致刘质平书偈内容悉同)

㉜ 古志(即性愿)《晚晴山房书简》书后:"太平后,闻友人言:师于临

终时，有遗书托付于余。文曰：'□□（性公）座下：朽人已于某月日西归矣。'（全书皆其亲笔，唯示寂日子，嘱人填入附寄）另有偈云：'君子之交，其淡如水。执象而求，咫尺千里。'又一偈云：'问余何适，廓尔亡言。花枝春满，天心月圆。'此信原迹，为人所遗，故未附入，顺记。佛历二五〇二年岁在戊戌仲春。南行沙门安般行人古志谨识。"（见菲律宾信愿寺翻印《晚晴山房书简》影印本）

㉝ 大师圆寂二年前，在永春普济寺时，亦有致性愿老法师一信，类似"遗嘱"。书云："性公老人慈座：后学居南闽十数载，与慈座交谊最笃。今将西逝，须俟回入娑婆，再为晤谈。甚望今后普济寺道风日盛，律仪宏阐。后学回入后，仍可来普济居住，与诸缁素道侣相聚首也。谨达，顺颂法安，不宣。彼学演音稽首。"

【按】此书未署年月，从内容看，当系一九四〇年，师居永春蓬壶普济寺时所写，留以致性愿法师者。一九四八年刘胜觉居士自闽携至上海，因得见其真迹。（见一九四八年、上海静安学苑《学僧天地》第一卷第六期）

谱　后

【按】梁任公《中国历史研究法续篇》（姚名达编）第五章，谈到"年谱"说：

"我自己做《朱舜水年谱》，把舜水交往的人都记得很详细。朱舜水与日本近代极有关系。我们要了解他影响之伟大，须看他的朋友和弟子跟着他活动的情形。在他的年谱，附载当时的人当然愈详细愈好。"又说："我做《朱舜水年谱》，在他死后还记了若干条，那是万不可少的。假如此类年谱没有'谱后'，是不能成佳作的。"

由于梁任公先生的启示，我在《大师新谱》的"谱后"，补充大师灭后几十年的一些重要纪事，以供读者参考。

一、一九四二年农历九月初六日，昙昕、蒋文泽《大师移龛概况》综合报导："大师灭后，诸弟子遵遗嘱，经十小时以上，再入其房巡视，见遗体如生。初六日十一时为师摄影，下午一时入龛。大师德化感人甚深，送龛者男女四众达千余人。自不二祠养老院经洲顶南大街转入打锡巷，经承天寺小巷，入承天化身窑。缁素各穿海青，竞来抬龛。路上仪式，纸幢一方，大书大师法衔，次幢幡数对，再次即护送之各界及四众弟子。静默缓行，如丧考妣，不闻磬欬，唯六字洪名，异口同音，未尝中止。沿途观者，无不肃然起敬。

"至十一日晚，大众集会，育《普贤行愿品》完，起赞佛偈念佛，至八时焚化（遵老人过七日焚化遗命），至十时余化毕。大师遗骸分两坛，开元、承天各奉其一，当时检出舍利颇多。农历十二月十五日，为大师生西百日，各界假开元寺儿童教养院，开扩大纪念追悼会，当地报社再出特刊，远近送来诔词极多。由纪念会收编为《弘一大师生西纪念刊》。"

二、一九四二年十二月至一九四三年三月，上海《觉有情》杂志，连出"弘一大师纪念号"五期。登载有夏丏尊、性常、震华、范古农、李圆净、袁希濂、姜丹书、显念居士（钱均夫）、胡朴安、马叙伦、观一居士（叶恭绰）、蔡冠洛、朱文叔、陈祥耀、陈海量、陈无我、徐松、丁桂樵、张一留、费慧茂、王心湛、温定常、屈翰南、章锡琛、庄子才等纪念文字。

三、一九四三年《弘一大师永怀录》出版。

同年泉州《弘一大师生西纪念刊》出版。

同年上海玉佛寺设立"弘一大师图书馆"。

著名画家陈抱一为大师画半身油画像成。

十月十七日在玉佛寺举行弘一大师圆寂周年纪念会，到者三四百人，展览同事门生夏丏尊、窦存我、朱稣典等所藏大师墨宝数十件。

四、一九四四年十月，弘一大师圆寂二周年纪念会在玉佛寺举行，展览大师遗墨如故。林子青所著《弘一大师年谱》出版。

五、一九四七年十一月九日，弘一法师圆寂五周年纪念会，仍在玉佛寺举行。同时并纪念经子渊、夏丏尊两先生及震华法师。莅会者不下三四百人。此次展出弘一法师遗墨中以剃度前所著《断食日志》及民国十六年国民革命军初收复浙江时致蔡子民、马叙伦诸先生书手迹最为珍贵，原稿藏杭州堵申甫先生处。

六、弘一法师逝世五年祭——《永恒的追思》出版。作者计：陆渊雷、丰子恺、叶圣陶、施蛰存、杨同芳、傅彬然、仁纶、钟吉宇、勤生等。

七、一九五四年，丰子恺、叶圣陶、钱君匋等，筑弘一大师之塔于杭州虎跑定慧寺，一九五七年，广洽法师更集净财增筑。先是菲律宾华侨刘胜觉者，于一九四八年自泉州护送大师部分遗骸至沪，与刘质平、林子青同送至杭州招贤寺暂存，由大师同门弘伞法师代为保管，越六年始完成造塔之愿。

八、一九五八年，泉州开元寺尊胜院设立弘一法师纪念馆，陈列大师出家后所书各种墨宝及照片故居遗物等。

九、一九六二年为"弘一大师生西二十周年纪念"，丰子恺编辑，钱君匋装帧，马一浮题签的《弘一大师遗墨》，由新加坡广洽法师等施资，在上海三一印刷厂出版；用上等宣纸精印三百部，作为非卖品分赠各方有缘人，版存新加坡弥陀学校。

一〇、一九六五年，台湾陈慧剑著《弘一大师传》，至一九九一年，再版十五次，由东大图书有限公司印行。此书曾于一九七〇年获得"中山文化学术基金会传记文学奖"，共六四五页巨册。

一一、一九八〇年为弘一大师诞生一百周年纪念，中国佛教协会于北京法源寺举办"弘一法师书画金石音乐展"一个月，参观者达万余人。后来从展品中精选出一部分编为纪念集，书名就叫做《弘一法师》（一九八四年，北京文物出版社出版）。纪念集除图版外，还选刊了法师的著作约十三万字，故旧纪念文章约十一万字，汇为巨帙。附录文章有：夏丏尊的《弘一法师之出家》、丰子恺的《怀李叔同先生》、欧阳予倩的《记春柳杜的李叔同》、黄炎培的《我也来谈谈李叔同先生》、柳亚子的《怀弘一上人》、内山完造的《弘一律师》、林子青的《弘一大师传》等，可谓洋洋大观。

一二、一九八〇年为大师诞生百周年纪念，泉州弘一法师纪念馆于北郊清源山弥陀岩，建造弘一大师塔院。杨胜南居士为撰《塔志》，谢义耕书写。

一三、一九八四年十月，弘一大师发起、高文显编著的《韩偓传》，由台湾新文丰出版公司出版。此书在战前业已写就，已交上海开明书店出版，后因战事，版毁于兵火。大师的主旨，在考证《香奁集》非韩偓所作。对韩偓的忠节，备致崇敬。曾于无意中在泉州西门外潘山之麓发现冬郎的墓地，并摄影纪念。泉州老进士吴增（桂生）因此劝募同邑名士黄仲训捐资修复韩偓的墓。

一四、一九八六年泉州惠安、净峰寺设立弘一法师纪念室，并与惠安县文化馆净峰乡文化站合编《弘一法师在惠安》一书，介绍法师与净峰的因缘。

一五、一九八六年，中国书法家协会编的《中国书法》第四期，发表刘质平的《弘一法师遗墨保存及其生活回忆》、树恒的《绚烂之极归于平淡——李叔同的书法艺术》《弘一法师作品选》、包立民的《弘一法师的墨缘》等。

一六、一九八六年由福建陈珍珍、圆拙、广洽、宏船、瑞今、广净、妙灯、常凯、广义、元果、林子青、沈继生等海内外缁素发起编辑《弘一大师全集》，设编委会于泉州开元寺，由福建人民出版社出版。全集计分佛学卷、文学卷、诗词卷、传记卷、序跋题记卷、书法卷、书信卷、附录卷等共十册，并插入若干珍贵照片，经六年编委共同努力，预定于大师圆寂五十周年全部出版。（本书出版时，仍未见问世）

一七、一九八六年，杜苕著的《弘一法师李叔同》（小说），由山西太原北岳出版社出版。此书未出版前，曾连载于上海《解放日报》，题为"芳草碧连天"。

一八、一九八七年，由北京夏宗禹编、华夏出版社出版的《弘一大师遗墨》，印刷纸张皆极精美。内容有叶圣陶的《弘一法师的书法》、赵朴初的《翰墨因缘》《弘一大师遗墨选》《李息翁临古法书》《李叔同诗词、美术、戏剧、音乐、金石剪集）。附录有林子青的《漫谈弘一法师的书法》、刘质平的《弘一大师遗墨珍藏记》。

一九、一九八八年四月，天津市政协文史资料研委会与天津市宗教志编委会合编的《李叔同——弘一法师》，由天津古籍出版社出版。此书插图，收入李叔同一家照片、天涯五友图及早年字画书札图片等，颇为名贵。文字有李叔同在俗次子李端的《家事琐记》、侄孙女李孟娟的《弘一法师的俗家》、徐广中的《我收藏的李叔同早年的几件文物》，及其他几位天津乡亲回忆李叔同青少年时代逸事的文章，都具有参考的价值。

二○、一九八八年十月，徐星平所著的小说《弘一大师》由中国青年出版社出版，此书共三十章，描写从大师诞生直到示寂为止的六十多年间重要事迹，文笔流畅，颇受读者欢迎。书中所收的有关大师在俗青年时期与次兄文熙弈棋的照片，尤为珍贵。

二一、一九九○年，林子青所编并略注的《弘一法师书信》由北京三联书店出版，此书共收书信七百余封，除了《晚晴山房书简》第一辑及菲律宾影印的同名《书简》四百多封以外，其余有林氏多年从各方面搜集稀见的书札。惜此书印数无多，未能满足海外的读者需求为憾。

二二、一九九○年，为庆祝弘一大师诞生一一○周年，由大师崇仰者天津李载道先生施资，于天津市河北区宙纬路七号，建立一座"弘一书法碑林"，于是年十月落成。该林共刻大师生前所写法书一百二十方，每碑高约一米，受到书法艺术爱好者的称赞。碑林后方安置一尊一·五米高的大师铜造坐像，立于一座石台之上，庄严肃穆，令人起敬。四周花木扶疏，小桥流水，境至幽静。

二三、一九九○年十二月，福建莆田广化寺为纪念弘一大师诞生一一○周年，出版《晚晴鸿爪录》，收录林子青的《以出世精神，做入世事业》、赵朴初的《弘一大师弁言》、丰子恺的《我与弘一法师》、叶绍钧（圣陶）的《两法师》、瑞今的《亲近弘一大师学律和办学的因缘》、马一浮的《挽弘一法师》、郁达夫的《赠弘一法师》、施蛰存的《弘一法师赞》、杨胜南的《弘一大师塔志》等十余篇。

二四、一九九一年，浙江上虞百官镇金兆年医师（其父金赤文为大师在杭州一师任教时的学生）等，组织"弘一大师研究会"（参加者多绍兴上虞一带知名人士），并发起重建大师故居白马湖"晚晴山房"。由于金居士的奔走劝募，闻已得海外菲律宾、新加坡及福建等地缁素的捐助，将于一九九二年动工重建云。

二五、一九九一年九月，台北陈慧剑编《弘一大师永怀录新篇》，由"龙树菩萨赠经会"印行，收文五十六篇，计三六六页，约二十五万字。

二六、一九九二年，林子青费十年功夫写成的《弘一大师新谱》（即本书）共计二十五万字，由台北东大图书公司出版，作为大师圆寂五十周年的纪念著作。

后　记

　　一九四四年春，本书初版将付印时，著者适卧病上海仁济医院。辗转病榻，历时经月。幸蒙三宝加被，旋即病除，本书初版始得以问世。厥后阅四十八年，其间所历曲折艰辛，余已于自序文中述之备矣。今当"大师新谱"初稿告成之日，余又罹脑疾，就医北京北医三院，前后因缘，何其巧合。自四月廿日入院，至五月廿九日出院，历时凡四十日。其间终日卧床，思索尽废。唯念尚有"谱后"一章，未及命笔，深虑为山九仞，功亏一篑，故极力振作，力疾为之。然病后精神疲弱，时作时辍，疏漏之处，幸读者谅之。扶病书此，十方大德当知我此时情也。

一九九二年六月廿八日林子青识

附：初版年谱后记

本书行将付印，余忽罹伤寒，就医仁济医院。日夜辗转病榻，思索尽废，欲作后记，久未能握管，致出书延迟弥月，良用歉然！本书体例无所取法，而材料之获得又至不易，初非一人之力所能办也。盖弘一大师一生之生涯，极波谲云诡之奇观，雪泥鸿爪，踪迹靡定；晚年益自韬晦，入山唯恐不深，欲求其有系统之记述，洵非易事。然及今不记，他日必且流为神话，使大师明朗、崇高之人格，为神话所同化，岂不可惜。故余不揣谫陋，博采穷搜，不厌繁琐，片鳞半爪，无不征之，有所见闻，即录以存证。年余之间，行脚遍江南，凡大师之故旧，皆已采访殆尽。故本书内容虽觉驳杂，然所记录，皆凿凿可据，于大师一生之生涯，幸尚可见一斑，此余所引以告慰者也。

本书限于篇幅，尚有若干挣图未能刊出，又预定之年谱大事索引及大师寂后各方之余响、已出版未出版之大师著作表等，不得不从割爱，幸读者亮之。本书出版匆促，谬误之处，知所难免。十方大德博雅君子！如蒙垂教，实为幸甚。

〔一九四四年〕民国三十三年九月十日　口授梅生记　子青于上海仁济医院